知·趣

明人範

生活的艺术

袁灿兴 著

浙江古籍出版社

图书在版编目(CIP)数据

明人范：生活的艺术 / 袁灿兴著. -- 杭州：浙江古籍出版社，2020.11
(知·趣丛书)
ISBN 978-7-5540-1848-4

Ⅰ. ①明… Ⅱ. ①袁… Ⅲ. ①社会生活—中国—明代—通俗读物 Ⅳ. ① D691.9-49

中国版本图书馆CIP数据核字(2020)第216375号

明人范：生活的艺术

袁灿兴 著

出版发行 浙江古籍出版社
(杭州市体育场路347号)
网　　址 www.zjguji.com
责任编辑 沈宗宇
责任校对 张顺洁
封面设计 吴思璐
责任印务 楼浩凯
照　　排 杭州时代出版服务有限公司
印　　刷 浙江海虹彩色印务有限公司
开　　本 787mm×1092mm 1/32
印　　张 11.25 彩　插 4
字　　数 206千字
版　　次 2020年11月第1版
印　　次 2020年11月第1次印刷
书　　号 ISBN 978-7-5540-1848-4
定　　价 65.00元

〔明〕陈洪绶《夔龙补衮图》

〔明〕唐寅《王蜀宫妓图》

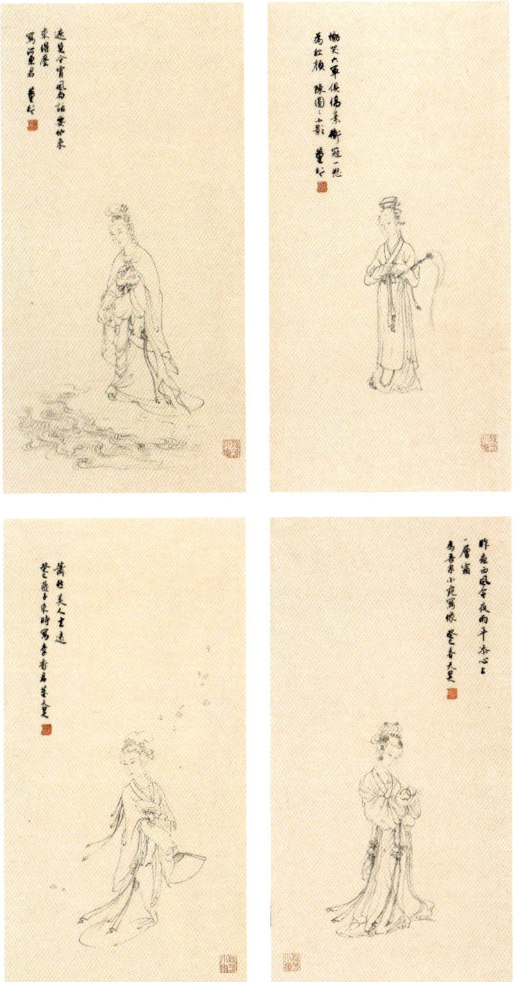

柳如是	陈圆圆
李香君	董小宛

〔当代〕董天昊《秦淮四艳图》

旧传〔明〕仇英《南都繁会景物图卷》

〔清〕《金瓶梅插图册页》（选页）

前　言

明代的开国皇帝朱元璋是个控制欲望极强的人，他登基之后，对社会生活的方方面面加以控制。人们的饮食、衣着、婚姻、出行、住宅等等，无不被打上他的烙印，无不处于严格控制之下。

以衣着为例，经过总结元代灭亡的经验，朱元璋认为元代风气过于奢靡，一般民众衣食起居与公卿无异，奴仆往往“肆侈于乡曲”，导致“贵贱无等，僭礼败度”。于是乎，一场生活上的“整风运动”开始，官民服饰自然是雷霆所指。

洪武元年（1368）二月，朱元璋下诏“复衣冠如唐制”，详细规定了皇帝、太子、大臣的服装。此后他又以妇人绣花般的细心，上百次地颁布涉及服饰的各项规定。不但官僚们的朝服、常服有着繁琐规定，就是引车卖浆者流的服饰，朱元璋也亲自过问，参与设计，再三修改。洪武三年（1370），他就庶民衣着做了详细规定，如：男女衣服不得用金绣、锦绣；鞋子不得裁制花样，不准用金线装饰；首饰只准用银，不许用金玉、珠翠等。

到了洪武六年（1373），朱元璋又下令：庶民巾环不准用金玉、玛瑙、琥珀之类。平民的帽子不准用顶，帽珠只许用水晶、香木。朱元璋甚至规定，庶民不准穿靴子。可北方冬季寒冷，总不能让平民穿着单薄的鞋子外出吧？迫不得已之下，他又做出变通，允许徐州以北的人穿靴，以御寒冬。直到洪武三十年（1397），他仍在就衣着问题，不断加以指导、调整。

在这样一个充满控制欲望的皇帝统治之下，明代前期的社会生活，是枯燥压抑的。到了明中后期，社会经济的发展、社会生活的繁盛，使得曾严厉万分的控制渐渐松弛。那时连皇帝也已厌倦了枯燥的穿着，宫廷之内，不论皇帝还是太监，都美滋滋地穿着曾被朱元璋所痛斥的“胡服”曳撒。在民间，打破礼法，随意穿着的现象比比皆是，也无人担心被处罚。

到了明代中后期，整个社会呈现出了一种开放、多样化的态势。

人们的信仰生活呈现出百花齐放的态势。各行、各地的民众，根据自己的需要和喜好，捧出自己供奉的神来，建个小庙，塑个泥像，自行祭拜。在时尚潮流上，形成了潮流中心苏州。苏州的吃穿住行风尚、娱乐方式及各类器物，统称为“苏样”，被全国效法。

此时，就连僧人也按捺不住寂寞了。朱元璋曾严禁僧人娶妻，违禁者民众可以责打，并索取钱财。到了明中后期，僧人已不受限制，一概“荤娶”。

在建筑上，朱元璋曾就构亭馆、开池塘、用重拱及绘藻井等等加以规定，到了明代中后期，大量私家园林中出现了违规的建筑设计，也无人被追究。一切限制生活的法律条文，此时都已失效，人们对美好生活的追求，让皇权的禁锢终被打破。

本书从吃穿住行、文化娱乐、民间信仰等角度，对明代人的极致生活加以展示。之所以称之为“极致”，一则当日的人们敢于打破礼法，引领社会风尚；二则当日的社会生活中，不管是品茶饮酒，还是器物造型、书画文字，都被演绎到了极致。

中晚明是一个动荡而又繁荣的时代。这个时代之中，既有着狂躁、跳跃，也有着内敛、静思；既有着叛逆、超脱，也有着回归、守成。无数的生动人物，在日常生活之中，演绎出了无数的精彩故事，又被文字记载。后人翻阅明人的笔记，就像一场精彩的旅行。在这场旅行中，将一切玩物演绎到极致的张岱，会让你膜拜；特立独行，晚年将一切礼法打破的屠隆，会让你心惊。

在明代人的生活史上，这些名字被后人深深铭记：唐寅、袁中道、王世贞、屠隆、李开先、张岱、汪汝谦、陈洪绶、陈继儒、达观、冯梦龙、钱谦益、董小宛等等。此外，不可不提一个人物，那就是西门庆，他虽然是文学人物，可以他为主角的《金瓶梅》所反映的，却是明代生活的极致了。

本书努力让读者朋友们开启一场与明人的对话之旅，一卷在手，穿越回到那极致的明人生活世界，尽情遨游。

目　录

第一章

燕饮欢歌

西门庆的美酒

壶里乾坤大, 杯中日月长。一壶美酒, 足以映照明人生活。

酒、盐，在明以前常常是政府专卖项，是重要税源。历史上，一些军阀为了筹集军费，也离不开设坊酿酒。

让人惊讶的是，控制欲望无穷的朱元璋，对于酒竟然没有加以管制。朱元璋未称帝时，攻击元王朝以酒的专卖扰民；做了皇帝后，自然不能前后矛盾，落人话柄，干脆取消了酒的专卖。酒的控制一放松，民间酿酒业随即发达起来，各地出产了许多能让人忘情的好酒。

酒色不分家，《金瓶梅》中自然不能缺了美酒。那么，西门庆日常饮用的是什么酒？他最喜欢的又是什么酒？

要回答这两个问题，先要简要回顾下酒史。

先秦以降，人们所饮的主要是发酵酒。发酵酒分为“浊”与“清”两种。浊酒用曲量较少，投料较粗，发酵期短，酒液浑浊，味甜，酒精度低，称“白酒”（也称“浊醪”）。未过滤干净的浊酒上所漂浮的米渣，又被文人戏称为“浮蚁”。清酒用曲量较多，投料较精，发酵期较长，酒液清澈。优质的发酵酒，色黄，被称为“鹅黄”。高等级的“鹅黄”，酿造工艺完备，时间长远，颜色深醇，被称为“老酒”。

西门庆混出了名堂，很多人为了讨好他，给他送礼。《金瓶梅》第十五回中，“三个穿青衣黄板鞭者”，“手里捧着一个盒儿，盛着一只烧鹅，提着两瓶老酒”，吆喝着：“大节间来孝顺大官人贵人。”

此处所说的“老酒”，必然是黄酒中的佳品了，不然也入不了西门庆的法眼。

明代廉价的浊酒依然存在，仍称“白酒”。此“白酒”与今日白酒完全不同。很多地方出产的浊酒，都冠以“白”字，如“惠山白”“秋露白”“花露白”等。“白酒”色泽浑浊，略显白色，价格低廉，“黄酒价贵买论升，白酒价贱买论斗”。也有使用红曲酿造的酒，色泽鲜红，称为“红酒”，“红酒桃花色，东风吹更鲜”。

在《金瓶梅》中可见关于“白酒”的描写。潘金莲吩咐秋菊：“取白酒来与你爹吃。”结果秋菊拿来的“白酒”没有加热，被潘金莲一通大骂。秋菊则抱怨，西门庆最近常吃冰镇的“白酒”，不想今日改了口味。西门庆请胡僧吃饭，打开“腰州精制的红泥头”，将“滋阴摔白酒”倒在倒垂莲蓬高脚钟内，递与胡僧吃。

豆酒也是发酵酒的一种，多出自南方，以绿豆为曲酿成，又称“绿豆酒”。绍兴好酒很多，豆酒特佳，万历《会稽县志》中记录：“豆酒者，以绿豆为曲蘖也。”《客座赘语》中认为绍兴、淮安两地的豆酒最佳。淮安所产绿豆酒被称为“绿珠香液”。绍兴陈家、朱家所酿豆酒品质最佳，徐渭称赞：“陈家豆酒名天下，朱家之酒亦其亚。”曾有朋友馈赠徐渭以江鱼、枇杷、豆酒，“江鱼银板枇杷金，绿萩家醅一瓮深”。

《金瓶梅》第七十五回中，荆都监送了一坛豆酒给西门庆。西门庆让家人打开尝尝味道如何，“呷了一呷，碧靛般清，其味深长”。

第七十九回中，西门庆到灯市铺子内吃酒，“铺内有南边带来的豆酒，打开一坛，摆在楼上”。明代有“越酒行天下”之说，南边带来的豆酒，很可能就是绍兴所产。

不过豆酒却不是西门庆的最爱，他最喜欢的是金华酒。

王士性总结了浙江的四大物产：“严之漆、衢之橘、温之漆器、金之酒。”金之酒，即金华酒。

金华酒在明代大名鼎鼎，为宴席上必备之物。金华酒属黄酒，品质在全国领先，王世贞曾这样评价：“色如金，味甘而性纯。”上层社会举办酒宴时，“士大夫所用，唯金华酒”。金华酒之佳，使得当时有“杜诗颜字金华酒，海味围棋左传文”之说。冯梦龙寓居麻城时，听到当地称金华酒为金酒，笑道：“然则贵县之狗亦当呼麻狗矣。”坐客有脸麻者听了，相视一笑。

《金瓶梅》第一回中，西门庆与人结拜，“叫家人来兴儿买了一口猪、一口羊、五六坛金华酒和香烛纸札、鸡鸭案酒之物”。

谈情说爱时，也少不了金华酒。西门庆与李瓶儿两个，相怜相爱，边饮金华酒边说话，到半夜方才上床就寝。到次日起来，李瓶儿想喝酒，就将“昨日剩的银壶里金华酒筛来”，拿“瓯子”陪着西门庆喝。此处的“瓯子”，在当时北方官话中指小盅、小杯子，日常所用有茶瓯、酒瓯等等。

金华酒还是佐餐的必备品。《金瓶梅》第三十五回中，月娘吩咐小玉：“屋里还有些葡萄酒，筛来与你娘每吃。”金莲快嘴说道：“吃螃蟹，得些金华酒吃才好。”金华酒与螃蟹，在明人看来是最好的饮食搭配，这也说明了金华酒的品质之佳。

不过，在苏州酒崛起、苏州戏流行之后，金华酒与同样风靡一时的弋阳戏一道地位下降了，竟至被称为“两厌”之物。苏州所出的酒是发酵酒中的精品，顾家三白酒、秋露白等是其主打产品。《金瓶梅》中不见对苏州美酒的描写，所提及的多是浙江酒，大约作者写作时苏州酒业尚未发达。

葡萄酒也是西门庆的所好。

葡萄酒因其美味，历来被作为御用物品进贡。至明代，素来简朴的朱元璋以劳民伤财为由，下令停止从太原及西域进贡葡萄酒。葡萄酒虽不再属于贡品，但因其美味爽口，在民间仍有一定消费。

《金瓶梅》对葡萄酒有描写。第十九回中，西门庆吩咐春梅：“把别的菜蔬都收下去，只留下几碟细果子儿，筛一壶葡萄酒来我吃。”春梅筛上酒来，两人一递一口儿饮酒咂舌，咂得舌头一片响。在刘太监庄上做客时，西门庆看到杯中尤物，不能自禁，“灌了十数杯葡萄酒”，以至于在马上时要呕吐。

十一月仲冬天气，西门庆在奶娘如意儿屋里过夜，如意儿准备弄点金华酒筛给他吃。西门庆道：“下饭你们吃了吧，只拿几个果碟儿来，我不吃金华酒。”并吩咐丫鬟绣春：“你打个灯笼，往藏春轩书房内，还有一坛葡萄酒，你问王经要了来，筛与我吃。”这一坛葡萄酒，不存放在西门庆藏酒的库房，却存在书房，以备随时取用。葡萄酒取来后，打开筛热了，斟在酒盅内，“西门庆尝了尝，十分清美”。

蒸馏酒在中国开始酿制的时间众说纷纭，有唐宋说，也有元代说。到了明代，蒸馏酒酿造技术已经成熟，蒸馏酒消费也已普及。二流子韩二跑到哥哥韩道国家中，向嫂子王六儿讨酒吃，说道：“嫂，我哥还没来哩，我和你吃壶烧酒。”帮闲应伯爵为了将轿夫灌醉，买了三分银子烧酒，足见烧酒酒性之烈。永福寺中“只有几个惫懒和尚，养老婆，吃烧酒”。和尚吃了烈酒，将佛性抛在脑后，纵情声色去了。

胡僧赐给西门庆药丸时，嘱咐他要用烧酒服下。此后西门庆每服用药丸时，都用烧酒送服，酒性、药性一起发作，浑身燥热难当。此处烧酒被用来作药引，以催发药性。明代还有一种蟠桃酒，用人乳等酿成，性更烈。但蟠桃酒酿造太费时力，属皇室与高官的专用酒，西门庆这种地方土豪虽有财力，也消费不起。

西门庆平日里黄酒吃多了，不时会吃烧酒换换口味。某日西门庆给了姘头王六儿五钱银子，嘱咐她买一瓶南烧酒来吃。王六儿笑道："爹老人家别的酒吃厌了，想起来又要吃南烧酒了。"这南烧酒，自然是南方出产的高度酒了。绍兴所产南烧，是黄酒过滤后的酒糟经过蒸馏回收而成，称"糟烧"或"绍烧"，酒性浓烈，格外诱人。

明代烧酒的制作方式很多，其中有一种以优质高粱酒为酒基，加入珍贵药材，经过加工之后，色泽微绿透明，被称为竹叶青露酒。传说绍兴东浦有家竹叶青酒坊，牌号"孝贞"系正德帝所题。绍兴所产的竹叶青，以本地糟烧浸泡而成，口味极其辛辣。

西门庆送了一坛竹叶青给姘头王六儿，特意介绍："是个内臣送我的竹叶清酒哩，里头有许多药味，甚是峻利。"

"峻利"二字，点明了竹叶青的辛辣特点。

在烧酒中浸泡花瓣，提高酒的香气与利口性，在明代颇为流行，人们所使用的有菊花、茉莉花、玫瑰等。

一次，西门庆开了库房，拿出一坛菊花酒来，"打开碧靛清、喷鼻香"。西门庆未急着饮，先掺了一瓶凉水，以去其"蓼辣之性"，然后贮于布甑内，筛出来，"醇厚好吃，又不输葡萄酒"。当时的绍兴酒酿造时使用辣蓼草，"蓼辣之性”是绍兴酒的特征，所以要掺凉水。

西门庆家中还有茉莉花酒。西门庆看到玳安买了一坛金华酒回来，就叫道：“阿呀，家里见放着酒，又去买。”并吩咐玳安：“拿钥匙，前边厢房有双料茉莉酒，提两坛搀着些这酒吃。”

在冬季，西门庆时常饮“头脑酒”，这是一种将肉圆、馄饨、鸡蛋等食物与酒水混在一起而制成的饮品。一日，西门庆起早，何千户来了，两人“吃了头脑酒，起身同往郊外送侯巡抚去了”。西门庆至京师时，何太监在宫中值班房招待西门庆，道：“我晓的大人朝下来，天气寒冷，拿个小盏来，没甚么肴，亵渎大人，且吃个头脑儿罢。”西门庆的女婿陈经济与爱姐勾搭上，爱姐的母亲便安排了鸡蛋、肉丸，做了个头脑酒给他吃了暖身。

头脑酒有诸多别称，如投脑酒、头脑汤、脑儿酒、恼儿酒等，主要功效是冬日暖身。《涌幢小品》载：“凡冬月客到，以肉及杂味置大碗中，注热酒递客，名曰‘头脑酒’，盖以避寒风也。”至于头脑酒的来历，有云，朱元璋体恤下属，冬至后以头脑酒赐给殿前将军、甲士御寒。后来头脑酒的饮法也被民间所仿效，人们在早上饮用，以充早餐，做法多是用热酒冲泡食物。酒是甜酒。所用食物，各地不一，一般都有肉丸、鸡蛋、馄饨之类。四川的头脑酒是用热酒冲泡豆干、蔬菜、肉食等而成。

西门庆也时常饮用羊羔酒，此酒历史久远，至明代仍十分流行。高濂《遵生八笺》中记载了羊羔酒的制法：取米一石，依照通常办法浸浆。再取肥羊肉七斤、酒曲十四两（诸曲皆可）。将羊肉切成方块，煮烂后与杏仁一斤同煮，去掉羊肉，留下汤汁，与米饭、酒曲拌匀，加木香一两酿造。十天之后可以酿成，"味极甘滑"，脂香浓郁。《事物绀珠》载："羊羔酒出汾州，色白莹，饶风味。"

《本草纲目》认为羊羔酒大补元气，健脾胃，益腰肾，对食欲不振、腰膝酸软等症状有良好效果。因为这些功效，羊羔酒在当时很受欢迎，西门庆这种纵欲过度之徒，自然要时常饮用了。

《金瓶梅》中有较多关于羊羔酒的记载，如："堂中画烛高烧，壶内羊羔满泛""黄昏误入销金帐，且把羔儿独自斟""丫鬟筛上酒来，端的金壶斟美酿，玉盏泛羊羔""酒泛羊羔，宝鸭香飘""须臾，围炉添炭，酒泛羊羔，安排上酒来"。

《金瓶梅》中关于饮酒的场景描写很多，其中最常见的台词是"筛酒吃"。筛酒，即先将酒加热，再进行过滤。明人所饮主要是黄酒，饮用时加热，再滤去其中的杂质。利玛窦在中国时发现，中国人喜欢将酒加温后再喝，欧洲人则冷饮。比较起来，利玛窦更喜欢中国人的饮酒方式，认为利于健康。

《金瓶梅》第三十五回中，西门庆命来安儿将金华酒“用铜甑儿筛热了拿来”。第四十二回中，琴童“用铜布甑儿筛酒”。此处所提到的“铜甑儿”是一种温酒器，能存储热水，至于“铜布甑儿”中的布，是用来过滤酒中渣滓的。

筛酒还有斟酒的意思。第二十二回中西门庆陪应伯爵吃酒，“拿小银钟筛金华酒”，每人吃三杯，还剩下半壶。第五十回中，平安筛了一瓯子酒，递与玳安道：“你快吃了，接爹去罢。”

《金瓶梅》中还有许多对于狂欢滥饮场面的描写，是当日饮酒风气的反映。成化之后，随着社会风气的开放，世家子弟一改往昔淳厚拘谨的风格，“多事豪饮，以夜为昼”。至明代晚期，士人嗜酒成风，甚至出现了饮酒排行榜，有酒王、酒相、酒将、酒后、酒孩儿之称。他们每次聚会都狂饮无度，“既醉则欢哗沸腾，杯盘狼藉”。

酒是色媒人，风流如西门庆，自然离不开美酒佳酿。西门庆饮酒，没有特别的偏好，什么酒都喝，且时常换换口味，尝尝新鲜，就如同他对女性的喜新厌旧态度一般。西门庆所饮用的酒，以浙江酿造的为多。考虑到当时浙江酒因品质优良在上流社会中流行，西门庆多饮浙江酒也是再正常不过。只是《金瓶梅》中甚少出现山东本地美酒，不知是当时山东不产酒，还是作者个人喜好的缘故。

花酒情深陈老莲

适量饮酒使人心情舒畅，过量饮酒则会让人狂野暴躁。希腊人将葡萄酒视为神物，酒神狄奥尼索斯就兼具喜悦与恐怖的双重面孔。在中国文化中，酒也被视为神物。周人祭祀时，将用于祭神的牲畜放在柴上焚烧，使烟气上达于天。在正式祭祀前，以玉器盛放芬芳的郁鬯酒灌地，再出庙门迎接祭祀用牛。周人认为，行灌地礼，能使芬芳的酒气直通地底，向阴间的鬼神传达重要信息。

在后世，大凡名士，多要饮酒，如陶渊明、李太白、苏东坡等，即在酒乡之中酝酿了传承千古的文字。酒与名士，不可分离。古人云："常得无事，痛饮酒，熟读《离骚》，便可称名士。"有明一代，贪杯者不可枚举，而将美酒与美人、美酒与艺术紧密联系，并取得大成者，则首数陈洪绶。

陈洪绶，字章侯，号老莲。万历二十六年（1598），陈洪绶生于浙江绍兴府诸暨县枫桥镇。据说，其父陈于朝曾在山中遇一道人，氅衣鹤发，持一莲子相赠，云："食此，得宁馨儿，当如此莲。"此后陈洪绶降生，取小名莲子。他到了老年则自称老莲。

陈洪绶曾与张岱的叔父张联芳之女有过婚约。这一婚事，订于陈洪绶六岁时，由乃父陈于朝向张联芳提亲，但张联芳之女在定亲之后两年即去世。虽无婚姻之实，但有婚姻之名，故张家也将陈洪绶视为自己女婿。陈于朝向张家提亲，也有将幼子托其照看的意味。张联芳是大收藏家，精于绘画，“工花卉折枝兰竹草虫，水墨浅色，各臻妙境”。定亲之后，年幼的陈洪绶住在张家，随张联芳学画。这段生活，为他打下了绘画的基础，十岁时，陈洪绶濡笔作画，得到了当时画坛大家的认可。

约是陈洪绶自身有绘画的天赋，此天赋又得到了系统的培育，在张联芳的教导下，他的才华发出璀璨光芒。只是他天性不羁，儿时学画，便喜打破规则，突破前人。后来他往杭州，学画七十二贤石刻。在石刻前，他临摹多日，所绘形似石刻，而意境更超越。他日后人物绘画的风格源头，即在七十二贤石刻中。

陈洪绶后来与来斯行的次女定亲，成人之后入赘萧山来家。陈于朝与来斯行是好友，在陈洪绶九岁时为他定下了这门亲事，不久便去世了。来斯行顺利考中进士，在官场上青云直上，而陈家则走下坡路，家境日益萧条。发达起来的来斯行坚守承诺，履行了婚约，但要求陈洪绶入赘。入赘对于陈家而言，可以省下一大笔费用，而来家也没有让陈洪绶的子女改姓，给他留了体面。

陈洪绶生父在他九岁时就已去世，岳丈来斯行实际上成了他心灵上的导师。来斯行也是特立独行的人，言行类晋人，“数与市中小儿攫饮食，醉后辄披发长啸”。有这样的老丈人做榜样，女婿自然也不是凡物了。

陈洪绶十八岁考取生员，此后在科举事业上再未获得突破。生员身份，每年能为他带来一定的收入，此外他家中还有一定的田地，也可为他提供收入，可陈洪绶贪杯，更流连于青楼，些许收入，远不敷他使用，故而绘画成为他收入的一个重要来源。

陈洪绶“生平好妇人，非妇女在坐不饮；夕寝，非妇人不得寐”。泰昌元年（1620）三月，二十三岁的陈洪绶在西湖岳坟为妓女董飞仙画莲，多年之后，对此韵事仍念念不忘。陈洪绶绘画，完全看心情。在青楼中，他心情畅快，大方异常，泼墨挥毫，不知几多画作成了青楼女子的收藏。想买他画而不得之人，纷纷向妓家寻求。

天启三年（1623）春，陈洪绶二十六岁，与他情投意合的妻子来氏病故。来氏去世前，“嘱以旧服殓”。对妻子来氏，陈洪绶心中是有愧疚的，这愧疚，由于他未能满足妻子的期待，而不是忏悔自己出没青楼寻欢。

“饥来驱我上京华”，爱妻入殓后，他离家北上，希望在京师打下一片天地。可抵京之后，他沉迷花酒，与妓女陈琼热切交往。酒色无度，使他在这年冬季染上重病。在《送大生之京》一诗中，他自白：“我性固放荡，花酒情复深。

长老每训戒，怫耳不能禁。”又有诗道：“囊中无一钱，走马燕市东。得病五六月，药石皆无功。”到了天启四年(1624)，陈洪绶方才痊愈。病中他不忘酒色，在诗中写道：“病怯难成一句诗，强将酒力助深思。烦君多买刁家酒，携我青楼商酌之。”年中，他返回南方，准备乡试。可试期已在眼前，他流连烟花柳巷日久，举业荒废，哪能考中？

陈洪绶嗜酒成性，毛奇龄这样形容他：“莲游于酒，人所致金钱随手尽。”他自称“老渴”，便是对自己嗜酒如命的戏称。每文酒高会，他必痛饮大醉，“促席衔觞，神情酣畅”。二十七岁时，他在诗中写道“恼我频年酒病侵”，似是自我反省，可要他戒酒却是不能。

他的诗词十有八九言及酒，科举上的重挫，是他买醉的主要原因。而他的狂傲之性，在酒中升华；他的艺术灵感，更是从酒中发酵而来。“因叹长安索米难”，他退而“酒肆深藏名”，平日里“绝口不论时”，醉中“却对青山洒热泪”。他感慨山河剧变，无奈书生回天无力，只能“一夜狂书数十章”，酒来狂饮尽一斗。

某年中秋夜，张岱、陈老莲搬来一坛酒，至西湖登船，且游且饮。船行于水上，明月倒映于水中，凉风拂面，何其清朗。至玉莲亭时，一女子在岸上召唤，请求搭船。张岱见女子年轻貌美，欣然应允。女子轻衣单衫，文静可人。与明月、美人、佳酿相共，陈洪绶大喜，邀女子同饮。女子也不怯懦，举杯对饮。饮至二更时，女子见舟已到归处，便起身告辞。看着这位如仙如魅的女子，陈洪绶恋恋不舍，询问女子居处。女子笑而不答，上岸之后，径自回家。老莲如何肯错过此等缘分？遂上岸尾随，不想女子步伐较快，上岸不久便走过岳王坟，他酒后步履踉跄，追赶不及，怅然而归。

还有一次，有友人召饮于西湖，陈洪绶应约前往，见一舟，却不是友人所约。陈洪绶不管其他，径自登舟，自斟自饮，湖风吹拂之中，一时忘我。舟主很是纳闷，这不请自来者是谁？仔细观察后，认出是陈洪绶，上来狂拍一通马屁，称其画如何了得。不想陈洪绶大骇道："你我不相识也。"拂袖而去。

他平生不羁，举止怪诞，或以一手爬头垢，或以双指搔脚趾，或瞠目不语，或手持画笔，语戏顽童，无片刻宁静。他曾为东阳赵纯卿画古佛，当夜高唱村坊小曲，牙牙如儿语，张岱以琴相和。

他在八股路上摸索多年，却未能有所成就。对功名的苦苦追求与科场上的屡屡失意、对美好生活的向往与现实中的困窘，在他身上产生了错综复杂的冲突，更令他产生了深深的破灭感。他在狂态中奔走，在狂态中创作。他的狂颠，是苦闷心理的一种自我安慰、自我释放，真实地反映出传统社会中落魄书生们的普遍心态：当个体之生命价值在现实中无法得以实现时，便转而投身于幻想，以文字、绘画等方式，在狂颠之中，为自己营造出一个可以解痛的梦境。

天启七年（1627），他再次参加乡试，放榜后，又是落第，他饮酒于湖上。屡试不第，陈洪绶对功名却未死心，卖画带来的收入，使他可以谋画另外一条路，即捐纳进入国子监。为弥补国库虚空，朝廷准许生员以纳粟的方式进入国子监。而进入国子监，也意味着获取了进入官场的另一条路径。

崇祯十二年（1639），陈洪绶用卖画攒下的钱，捐赀入国子监。他不改风流本性，在京期间，出入欢场，“五载钱塘醉暮秋，曾期献策到皇州。不知何事风尘里，同狎红裙上酒楼”。入国子监后，他奉命临摹历代帝王像，得观内府所藏古今名画，技艺日精，名扬长安。一时公卿以与他结交为荣，然他真正为人所重者，不过是书画。达官贵人得其片纸只字，珍若圭璧，彼此炫耀，谓：“吾得已交章侯矣。”达官贵人的追捧，反让他觉得疲惫，因为他心中将绘画视为贱业，治国兴邦才是他的理想。

“病夫二事非所长，乞于人间作画工”，他告别京华，告别喧嚣，返回江南。返乡途中，他路经扬州，此是风流地，自然故事多。他纳胡净鬘为妾，同游扬州铁佛寺赏红叶，“命写红叶一枝悬帐中，曰，此扬州精华也”。温柔乡中、红叶梦里，他狂态稍敛，浓情上心：“闻欢下扬州，扬州女儿好。如侬者几人，一一向侬道”，“桥头多荡子，愿欢不交游。但看侬出时，许多望桥头”。

陈洪绶喜酒好色，更喜结交，以朋友为性命。二十八岁时，他绘《水浒叶子》，费时仅四个月，塑造了四十位《水浒》人物。张岱《陶庵梦忆》言他：“画《水浒》四十人，为孔嘉八口计。顿使宋江兄弟，复睹汉官威仪。”他画这套《水浒叶子》，是为了接济友人周孔嘉一家八口。而此时的陈洪绶，自身经济状况并未得到彻底改变，但为了朋友，他还是可以两肋插刀。

他性格诞僻，好游于酒，钱到手后，随手而尽。他尤喜为贫困不得志之人作画，以帮助其渡过难关。而豪强富绅，他看不上眼者，虽具千金也买不到他的画。曾经有一显贵，以请人鉴定宋元古画之名，将他诱入舟中。人一入，舟即发，又出笔墨请他绘画。他不为所动，裸体站于船头大骂，又欲跳水自尽。显贵被他吓住，只好将他送上岸去。再托他人求画，他依然不为所动。

《博古叶子》是陈洪绶去世前一年所作，并由明末著名徽派刻工黄建中雕成。此组绘画以疏旷的线条绘出了苍老古拙的造型。凡陈洪绶所塑造的人物，都具有丑、拙、古的特点，人物造型夸张，头大身短，躯干雄伟，画面对比感强烈。丑到极处，俗到极处，也是美的极致。周亮工评价他的画：“故作牛鬼蛇神状”，“但讶其怪诞，不知其笔笔皆有来历”。

崇祯十七年（1644），陈洪绶四十七岁，借居于徐渭住过的青藤书屋。徐渭是乃父之友。此年得知崇祯帝自杀的消息后，他痛苦得发狂，“时而吞声哭泣，时而纵酒狂呼，时而与游侠少年椎牛埋狗”。陈洪绶的老师黄道周，抗清战败被俘，就义前，路过南京东华门，坐地不起，云：“此与高皇帝陵寝近，可死矣。”陈洪绶的忘年交王思任，在山中绝食而死。他的同窗王毓蓍，“请故交欢饮，令伶人奏乐，酣饮之后，携灯出门，赴柳桥河而死”。

顺治二年（1645），清军攻破南京，五月二十二日，在芜湖俘获弘光帝。七月十八日，鲁王朱以海在绍兴出任监国。在南明政权中，鲁王朱以海算是有才干之人，也有收复山河之心，只是时运不济，最终病逝于金门。

张岱在《陶庵梦忆》中记录了与鲁王、陈洪绶的一次欢饮。张岱家族与鲁王府有较深渊源，鲁王来绍兴后，自然要到张岱家中作客。为了招待鲁王，张岱颇费心思，“设御座，席七重，备山海之供”。鲁王着玄色蟒袍，佩玉带。在绍兴这样的小地方，突然出现了鲁王这样的大人物，一时观者如堵。张岱家四周，围观者用梯，用台，用凳，只为一睹这场盛宴。

张岱这样的美食家，所备酒席自然让鲁王称心，而所演的《卖油郎》传奇，内有泥马渡康王故事，与时事吻合，更让鲁王大喜。若是鲁王将清兵驱逐了，少不得也开创出一个“高宗中兴”的局面。

宴席上，鲁王之旁有张岱、陈洪绶二人相陪，谐谑欢笑，如老友一般。鲁王酒量极好，大杯一饮而尽，共喝半斗。陈洪绶虽然贪杯，此番却不胜酒力，在鲁王的御座旁疯狂呕吐。此时的鲁王，不过是一逃亡中的王公，哪有往昔那么多的忌讳，丝毫不介意。鲁王命设一小几，令陈洪绶作画，陈洪绶大醉，捉笔不起，只好作罢。此后鲁王又饮酒半斗，方才微醺，不能迈步，由两书堂官扶掖着出门而去。张岱送至闾外，书堂官再传旨曰："爷今日大喜，爷今日喜极！"

鲁王对于张、陈二人的表现极为满意，生员身份的张岱与陈洪绶皆被授予官职。张岱被授兵部职方司主事，陈洪绶被授翰林待诏，这在往昔可是无限的荣光，可在山河沦落的局面下，却是千斤重担。两个月后，张岱即辞去职务，逃到嵊县（今浙江省嵊州市）山中。张岱想躲避，南明政权却要利用他的名气，命他入军中参谋军务。顺治三年（1646）正月，张岱预备出行时，背上突生疽，流连病榻，梦中友人劝他不要出山。张岱听了梦里友人的劝告，不曾出山。而陈洪绶，此时却在追随鲁王。

此年六月清兵攻陷绍兴，鲁王逃亡入海，清兵抓获俘虏不计其数，四十七岁的陈洪绶也在其中。清军将领听闻他的名气，命他作画，陈洪绶到底是黄道周的弟子，骨气还是有的，坚持不肯动笔。清军拔刀作势，他仍旧不画。后来清军了解到他喜好酒色，以酒与妇人相诱，在美酒与妇人的诱惑下，陈洪绶不再抵抗，动笔作画。喝过美酒，抱过美妇，画也画成，陈洪绶却后悔了，他借口要给画再做渲染，将画索回。到了夜间，他带上画，找机会逃走了。出逃后，他先躲在杭州飞来峰上的灵鹫寺，然后跑到老家诸暨，在诸暨云门寺剃发为僧，改号“悔迟”。

甲申巨变后的一切，让他的狂态更甚。他不再视绘画为贱业，以全部精力投入其中，所绘日益精湛。他绝意进取，纵酒使气，或歌或泣，将胸中磊落之概，托诸诗文绘画。生命的最后三年，是他创作的旺盛期，他思如泉涌地创作了一百三十余幅绘画，占了他存世画的四成以上。在他去世前一年，老友周亮工特意到杭州来求画。他十一天画了四十二幅，绘画时，他进入狂想状态，时而跳叫，时而沉默，艺术才华也在这酒后的迷乱中挥洒而出。浙江提督田雄听得他的名声，请他绘画。席间他纵酒大骂，因他狂名在外，田雄也无可奈何。顺治九年（1652），他忽然返回故里，与往昔老友相见，流连不忍离去。一日趺坐床上，闭目欲去，家人环绕而哭，他突然开口道：“无哭，恐动吾挂碍心。”喃喃念佛号而卒。

蟹中买命李笠翁

在当时及后世，多少读书人瞧不起李渔，认为他整日与俳优厮混，作品不过是不入流的戏剧。有人指责李渔：“不为经国之大业，而为破道之小言。”后世更有谓之“帮闲文人”者。鲁迅对于李渔，有个特别的评价，认为李的《笠翁一家言》，“就不是每个帮闲都做得出来的，必须有帮闲之志，又有帮闲之才，这才是真正的帮闲”。

明万历三十九年（1611），李渔出生于江苏如皋。他原籍浙江兰溪，父亲在如皋经商。他虽是平民子弟，也存向上之心，被寄予家族崛起的希望。如果不走科举这条路，他可能只是个普通的药商。在科举上，他虽未有突破，但在文学领域，他却取得了令人瞩目的成就。

崇祯八年（1635），二十五岁的李渔在浙江原籍参加童子试，一举考中秀才。但此后的科举道路，他却走得不甚顺利。崇祯十二年（1639），科场上的失败，让他绝意功名，远离仕途。归途之中，他在虎爪山遇到强盗。被拦截的过往游客，必须缴纳重金，才能留下性命。李渔身无分文，自以为必死，延颈待戮时，强盗却没了杀他的兴趣，饶了他一命。

此后一些年，家中的变故、时局的混乱，更使他无法安心于科举。在大明走向覆灭的动乱中，他先避居婺州（今浙江省金华市），后于山中隐居。山中荒芜无交往，他以无事为荣。不戴头巾，不着衫履，或出没于乱荷中，或偃卧长松下，猿鹤过而不知，飞叶落而不觉，户外随手摘瓜而食，树上满挂果实可啖。

山中虽可忘却科场失败，可家族的重担却压在他身上，他不似陈继儒那般，有无数名人争相供奉，他必须为稻粱谋。可他一介读书人，要谋生，要改变生活，何其之难。最终他选择了一条适合自己的道路，那就是以文为生。

中年之后，他选择到杭州发展。杭州在东南地区最为富庶，有深厚的文化传统，图书市场发达。他在杭州居住多年，完成了大量的小说和戏剧，成为一名职业作家，卖文养家。受战乱影响，再加上南京一带的书商大肆盗版他的书籍，让他损失惨重，顺治十五年（1658）前后，他移居南京，在那里居住约二十年。移居南京时，他已经不是无名之辈，而是名扬天下的文人了。

在当时，李渔虽有名气，但仍被看作小人物，他没有倪云林那般的超脱清高，而要食人间烟火，为一家的生计操心。他没有什么不甘，不在乎什么清高，能摆脱一切枷锁，什么都敢写，乃至于被后世指责的色情小说《肉蒲团》也出自他的笔下。在他笔下，很难看到家国天下、圣贤大道的说教，可他也不是叛道者，他本来就没有把这个“道”放在心上，他只是个想过上美好生活的小人物。

他是商人之子，既然于圣贤之道不能有所成就，不妨在谋生术上显身手。到了南京后，他的经济状况得到彻底改变，他名下有兼具刻印与售卖功能的书坊，建造了自己的园林“芥子园”。他有多名美妾，还有十余名仆人，全家四十多口靠他供养。芥子园所印书画，质量上乘，名扬各地。

李渔将近五十岁时，还没有儿子，他以为此生无子了，不想五十岁，他的第一个儿子出生了，“五十生男命不孤，重临水镜照头颅”。此后他的儿子接连出生，共得七个。

晚年李渔过上了奢华的生活。光绪《兰溪县志》记载，李渔生活极为讲究：“凡窗牖床榻、服饰器具、饮食诸制度，悉出新意，人见之莫不喜悦，故倾动一时。”他有美妾数名，又与诸多歌姬有染，还要供养庞大的家族。靠出版书籍、官员赞助，他能获得丰厚的收入，却入不敷出。他不时哭穷，可生活质量却是必须保证的。

李渔喜美食，喜华服，喜美妾，喜宴饮。在自筑的园林中，他呼朋唤友，摆出各色美食。他自创美食“四美羹”，以香菇、莼菜、蟹膏、鱼肉烹制而成。美食盛以精美的器皿，由美婢、美童捧上，此即“四美”得名的由来。宾客尝试之后，无不惊叹。再如五香面，是以花椒末、芝麻屑与面粉混合，再以酱、醋、笋、虾、菇等熬制的鲜汤和面制成。八珍面则是将鸡肉、鱼肉、虾肉等切碎晒干，与笋、香菇、芝麻、花椒等一起拌入面中，配以鲜汤制成。

在美食上，李渔有自己的独特见解。他不吃葱、韭、蒜，认为秽人齿颊及肠胃。他推崇素食，在素食中，又最推崇蔬菜。在他看来，蔬菜清洁芳馥、鲜美松脆，其美味在肉食之上。别人一提到莲，就是“出淤泥而不染”，可李渔却不谈这些文化象征，直接切入主题，说莲的“可目、可鼻、可口”。讲那么多莲之高洁，不若痛快地吃上一大口。

他还有个古怪的认知，蔬菜中，笋、蕈、豆芽，是最干净的，因为不要浇粪。他主张自种蔬菜，却又认为，自种的蔬菜需要施粪肥，所以最秽。这些蔬菜随摘随食，而洗菜之人，不过将菜浸入水中，左右数漉，随意洗洗，其中的肥料未曾洗尽。他主张，洗菜必须选勤快之人，以得力之法，再三洗涤，以得清洁。

他认为，饮食之道，“脍不如肉，肉不如蔬”，因为后者更近自然。鸡鸭菜蔬之类，完全可以自养自种，“客至陶然，款待何尝费一钱”。至于鹅，则要肥，肥了肉才甘美。雄鸭越长越肥，皮肉至老不变。

“人来恰好，厨下黄鱼正炒。只添杯。狂饮愁无伴，孤吟正想陪。”他喜食鱼，食鱼首重在鲜，次在肥，如鲟、鯚、鲫、鲤，都是鱼中鲜美者。鲜鱼宜清煮作汤，煮时水不能放过多，能将鱼盖住即可，水多一勺，则鱼的鲜味淡一分。厨师烧菜时，往往多次加水，所以鱼的鲜美容易被减弱。

“山中何物可留君，醉甲糟鳞几夜醺”，李渔出没于酒场，却不善饮酒，自谓：“予系茗客，而非酒人。”老友赵声伯写信向李渔索要兰陵美酒。在信中，他振振有词：“闻吾兄来自兰陵，载郁金香不下数十斛。”如此多的美酒，你李渔一人没法喝光，难不成起刘伶、阮籍于地下来陪你共醉吗？还不如将这些美酒“驱入我辈腹中”，也是酒得其所啊。赵声伯明明知道李渔是浙江兰溪人，却打着“兰陵美酒郁金香”的幌子索酒，因那兰溪也是高品质酒的产地。可李渔此时忙着打版权官司，带着女婿东讨西伐，忙碌不堪，哪里有酒相赠？

黄酒宜配螃蟹，李渔不能饮酒，却极喜螃蟹。李渔自述：“独于蟹螯一物，心能嗜之，口能甘之，无论终身一日，皆不能忘之。”他认为螃蟹是世间至美之物，“鲜而肥，甘而腻，白似玉而黄似金”，在色、香、味上达到了极致。李渔嗜蟹，可一度窘于财力，不能放开大吃。每到金秋，吃蟹的最好时机，囊中羞涩的李渔总要提前备好吃螃蟹的钱，自嘲为“买命钱”。

李渔出生在如皋，此地处于长江之畔，从来不缺螃蟹。因在成长中常食此物，他养成了对螃蟹的嗜好。从螃蟹上市到下市，李渔每日都离不开它。在吃蟹季将要结束时，他还特意准备好瓮，备上白酒与糟，制作糟蟹。

李渔认为，螃蟹最好是蒸了吃。蒸熟之后，贮以冰盘，列在几上，听任食客自取。吃蟹的趣味，在于旋剥旋食，而一些自命清高者，懒得亲自动手，由仆人代劳剥壳取肉。李渔对此嗤之以鼻，认为由别人剥蟹取肉，则味同嚼蜡。李渔嗜蟹，名声在外，每到螃蟹上市时，亲友们都要邀请他大啖一番。

在描述美食时，李渔有诸多巧妙比喻，尤其常将美食比作美人。如沙蛤被他形容为“西施舌”：“白而洁，光而滑，入口咂之，俨然美妇之舌。”他赞荔枝：“莹同冰雪之肤，娇若芙蓉之面。”他赞杨梅：“红肌生粟初圆日，紫晕含浆烂熟时。醉色染成馋客面，余涎流出美人脂。”

美食、美色虽好，却需要雄厚财力的支撑。他的收入来源，除了出版外，还有一大部分是家班的演出。搬家至南京后，他常常带着自己的戏班，至各地演出，“二十年来负笈四方，三分天下几遍其二”。至各地之前，他必须先做计算，看演出能否盈利，千万不可亏本。他曾北上燕京，西至兰州，南下广东，四处奔波，只为生计。他曾长叹，自己浪迹天下二十年，未曾敢尽一人之欢。他的戏班曾应宝应知县之邀，前去演出，观众之中有一人对他无限崇敬，此人名蒲松龄，此时不过是一名普通幕僚。

李渔领着家班，走南闯北，到处打秋风，上演各种传奇故事。他笔下的传奇，多有猎奇色彩，如《怜香伴》写女子的同性恋爱，《意中缘》中写男风等。他的小说《肉蒲团》，在后世被称为淫书代表。道学家们骂他，可骂完之后，却偷偷地看起了他的作品。

清康熙五年（1666）三月，李渔开始了一次漫长的北方之行。此番出行，他有诸多考虑，除了要购置新房，还要在北方扩大自己书坊的影响力。在北京停留数月后，应陕西巡抚贾汉复，甘肃巡抚刘斗、提督张飞熊等人的邀请，他前往陕西、甘肃等地，最远行至张掖方才折回。返程中，他在徐州过了新年，康熙七年（1668），抵达南京家中。

在陕西、甘肃等地，他受到了当地达官贵人的款待，得到各种馈赠。一日他早起后，准备出门乘车，突然发现炕上有一物，形似人之乱发。李渔以为是婢子头上的乱发，拿了准备扔掉。突然有婢子对他道："不要扔了，这是馈赠之物。"李渔大为好奇，这种形似乱发的东西，如何能作为馈赠之物？于是四处打听，才知道这是塞外特产头发菜。头发菜的吃法，是"浸以滚水，拌以姜醋"，"其可口倍于藕丝、鹿角等菜"。李渔将头发菜携至江南，食者无不好奇，以为是珍稀之物。李渔说："此物产于河西，为值甚贱，凡适秦者皆争购异物，因其贱也而忽之，故此物不至通都，见者绝少。"

李渔所描述的头发菜，是一种陆生海藻，学名发状念珠藻，产于西北荒漠的低矮植物下或沙砾之间，形状似人的头发，有的地区称为"地毛""龙须菜"等。食用之前需要用水清洗，再用开水浸泡。人们食用发菜的历史悠久，汉时苏武出使匈奴，被拘禁后，"渴饮雪，饥吞毡"。毡，一说即发菜。对于头发菜，西北各地方志中多有记录。清乾隆二十六年（1761）的《中卫县志》载：“头发菜，出边外沙地，似发，可食。”乾隆四十四年（1779）的《甘州府志》记录：“以河西产为第一，然甘州不少见。”

康熙十六年（1677），李渔全家搬回杭州生活，将南京的产业全部出卖，妻妾的首饰、书籍的刻板，也全数卖掉。迁到杭州后，李渔在铁冶岭筑园，自撰对联云：“繁冗驱人，旧业尽抛尘市里；湖山招我，全家移入画图中。”三年之后，李渔辞世，葬在西湖边上，实现了他“老将诗骨葬西湖”的梦想。

李渔生前身后招致了很多非议，其中多有诋毁。有人认为，他善于逢迎，作为江湖浪子，挟其笔墨小技，奔走公卿间，为士林所不齿。他所作文字，又多是坏人伦、伤风化的。一个破落文人，靠着不上正道的文字，过着潇洒的生活，如何能不叫人嫉妒？几次针对他的文字陷害，让他压抑，不得不从杭州出走南京，又从南京返回杭州。也许因为他放下了身段，也许是他的侥幸，他最终得以躲过风暴，长眠于西湖之畔。李渔身后，出了一位得他真传的弟子，他就是袁枚。袁枚出生比他晚百余年，可言行之间，一切相若，在会赚钱、会享受等方面，甚至有过之而无不及。

董小宛的美食

想俘获男人的心，就要先俘获他的胃，董小宛深知此点。可是，她费尽心思，制作出了无数美食，却依然抓不住丈夫冒辟疆的心。

明天启三年（1623），董小宛出生。她天资聪颖，貌美如花，可不幸沦落青楼，名隶南京教坊司乐籍。成年之后，她迁居于苏州半塘。冒辟疆说她虽处风尘之中，艳名远播，但这并非她的本色。

董小宛十六岁时，一才子扁舟渡江，从如皋到了苏州，他就是冒辟疆。冒辟疆出身名门，祖父、父亲二代高中进士。他少年时就拜在董其昌、王铎等人门下，十四岁时结成诗集，董其昌夸赞其“才情笔力，已是名家上乘”，词章书法，流传海内。冒辟疆少年意气，加入复社，摇笔数千言，天下士人无不折节与交。

冒辟疆早就听闻董小宛的艳名，此番渡江后，急急到董小宛住所拜访。适逢盛夏，董小宛难捱热浪，已至清凉之地消暑，故不得相见。才子之心，总被红颜所惑，因不得见，更生爱恋。

一日，董小宛小酌微醉，卧于香榻，听说冒辟疆到访，她的母亲扶她出去相见。多年之后，冒辟疆追忆当时的情景，董小宛“面晕浅春，缬眼流视，香姿玉色，神韵天然”。

看到才子，微醺的小宛不作一语。睹此佳人，冒辟疆又惊又爱，赶紧告退，好让佳人休息。此日之景，深深地烙在冒辟疆的脑海之中，董小宛的姿容，几番在他梦里萦绕。

一年之后，冒辟疆准备再去苏州拜访时，却从友人口中得悉董小宛已往西湖、黄山等地游玩，不能得见，惆怅良久。董小宛艳名远播，不时被士人们相邀同游，一去多日是常事，所伴之人，均是当日名士，若钱谦益之流。董小宛暂不可得，冒辟疆转而迷恋上了另一个名噪后世的美人，她就是陈圆圆。

在苏州，冒辟疆听友人介绍了陈圆圆之后，搭小舟去拜访。陈圆圆的才情容貌，不输董小宛，歌声“如云出岫，如珠在盘”。多年之后，在纪念董小宛的文章中，冒辟疆却大谈陈圆圆“令人欲仙欲死”。

临去之际，陈圆圆对冒辟疆依依不舍，二人约期再会。一年之后，冒辟疆再返苏州，陈圆圆已被富豪买去，“闻之惨然”。

陈圆圆已去，董小宛复归。

冒辟疆立刻将自己的视线转移到了董小宛身上。明崇祯十五年（1642），冒辟疆去苏州，与董小宛相见。此时董小宛卧病在床，诱因是豪强在苏州搜罗秀女，送到京师孝敬皇帝。陈圆圆此前已被豪强购走，董小宛受惊病倒。

冒辟疆为猎艳而来，他并未想到，若受惊小鸟般的董小宛，会将所有感情倾注到他身上。董小宛身隶乐籍，随着年龄渐长，她的出路就是从良。一个家产丰厚、才华横溢、名声在外的世家子弟，是不能轻易放过的。董小宛将冒辟疆当作自己的“真命天子”，不顾一切地想要依附于他。面对董小宛的炽热感情，冒辟疆畏惧了，一夜风流自然销魂，可是迎娶一名艳名在外的歌伎，他顾虑太多。

冒辟疆的父亲在边疆滞留，家中事务繁多，一切都需要他去打点。此时科举考试日近，他在举业上经营多年，迄无所得，如何能被感情羁绊？更重要的是，董小宛家中欠下了一屁股债，要娶她就得帮她还债，帮她落籍，这一切都需要钱。而董小宛的老爹显露出的财迷本性，也让冒辟疆心存忧虑。

为了追求冒辟疆，董小宛不顾一切，她从苏州乘舟至南京，沿途遭遇盗匪，在芦苇中躲藏多日，何其惊险。董小宛的示爱，却未打动冒辟疆。在冒辟疆眼中，董小宛终究是个玩物，他将董小宛草草打发回苏州，径自返回如皋。

董小宛返回苏州后，心志如铁，发誓只穿单薄衣服，除非二人再相见，不然在酷寒之中冻死也心甘情愿。董小宛的深情，感动了诸多士人。在文坛大佬，也是董小宛曾经的恩主之一钱谦益的帮忙下，董小宛以“三千金”赎身，脱离了乐籍。

在钱谦益陪同下，董小宛从苏州过江，前往如皋。面对她时，冒辟疆没有心理准备，竟然手忙脚乱，将她安置在别处藏了一阵子，待小心翼翼地征求了家中意见，得到许可后，才在次年将董小宛纳为妾，接入冒家。

董小宛成功实现了从良梦想，留在冒辟疆身边，此后的九年，她再无轶闻流传。

她虽然惊才绝艳，但只是冒辟疆的小妾，身份低微，只能在冒家小心谨慎地活着。她诚心地侍奉着公婆和冒辟疆的正房，当一家人吃饭时，她如侍役般站在一旁，不敢乱动。冒辟疆偶尔觉得不好意思，强行让她坐下，可她"旋坐旋饮食，旋起执役"。她洗去铅华，忙于各种家庭琐事，在膳食上下足功夫，以求自己在这个男人心中能有那么一点点的地位。

冒辟疆与晚明放纵无度的其他士人不同，他更看重精致，比起珍馐，他更欣赏用平常食材做出的不一般美味。冒辟疆口味偏甜，喜食海味与烟熏食物，为了让他吃好，吃开心，吃出品位，董小宛将自己的才华从诗文小曲转到了烹饪。

她成为忙碌的家庭主妇，为夫君的三餐操劳。聪慧过人的她，博采食材，精心烹制，创造出了许多美食。

夏季，董小宛取桃汁、西瓜汁，一点一点过滤干净，以文火煎至七八分熟，然后放糖细炼，熬出的桃膏如大红琥珀，瓜膏若金丝蜜糖。酷暑之中，董小宛亲自在炉边静静地守着火候，以不让熬出来的膏过于焦枯，晶莹的汗珠一滴滴落下。

烹调时，董小宛也别具匠心。她将火腿的烹煮时间加长，去掉油腻，得到松柏般的香味。风干的火腿肉，经过她纤纤妙手的加工，竟有如同麋鹿肉的香味。她烹制菜肴特别讲究选料：蛤蜊配以雨后的韭菜，鳝鱼则配以霜打过的葵叶；黄鳌鱼要用小暑前打捞的，白虾则要选择清明之后的。

董小宛采摘各种初生的花蕊制成花露，香味、颜色经年不变，入口奇香。花蕊之中，秋海棠的最佳。海棠本无香味，但制成花露后，香味被催出，味美独冠群芳。董小宛还制有梅花露、玫瑰露、丹桂露、甘菊露等数十种花露。饮用时，各种颜色的花露漂浮在瓷器中，煞是好看。饮花露还能避暑消渴。

董小宛还善于制作豆制品，她选用的大豆色香俱全，将它们九晒九洗，剥去外膜，配以瓜、杏、姜、桂等种种细料，搅拌均匀，待豆豉自然熟透，颗粒饱满，香味、颜色胜于平常。董小宛所制腐乳，比当时著名的福建建宁三年陈腐乳还要美味。她要将腐乳烘蒸五六次，使其内柔酥透，削去表皮，再加上各类调味品。

冒辟疆时常与友人吟诗饮酒，董小宛以芝麻、白糖、饴糖、松子、桃仁等为原料，用木炭火焙，制成酥糖，既可款待客人，又可作为礼物馈赠。此糖被后人称为“董糖”。冒辟疆喜欢海鲜，她就为他烹饪鲜美的鲳鱼。

董小宛为了抓住男人的胃，费尽心力，她时常研究菜谱，与人探讨各种美食的烹制方法。她还亲至各处寻找食材，求真，求鲜，求美。她做这一切，不要求任何回报，在她看来，能脱离乐籍，与名士冒辟疆厮守，此生无憾了。

董小宛能饮酒，入了冒辟疆门后，却甚少饮酒，不过每晚陪正房饮用数杯。冒辟疆、董小宛二人都好茶，只有在品茶的时候，董小宛才能忘却每日琐事，有了些许脱尘之气。

泉石之间，松竹之下，月皓风清，窗明几净，正是品茶之时。董小宛洗涤茶器，烧火煮茶，所用皆为精选的上等名茶，冒辟疆则在一旁吟诗诵词，好不浪漫，好不惬意。在这一刻，她也许能获得些许心灵的宁静，获得满足感。

然而，好景不常。

顺治二年（1645），清军南下，冒辟疆一家惊慌不已。冒辟疆的老母和正房妻子暂避城外，董小宛则留在城内侍奉冒辟疆，与他共患难。此时形势险峻，群盗横行，冒辟疆与其父决定出逃。临行时，父子二人才想起来出逃中应带些钱。冒辟疆这个富家公子哥，平日根本不操心钱的事，紧要关头，只得找董小宛要钱。董小宛拿出一只布囊，里面有已准备好的银子。逃亡途中，冒辟疆“一手扶老母，一手曳荆人（正妻）”，董小宛无人搀扶，艰难地跟在他身后。

在冒辟疆眼中，董小宛只不过是名小妾罢了。他丝毫不掩饰，“当大难时，首急老母，次急荆人、儿子、幼弟”，董小宛根本不在他的考虑范围之内，是颗可以随时抛弃的棋子。不过董小宛为他付出的努力、所做的牺牲，也得到了他的些许认可。多年之后，冒辟疆假惺惺地嘉奖了董小宛几句，认为她“明大义，达权变”。

逃亡途中，冒辟疆生病，卧床半年。此半年之中，董小宛仅铺一张破席，卧在他身旁，旦夕守护，煎汤喂药。她甚至不避污秽，察看冒辟疆的粪便色味，以了解病情。病中的冒辟疆，并不领这份情，还不时打骂董小宛，可董小宛对这一切都坦然承受，从不介意。在董小宛无微不至的照看下，冒辟疆活了下来，而董小宛则因长期操劳，一病不起，最终去世，时年仅二十八岁。

后世文人，将他们的共同生活，描述得诗意万千。如称冒、董山居时，尝至南北湖钓游，美人名士，辉映一时。董小宛又尝于湖畔葬落花，传为一代佳话。奈何，这些不过是后世文人的遐想罢了。

冒辟疆真的爱过董小宛吗？

从来没有。

在冒辟疆眼中，董小宛不过是玩物，是点缀，是装饰。当初面对董小宛如火般热烈的攻势时，他避之唯恐不及，实在躲避不过，才纳她为小妾，在他看来，这已是给她的最大恩德，此后董小宛所做的一切，在他眼中都是天经地义。

董小宛去世之后，冒辟疆写下了《影梅庵忆语》，其中并不见他对董小宛的感情。他津津乐道的是陈圆圆让他“欲仙欲死”，他与董小宛携游镇江金山时受到万众注视，他纳董小宛为妾后过上神仙般的逍遥生活。从《影梅庵忆语》中，我们看不到冒辟疆的任何感情流露，所能看到的只是一个风流才子的堆砌辞藻，他所讲的完全是一个以自我为中心的故事。小宛于冒辟疆的最大意义，在于配合他演绎一段流传后世的佳话。也许他并未刻意经营，但他的文字之间，总是隐现此种心思。

冒辟疆的一生，虽享有大名，却终究未能在科举上有所成就，未能在明清鼎革的时代浪潮中脱颖而出。失意的他，只能在水绘园中经营自己的一方天地，董小宛不过是他园林中的一个配景罢了。

只是，董小宛死后，冒辟疆身边少了个好厨子，缺了个忠心的仆从，才不能释怀。回忆往昔岁月，美艳绝伦、厨艺出众的董小宛，陪他度过许多美好的日子，可在这神仙般快活的九年之中，董小宛却不过是他的奴仆。

董小宛短暂的一生，除了留下美食，也引起无限猜测。民间风传，顺治二年（1645），清军南下攻占南京之后，董小宛被掳走，并成为顺治的董鄂妃。此事纯为杜撰，顺治二年，顺治帝不过八岁幼童，如何能宠幸长他十五岁的董小宛？

若是顺治帝看中了董小宛，想必冒辟疆也会大度地将她脱手相赠吧。

张岱的“茶淫”生活

晚明名士是个复杂的群体。他们时而痛饮狂歌，放纵青楼；时而又寄情山水，参禅礼佛。他们总是在情欲中自我搏斗，又总能以清雅的方式，让自己跳出红尘。他们将园林营造成仙境，隐居于其中。他们通过品茶来感悟人生，于茶中悟道。作为晚明名士精神的集大成者，张岱在茶的品鉴与茶趣的营造上也是高手。

明万历二十五年（1597），张岱出生在山阴（今浙江省绍兴市）。他的远祖张浚是宋代抗金名将，官至宰相。高祖张天复、曾祖张元忭、祖父张汝霖三代皆为进士，其中张元忭还是隆庆五年（1571）的状元。出身豪门世家的张岱，就算不在科举上出人头地，也能一生无忧。他的祖父张汝霖在官场多年，深知其中险恶，也不勉强孙子苦读圣贤书。

张岱的成长环境是轻松的，他的精力不是放在科举上，而是放在生活中。他追求精致生活，热爱一切使人欢娱的事物，将一切都玩到极致。他曾自述：“少为纨绔子弟，极爱繁华。好精舍，好美婢，好娈童，好鲜衣，好美食，好骏马，好华灯，好烟火，好梨园，好鼓吹，好古董，好花鸟，兼以茶淫橘虐、书蠹诗魔。”

少年时代的张岱，对世间万物充满了兴趣，他不时外出看灯，甚至想制出“十年不得坏”的纸灯。十九岁时，张岱迷上了弹琴，他与朋友成立“丝社”，每月聚会三次练琴。他四处拜师学琴，琴艺精进，可以与大师同台演奏。后来，他迷恋上了斗鸡，与朋友成立“斗鸡社”，仿照王维写了一篇《斗鸡檄》。张岱的叔叔被此吸引，每日携带“古董、书画、文锦、川扇”等物件与张岱斗鸡，结果总是落败。

张岱祖父家居之后，“颇蓄声伎”，看戏自娱。在祖父的感染之下，张岱也迷恋上了戏剧。对戏剧的痴迷与钻研，让张岱屡屡有惊人之举。魏忠贤倒台之后，三十二岁的张岱在家乡城隍庙自编自导了一场讨伐魏党的戏剧《冰山记》，观者数万人。同年中秋，张岱带了家中戏班前往山东为父亲祝寿。路过镇江，舟泊金山寺时“已二鼓”。江风阵阵吹拂，月光透过林间树木，疏疏朗朗，如残雪。偶有寺中风铃之声响起，更如美玉轻叩于心扉。目睹此等美景，张岱“大惊喜”，立刻将家人唤起，命仆人携带戏具，“盛张灯火大殿中”，高唱《梁红玉击鼓》等戏。夜半，月色朦胧之中，或睡、或做功课、或冥思的僧人们，突然听到了阵阵缥缈之音，都惊讶地起身察看。有老僧看到此景，“呵欠与笑嚏俱至”。这一夜，突然大戏开锣，合寺僧人在惊讶之余，竟无人问询演戏的究竟是何人。戏演完，天已将亮，众僧送张岱至江边，看其解缆过江，“目送良久，不知是人，是怪，是鬼”。

张岱平生喜欢雪，三十岁那年的一天，他约上好友，带了家班，趁着星夜登山赏月。“万山载雪，明月薄之，月不能光，雪皆呆白”，面对大自然的美景，张岱真情流露，不能自已。他面对群山积雪，举大觥畅饮，“酒气冉冉”。此时伶人唱曲吹箫，“声为寒威所慑，咽涩不得出”。至深夜，他才“坐一小羊头车，拖冰凌而归”。何其潇洒，何其痴狂！

崇祯五年（1632），西湖大雪三日，湖中人声、鸟声俱绝。张岱乘一叶小舟，独往湖心亭看雪。雾凇满枝，雾气弥漫，天山云水，上下皆白，“湖上影子，惟长堤一痕、湖心亭一点”。张岱至亭上，见这里已有二人铺毡对坐，有小童在烧炉子，炉上的酒已沸腾。见有同道中人踏雪赏景，二人大喜，拉住张岱同饮。张岱饮三大杯而去，至下舟时，舟子喃喃道：“莫说相公痴，更有痴似相公者。”

江南一年不过几场雪。无雪之夜，待游人散尽，张岱泛舟于西湖之上，“酣睡于十里荷花之中，香气拍人，清梦甚惬”。

追求极致的张岱，对器物、茶道研究之精深，让世人惊讶。

明代，茶的饮用方式发生了重大变化，从原先的点茶变为冲泡。宋代点茶，是将碾细的茶叶末投到茶碗之中，然后冲入沸水，再用茶筅在碗里搅拌而成。其时使用的是成本很高的团饼茶，这种茶是将茶叶碾碎后揉制而成的。朱元璋认为此种制茶方式劳民伤财，在洪武二十四年（1391）下令停止制作团饼茶，以芽茶为贡茶。团饼茶停产后，人们开始直接用开水冲泡茶叶。利玛窦至中国时注意到，中国人和日本人在泡茶的方式上有区别：日本人泡茶是将茶叶磨成粉末，然后放两三汤匙到一壶滚开的水里即可；中国人则把干叶子放入一壶滚水，当叶子里的精华被泡出来以后，就把叶子滤掉，喝剩下的水。

虽然制作讲究的团饼茶不再流行，可茶文化却在明代发展到了极致。

明人饮茶，“净几明窗，一轴画、一囊琴、一只鹤、一瓯茶、一炉香、一部法帖；小园幽径，几丛花、几群鸟、几区亭、几拳石、几池水、几片闲云”。

号为“茶淫”的张岱，在《闵老子茶》中记载了一则故事，从中可见明人饮茶的最高水准。

闵老子，即闵汶水，是安徽休宁人，在南京桃叶渡卖茶，其所制茶叶被称为“闵茶”。崇祯十一年（1638），经朋友介绍，张岱特意去南京桃叶渡拜访闵汶水。张岱在茶楼等待良久，老翁闵汶水方才回来。张岱站起身，正想寒暄时，闵汶水突然大呼：“拐杖忘记拿了。”说完也不和张岱打招呼，转身就走。

闵汶水再回来时，看到还在此处的张岱，斜着眼睛道：“客还在啊，在此为了什么呢？”

张岱是见过各种大场面的，面对高人的刁难，丝毫不生气，回道：“仰慕汶老久矣，今日不喝到汶老所泡的茶，绝不离开。”

不要以为闵汶水这是在摆谱，能喝到他家茶的，只有当世名士。董其昌对茶叶极为挑剔，喝了闵汶水的茶后大赞其为“尤物”，此后与闵汶水结为茶友，并以“云脚间勋”匾额相赠。秦淮名伎王月生，虽性格寒若孤梅冷月，不苟言笑，不喜交往，却“好茶，善闵老子，虽大风雨、大宴会，必至老子家啜茶数壶始去”。

闵氏之茶被士人推崇，以其中别有禅意，“其味，则味外之味”。

闵老头将张岱引入茶室之后，张岱顿时眼前一亮，“明窗净几，荆溪壶、成宣窑瓷瓯十余种，皆精绝。灯下视茶色，与瓷瓯无别，而香气逼人”。

张岱问道：“此茶产自何处？”

闵汶水道：“阆苑茶。”

张岱品尝之后道：“是阆苑茶的制法，但味道不似。”

闵汶水狡黠一笑：“客人倒说说这是哪里产的茶？”

张岱再尝了下道：“似长兴罗岕茶。”

闵汶水老头子听了很是佩服，吐舌道：“奇！奇！”

张岱又问：“水是哪里的水？”

闵汶水道：“无锡惠山泉水。”

张岱笑道：“不要骗我。惠山泉水从无锡运到南京，早就不新鲜了，你这水却新鲜清冽，这是什么道理？”

［明］文徵明《品茶图》（局部）

闵汶水再次称赞道：“果然是行家。这确实是惠山泉水，只是汲水之前，要掏净泉井，待后半夜新的泉水涌入再汲，等江上起风时，才扬帆开船运水，所以到了南京后水仍清冽无杂质。”

明代茶客推崇惠山泉水，为此闹出过笑话。袁宏道的朋友丘长孺，从湖北麻城去无锡游玩，装了三十坛惠山泉水，命仆从一路运回湖北。仆从嫌坛子太重，途中将水倒在江里，快到湖北时，找了一处泉水装进坛中冒充惠山泉水。“惠山泉水”被“不远千里”运到麻城后，丘长孺随即举办了品水大会，众人品玩良久，喉中汩汩有声，末了，相视而叹曰：“美哉水也！非长孺高兴，吾辈此生何缘得饮此水？”半个月后，仆人之间闹纠纷，将此事抖出，参加品水大会的众人得悉后，无不愧叹。

见张岱嘴刁，闵汶水沉思了一下，离席片刻，又拿了一壶茶来，让张岱品尝。

张岱细细品尝后，发现此茶香气浓郁，味道浑厚，不由叫道："这是罗岕茶，而且是春茶，刚才的是秋茶。"

闵汶水叹道："我今年七十岁，从事茶事五十余年，从未见过像你这样精通赏鉴茶水的人。"此后张岱也成了闵汶水茶楼的座上宾。

不过对"闵茶"，也有持反对意见的。文学家周亮工对福建人推崇闵汶水极为不满，认为福建茶才是上品，并讥讽推崇闵汶水的福建人为"贱家鸡而贵野鹜"。不满归不满，周亮工也亲自造访，想尝下闵茶到底如何。品尝之后，周亮工对闵汶水成见依旧，认为他所泡的茶"不足异也"。

晚明南京高档茶楼较多，闵汶水家不过是其中之一。《初刻拍案惊奇》描述秦淮河畔，有"酒馆十三四处、茶坊十七八家"。《留都见闻录》记载南京五柳居环境幽雅，临水而筑，柳在水中，垂条可爱。万历四十六年（1618），一僧租下房子开茶舍，"惠泉、松茗、宣壶、锡铛，极汤社之盛"。惠泉指无锡惠山的泉水，松茗乃当时顶级茶叶松萝，宣壶是宣德窑出产的名贵茶壶，锡铛是锡做的温茶器具，四者皆为讲究茶道者所推崇。每日过来饮茶的名士，络绎不绝。

松萝茶的顶级地位，却被张岱撼动了。

对茶叶的加工制作，张岱颇有心得："盖做茶之法，俟风日清美，茶须旋采，抽筋摘叶，急不待时，武火杀青，文火炒熟。”

绍兴有日铸茶，欧阳修誉以“两浙之茶，日铸第一”。到了明代，安徽休宁松萝茶制作工艺精良，声名鹊起，压过日铸。为了振兴绍兴茶叶，张岱请了安徽制茶师到绍兴，引入松萝茶的制作工艺，改良日铸茶。

改良之后的日铸茶，被张岱命名为“兰雪”。四五年后，“兰雪”风靡于绍兴茶市，茶客们不饮松萝，只饮兰雪，最后安徽地方上的松萝茶也跟风改名为“兰雪”。

绍兴有家张岱喜欢的茶馆，张岱为这家茶馆取名“露兄”，出自米芾“茶甘露有兄”。这家茶馆，器皿干净、泉水上佳，又以兰雪为主打茶，冲泡时能把握火候，备受张岱喜爱。

与唐宋相比，明代茶具出现了较大变化。唐宋时，煎水煮茶的用具是注子（执壶），形似明代茶壶，但有明显区别。唐代流行的是煎茶，喝茶像煮汤，注子不泡茶，只用于加水。而明代是将茶叶放到壶里泡着的。茶盏在明代始加盖，茶托、茶盏、茶盖三位一体，形成盖碗。茶盏也开始从黑釉的变为白瓷、青花瓷的。明人推崇小茶壶，以为这可以使香气凝结不涣散，紫砂壶则被视为茶壶中的上品。

张岱对茶具也很精通。他评点了宜兴紫砂壶的制作高手，甚至认为有些大师的作品，“直跻商彝、周鼎之列而毫无惭色”。他可以在不见镌刻作者名字的情况下，判断一把宜兴紫砂壶出自何人之手。他痴迷于茶具，并流连于此中。他弟弟得到了一把款式高古的茶壶，他把玩良久，拟一壶铭：“沐日浴月也，其色泽。哥窑汉玉也，其呼吸。青山白云也，其饮食。”他还为一只宣窑茶碗作铭：“秋月初，翠梧下。出素瓷，传静夜。”

明代饮茶，一改唐宋的繁琐，返璞归真，追求自然。在明代士人看来，品茶是清雅脱俗之事，他们将清饮演绎到了极致，营造出了一个个美妙意境：晴窗拓帖、篝灯夜读、青衣红袖、醉宴醒客、夜雨蓬窗，长啸空楼……心灵世界无限广大，都在一壶清茶之中。

张岱是有明一代狂生精神的集大成者。他的精神偶像是徐渭，可他没有徐渭压抑乃至变态的人格弱点，转而为自然、洒脱。他可以“秒杀”为房事而操心的董其昌，也可以直接让善于经营意境的冒辟疆自惭。他的一切行为都是自然而然、不待造作的。他月夜登山观雪景，狂啸狂饮；他月下游西湖，独占一湖荷香。四十岁之前的张岱，逍遥而行，畅饮欢歌，“不晓世间何物谓之忧愁”，然而，忧愁终究慢慢袭来，张岱的后半生，作为大明遗民，过的却是另一种生活。

西湖上的文人交际

围绕着西湖，古今文人留下的名句难以计数，形成了深厚的西湖文化。明山秀水、亭台楼阁、风晨月夜，这里的一景一物，让明人流连忘返，哪怕别离多年，仍魂牵梦绕，不能忘怀。

万历二十五年（1597）春天，袁宏道第一次至杭州游玩。他一早出了武林门，望见保俶塔矗立于悬崖，心已飞至湖上。在昭庆寺吃了茶点后，袁宏道泛舟于湖中，“山色如娥，花光如颊，温风如酒，波纹如绫，才一举头，已不觉目酣神醉，此时欲下一语描写不得”。袁宏道生病之后，犹神往西湖，以为此地湖水可以当药，青山可以健脾。

嘉定画家李流芳，二十余年间，每年必至西湖。他的老友张子薪体弱多病，无法去一睹西湖胜景。每逢李流芳去西湖，张子薪就拿本空白画册，请李流芳为自己画上几张西湖山水，供他一解对西湖的相思之苦。

晚年的张岱，无数次梦回西湖，写下了《西湖梦寻》《陶庵梦忆》。

更有一群文人在杭州结成诗文团体，与西湖“长相厮守”。他们常年在湖上泛舟游玩，被称为西湖文坛盟主的汪汝谦就是个中代表。

汪汝谦是徽州歙县人。汪氏在当地是望族，有“四门三面水，十姓九汪家”之谓。因为爱慕西湖胜景，汪汝谦携带家眷迁居杭州缸儿巷，建“春星堂”。汪汝谦世代经营盐业，富有财力，在杭州定居后，广泛交游，将舟游活动推向高潮。

西湖楼船，肇自张岱祖父的朋友包应登。他营造了三艘楼船，头号船设置歌筵，二号船满载书画，三号船储备歌伎美女。汪汝谦的弟弟汪季元也有条船，名“洗妆台”，船体宽大。汪汝谦对此却不以为然，因为船体宽大，就无法深入一些幽静的胜景，逢桥只好停住。

楼船价格高昂，不是一般文人所能承受。因建不起大船，心酸的文人转而贬抑大船，并发表“三不宣言”：舟不必大，不必华，不必高，能容纳三五人足矣。当宽大奢华的楼船在水中缓缓而行时，高雅之士乘着轻快若蜻蜓的小舟，翩翩进入风景最妙的里湖。

汪汝谦有几条小游船，名团瓢、观叶、雨丝、风片之类，颇是别致。柳如是寄居在西溪别墅时，曾向他借条小舟，从西溪划至西湖。

天启三年（1623），汪汝谦偶然得到了珍贵的木兰树，就斫而为舟。舟入门处，储存美酒数百壶。再进去有方丈之地，可设置两桌酒席。此外还有壁橱可以放置文墨，有小室可以休憩。在船体结构上，他也做了改造。他将楼船的楼改为台，

［明］程嘉燧《西湖画舫图》

降低高度，使其可以穿过桥孔。楼船的好处是可以登高望远，汪汝谦又别出心裁，设置了露台，露台上的栏杆与帷幔可以拆卸，使船能穿过白堤。舟名“不系园”，取自《庄子》“饱食而遨游，泛若不系之舟”。

汪汝谦的友人黄汝亨，游玩黄山时见有竹筏荡于山溪之中，隐士携酒立于竹筏顺流而下，且饮且歌，飘逸无比。回到杭州后，他效法隐士，以巨竹浮于湖面，建蓬屋于其上，“朱栏青幕，四披之，竟与烟水云霞通为一席，泠泠如也”。竹舟名为“浮梅槛”，他每乘此出游西湖时，观者如堵，以为西湖未有之事。

“不系园”造成后，为防止一些人将画舫当作狎妓之所，降低其文化品位，汪汝谦特请老友黄汝亨为画舫订约，约定“十二宜九忌”。十二宜者，为“名流、高僧、知己、美人、妙香、洞箫、琴、清歌、名茶、名酒、肴不逾五簋、却驺从”；九忌者，为“杀生、杂宾、作势轩冕、苛礼、童仆林立、俳优作剧、鼓吹喧阗、强借、久借”。

晚明清雅之风盛行，士人席上山珍海味被清淡精致的食物所取代，乃有菜不超过五道之约。饮食所讲究的是意境，茶、笋、莼、鲈、秫酒之类已成为文人的标配。菜虽清淡，酒却要醇厚，画舫之中存有美酒百壶，足够尽兴。舟中还有书画可赏，有小童煮清茶，有名伶作清歌。

不过“不系园”的船体终究还是太大，无法穿过苏堤六桥，让人领略里湖风景。五年之后，汪汝谦又新造了“随喜庵”。此时崇祯帝初登基，进行大刀阔斧的改革，汪汝谦希望以建造画舫为契机，恢复西湖上的文坛盛事。

汪汝谦的两艘画舫相继制成后，“名流、知己、美人”登舟游湖，络绎不绝。对于这样的声色之地，高僧们也毫不示弱，相继到来。在一个清夜，汪汝谦、一名高僧、一名妓女，游湖赏月。游湖时，禅意四溢，触人心扉，汪汝谦作诗云：“哀弦弹画舫，凉月上罗衣。约束禅心净，宁随柳絮飞。”

参禅、听曲、游湖，就这样被诗意地绾合在一起。

汪汝谦的画舫，吸引了很多著名文人，董其昌、陈继儒相续登舟，逍遥于西湖山水之间。汪汝谦将文人们在画舫上所咏之诗，结成诗集《不系园集》和《随喜庵集》。

崇祯七年（1634）秋，张岱与名伶朱楚生一同前往西湖，与曾鲸、陈老莲、赵纯卿等友人相遇。张岱一见大喜，邀请众人同登“不系园”，共游西湖。

当日众人在湖上，弹三弦，唱曲，吹箫，“用北调说《金瓶梅》”。陈老莲更挥毫为赵纯卿画古佛，曾鲸为赵纯卿绘像。曾鲸是当时最有名的肖像画家，他吸收了西洋画法，创造出“墨骨法”，“每画一像，烘染数十层，必匠心而后止”。明末清初名人如董其昌、王时敏、张遂辰等，都有曾鲸所绘肖像。

董其昌与汪汝谦关系密切，每至西湖，二人必一起游山玩水，赏画论书。汪汝谦的“随喜庵”船舫，即由董其昌命名。山人陈继儒与汪汝谦交游密切，每至杭州，必在画舫上流连忘返，把酒言欢。陈继儒的宴席上，名流汇集，名伎放歌，通宵达旦。酒酣之时，这些文人泼墨挥毫，或吟诗，或作画，热闹无比。

夕阳西下，众人酒意阑珊，舟泊断桥之下，丝竹之声袅袅。至夜，舟浮西湖，月色苍凉，直至东方将白，客人方才散去。

一些财力相对有限的文人，看着画舫穿梭在湖上，船上载歌载舞，心中羡慕不已。为了弄到一艘画舫，文人们还玩起了“众筹”。发起者上十人，每人每年出钱十千，合购一舟，轮流使用。

一直以山林隐逸自诩的陈继儒，看着如此神仙般的生活，神魂荡漾，心向往之，“亦买舟西湖中”。

陈继儒隐遁山林，声名闻于天下，三吴之士争为其友。钱谦益在《列朝诗集小传》中说：“眉公之名，倾动寰宇。远而夷酋土司，咸丐其词章；近而酒楼茶馆，悉悬其画像。”陈继儒七十大寿时，汪汝谦赠其女画家杨云友的画作为贺礼。陈继儒去世前，汪汝谦又至东佘山看望他，二人长谈，回顾人世变迁，不胜感慨。

汪汝谦逍遥江湖，为人洒脱，以画舫为中心，与各地名士、名伎结交，并在杭资助了一批艺术家。曾鲸、陈洪绶、蓝瑛、谢彬等画家，都受过他的恩惠。他将女画家杨云友的画介绍给柳如是，请柳如是加以评论；又将柳如是的书信集送到女画家林天素手里，请林天素作序。

汪汝谦与柳如是、王微、杨云友、林天素、张宛仙等名伎关系密切。对柳如是，他更是无比关爱，甚至试图帮她寻找可以托付终身之人。崇祯十一年（1638）至十三年（1640），柳如是寓居杭州汪汝谦宅中。汪屡屡为她寻觅能“启金屋者”，奈何所介绍之人，都不入柳如是的法眼。

他专门为杨云友刻印《听雪轩集》，所收诗歌，多为文人陪同杨云友乘画舫游西湖，听琴观花时的唱和。他对杨云友也充满了感情，曾经踏雪拜访。室外白雪皑皑，屋内几榻无尘，美女凭栏，何其让人迷醉。

他对女画家林天素一往情深。天启二年（1622）的一个夜晚，风雨不息，独坐书斋之中的汪汝谦恍然入梦。梦里，他见到一位“形神清越、风气高迈”的老人，带着他在院落里参观。忽然，一女郎从房中姗姗而出，停留在鲜花之旁，缟衣翠带，恍若仙子。老人告诉汪汝谦，这是自己的女儿，他想为她找一个佳婿。

明刻《玉茗堂批评红梅记》中绣像

汪汝谦注意到，女子手持的团扇上的画，像是林天素的手笔，正欲与之深谈之时，却从梦中醒来。梦醒后，他翻阅林天素的画作，无限惆怅。汪汝谦将此梦公开，陈继儒等文人纷纷赋诗，汪汝谦遂将这些诗篇编集，由陈继儒题为“梦草”。

入清之后，张宛仙等人流落杭州，投奔汪汝谦。七十八岁的汪汝谦此时财力已不如往日，仍卖田二十一亩，接济这些“饥寒之客”。对张宛仙，汪汝谦极为欣赏，极尽优待。张宛仙小睡之时，汪汝谦特意请来曾鲸的高足谢彬，为她绘制《海棠睡未足》图。

对此画，文士们竞相追捧，钱谦益、李渔等人纷纷题咏，最后结集为《梦香楼集》。就在此年七月，汪汝谦去世。弥留之际，汪汝谦还在与众友人品画谈诗，吹箫摘阮，与友人告别之后，方安然离世，享年七十九岁。

乐事已尽，豪华已非；画舫已去，情人何在？

应伯爵的无赖人生

帮闲，也称“清客”“篾片”。他们能说会道，精通江湖中的各种门道；他们善于洞察人的心理，投人所好，溜须拍马，让人愉悦；他们才艺出众，琴棋书画、古玩器物，无不精通。《初刻拍案惊奇》描绘了他们的生活：“每日张鱼又捕虾，花街柳陌是生涯。昨宵赊酒秦楼醉，今日帮闲进李家。”这般吃喝嫖赌、纸醉金迷、寄生过活，便是帮闲的生动写照。

帮闲文化发端于苏州，蔓延至松江，其后传遍各地。各地的帮闲不务正业，游手好闲，跟在土豪财主身后，混吃混喝混嫖。他们为世人所不齿，却不以为意，沾沾自喜。

帮闲是吃喝的行家、嫖赌的里手。大户人家子弟、未曾见过世面的土豪，虽家财万贯，对于外面的江湖却还有点陌生。想去青楼中潇洒快活，又不知从何下手；想玩古玩字画，又怕买了赝品；想去“小赌怡情”，却不知哪里可以找到赌友。这一切，都需要帮闲来指点。就是久经江湖的人物，身边也需要随时插科打诨、吹牛拍马的人物。

于是，帮闲成为一种职业，接洽业务的帮闲店也随之出现。《豆棚闲话》中，描绘了苏州地方帮闲店的模样：“手掌大一间房儿，却又分作两截，候人闲坐，兜揽嫖赌。”帮闲店中并无他物，只有茶具，做的是见不得光的事，看起来却清雅脱俗。

帮闲的出身复杂，既有落魄文人，也有家产败光的大家子弟。《忠烈全传》中记载了诸多类型的帮闲，他们凭多年吃喝嫖赌积累的经验和对江湖门道的洞悉，在金主之间游刃有余。

帮闲是门技术活儿，有诸多从业要求。从才艺上讲，帮闲要会下围棋、作歪诗、唱昆曲、打马吊；从性格上讲，帮闲要八面玲珑、一团和气，能揣摩主子心思，厚起脸皮，不在乎外界嘲讽；帮闲要有酒量，懂美食，不然在社交场上无法应对；帮闲还要注意形象，打扮得清雅脱俗，若是长得俊俏，自然更有优势。

明代松江府的帮闲，总是一身时尚打扮。他们足蹬最流行的荡口鞋，身穿绵绸直裰，衣身长可及地；袖中带着最时兴的汗巾，手里拿着圆头折扇，喝茶要用宜兴紫砂壶。帮闲还要能鉴别古董，对各类玩物有所了解，能不时发表点意见。帮闲还要会唱几句昆曲，说几段笑话，能在酒席上插科打诨助兴。看到人，帮闲就要递送上门帖，满口“老兄”“小弟”拉拢感情。

万历年间，松江地面上有几个知名帮闲，他们“能坏人名节，破人家产”，多少富家子弟受他们祸害败光家产。这几个帮闲中的头面人物，为松江父老所痛恨，被称为“一郡之蠹”。万历二十年（1592），这几名帮闲被官府拿下严惩，帮闲们这才稍微收敛了下行为。

不想一年之后，帮闲死灰复燃，又有嚣张之势。松江地方上的两个帮闲，一个姓包，一个姓陆，引诱丁姓宰相府的子弟赌博，不到五年，丁家“万金家业俱成乌有”。

顶级帮闲，身上有股魔力，这魔力能让他所依附的主子，反而对他产生依赖，无他不欢。《金瓶梅》中有个人物应伯爵，堪称顶级帮闲的代表。

应伯爵的父亲开绸缎铺，家境本来尚可，只是财产被他嫖光了。此后应伯爵靠着嫖赌经验，专门跟着富家子弟蹭吃蹭喝蹭嫖，外号“应花子”。

投靠西门庆之后，两人一拍即合，须臾不可分离。西门庆若是几日不见他，就茶饭不思。应伯爵可以随意出入西门庆家宅，翻看西门庆的账簿。西门庆家中小厮对他毕恭毕敬，连最嚣张的狗儿都与他亲热。

帮闲所需要的一切功夫，应伯爵都具备，并将之发挥到了极致。他脸皮厚、心思活，能窥探主人心思，洞悉江湖玄机。做帮闲的关键是要识趣，该说则说，不该说则不说。该出现时出现，不该出现时就走。这些对应伯爵都不是问题。

帮闲有个外号“老白赏”，不管山水、园亭、古董、女客，不费一文，白白赏鉴。应伯爵有一身好才艺，“会一脚好气球，双陆棋子，件件皆通”。饮食、唱曲、赏花、品茶、鉴别古董、行酒令，他无不精通。应伯爵不时显示出自己鉴赏器物的功夫，衬托出西门庆的财力。

西门庆刚做理刑副千户，买了几条官服上的腰带，拿给应伯爵鉴赏。应伯爵吹捧道：“亏哥那里寻的，都是一条赛一条的好带，难得这般宽大。别的倒也罢了，只这条犀角带并鹤顶红，就是满京城拿着银子也寻不出来。……这是水犀角，不是旱犀角。旱犀角不值钱，水犀号作通天犀，你不信，取一碗水，把犀角安放在水内，分水为两处，此为无价之宝。”

应伯爵到西门庆家中，看到刘太监送的菊花，连连称好，又讲出了一通道理。他认为这菊花虽好，倒不是很稀奇，最好的是花盆：“这盆正是官窑双箍邓浆盆，又吃年代，又禁水漫，都是用绢罗打，用脚跳过泥，才烧造这个物儿，与苏州邓浆砖一个样儿做法，如今那里寻去。”

真是一张巧嘴、一颗玲珑心。

帮闲的主要目标是混白食，吃了之后，再图其他。在混吃上，应伯爵功力深厚，是名老饕餮。应伯爵“在各家吃转来”，学得一手上好的烹调，面对专业厨师也不遑多让。他能将鲥鱼分为一份份品尝，吃得“牙缝里也是香的”；他能一口品出茶的产地和市价，说出茶叶的好处。《金瓶梅》第十二回提到：“只见少顷，鲜红漆丹盘拿了七钟茶来。雪绽般茶盏、杏叶茶匙儿，盐笋芝麻木樨泡茶，馨香可掬，每人面前一盏。”

应伯爵道:“这细茶的嫩芽,生长在春风下。不揪不采叶儿楂,但煮着颜色大。绝品清奇,难描难画。口儿里常时呷。醉了时想他,醒来时爱他。原来一篓儿千金价。”

应伯爵一早去找西门庆,看到有“两盏酥油白糖熬的牛奶子”,上面飘着“白鹅脂般的酥油”。他不等招呼,拿起一盏,嘴里嘟囔着“好滚热”,几口就喝完。应伯爵边说好吃,边看着另一碗,馋态毕露。西门庆见状道:“我且不吃,你吃了,停会我吃粥罢。”应伯爵也不客气,“得不的一声,拿在手中又一吸而尽”。

蹭吃喝叫做“打秋风”或“打抽丰”。应伯爵很识趣,他不能老吃西门庆白食,有时也咬着牙请西门庆吃一顿酒:“不住的来扰宅上,心上不安的紧,明后日待小弟做个薄主,约诸弟兄,陪哥子一杯酒何如?”西门庆听了自然欢喜,可也知道应伯爵手里没钱,就道:“你别要费,我有些猪羊剩的,送与你凑样数。”应伯爵既讨了西门庆欢心,又不出钱就办了酒席。

应伯爵丝毫不在意别人嘲笑自己是混吃喝的帮闲。有一次饮酒时,西门庆道:“你这狗才,刚才把俺们都嘲了。如今也要你说个自己的本色。”应伯爵毫不介意,讲了个故事:“有一财主撒屁,帮闲道不臭。财主慌的道:‘屁不臭不好了,快请医人。’帮闲道:‘待我闻闻滋味看。’假意儿把鼻一嗅,口一咂道:‘回味略有些臭,还不妨。’”众人听了大笑,帮闲本色，被他说得活灵活现。

为了讨好主子，应伯爵无所不用其极。在酒席上，西门庆让应伯爵给妓女倒酒。妓女们刁难应伯爵，不肯吃。爱月儿道："你跪着月姨儿，教我打个嘴巴么，我才吃。"应伯爵"真个直撅儿跪在地下"，让爱月儿打嘴巴。

应伯爵对西门庆的脾气、性格了如指掌，被他骂几句，根本不在乎。应伯爵曾传授秘诀："他有钱的性儿，随他说几句罢了。""如今时年尚个奉承的……你若撑硬船儿，谁理你？"

应伯爵有着一颗玲珑心，能吃透主人心思。他曾对西门庆道："我恰似打你肚子里钻一遭的。"

西门庆所好不过财色，应伯爵常年厮混于此间，对地方上的妓院情况了如指掌。西门庆在花子虚家饮酒，看到妓女李桂姐姿色出众，就问花子虚这是谁。东家尚未回答，应伯爵就急忙插嘴，详细介绍了李桂姐的来历，又帮忙搭线，让西门庆"梳笼"了李桂姐。

当所依附的主子在妓院中"梳笼"行乐时，帮闲们要彻夜陪伴，但又不能在妓院里过夜，只好借一条板凳，在巷子里睡到天亮，由此帮闲还得了个外号"忽板"。

西门庆是江湖老手，手段毒辣，在风月场上纵横多年。这样的主子，不是刚出茅庐的雏儿那么好欺骗的，应伯爵不得不打起十二分精神，将西门庆的马屁拍好，同时，他也必须显示出自己帮闲的价值，若只会混白食，入不了西门庆的法眼。应伯爵推荐了几个人物，都是善于经商的，能帮西门庆打点生意。他左右逢源，帮助西门庆处理了很多棘手的事件。当西门庆因为李瓶儿去世乱了头脑，在葬礼上弄出僭越礼法的事情时，他及时指出，加以纠正。

作为帮闲，主子家里有婚丧嫁娶这类大事，自然要抢先赶到，该祝贺的时候祝贺，该哭丧的时候哭丧，该安慰的时候安慰。

西门庆得了儿子，应伯爵慌得三步并作两步走来贺喜。西门庆儿子满月，应伯爵送了份薄礼，在一方锦缎兜肚上“着一个小银坠儿”，“一柳五色线，上穿着十数文长命钱”，意为长命富贵。礼虽薄，可应伯爵能拍马屁，他夸奖西门庆儿子“相貌端正，天生的就是个戴纱帽胚胞儿”。西门庆听了大喜，作揖谢了他。

再说丧事，李瓶儿死后，西门庆几日不吃不喝，骂丫头踢小厮，放声哭叫，谁劝也没用。小厮玳安机灵，建议去请应伯爵，“消不的他几句言语儿，管情爹就吃了饭”。吴月娘不信，认为几个老婆都说不动西门庆吃饭休息，应伯爵有这等功夫？玳安道：“爹随问怎的着了恼，只他到，略说两句话儿，爹就眉开眼笑的。”应伯爵进门先是扑倒灵前地下，哭了半日，只哭“我的有仁义的嫂子”。待西门庆与他回礼时，应伯爵又哭了，说道：“哥烦恼，烦恼。”接下来，经过应伯爵一番开导，西门庆立马“心地透彻，茅塞顿开，也不哭了，须臾拿上茶来吃了”，又嘱咐玳安安排饭菜，与应伯爵同吃。玳安得意洋洋地去对吴月娘道：“如何？我说娘每不信，怎的应二爹来了，一席话说的爹就吃饭了。”

帮闲是浪里浮萍、粪里臭蛆，寄生于主子，自然要通过各种方式捞钱。《豆棚闲话》中，帮闲带客人到苏州买了些玉器之类的货物，然后向店主讨要“趁钱”。“趁钱”就是私下拿的回扣。作为帮闲，应伯爵自然也捞“趁钱”。湖南商人何官儿急于将货物脱手，找应伯爵做中介卖给西门庆，应伯爵就从中赚了三十两的差价。

应伯爵因为生了儿子，手里没钱，就去找西门庆借钱。不过他借钱的方式比较高明，先是装出忧虑重重的样子，惹得西门庆问询，然后将缺钱的事坦白，再拿出早已写好的借条（符儿），借银二十两。西门庆看了借条后笑道：“没的扯淡，朋友家，什么符儿。”随后送了五十两银子给应伯爵。

作为帮闲，应伯爵很会拿捏分寸，也知道如何向主子索取财物。一次酒宴中，应伯爵发现西门庆与李桂姐离席很久，就偷偷离席寻找，发现二人躲藏起来苟合。应伯爵在门外偷听了一会，然后大叫一声，推门进来。西门庆笑骂道：“怪狗才，快出去罢了。”应伯爵却不急不慢，调侃了一番，又硬是亲了李桂姐一口才走出去。西门庆看他出门，急道：“怪狗才，还不带上门哩。”应伯爵回来说道：“你头里许我的香茶在哪里？”西门庆道：“怪狗才，等住回我与你就是了，又来缠人。”应伯爵方才笑着出去了。

作为帮闲，应伯爵还显得比较专一，跟了西门庆之后就不再“朝秦暮楚”。当年结拜的十兄弟中，其他帮闲就不够专一，最终被西门庆赶走。

不过这专一是有条件的，即西门庆活着，可以让他蹭吃蹭喝。等西门庆一死，应伯爵立刻投奔了新的主子——富豪张二官。应伯爵还挖起了西门庆的墙脚，“无日不在他（张二官）那边趋奉，把西门庆家中大小之事，尽告诉与他”。

应伯爵怂恿张二官娶西门庆的小妾李娇儿为二房娘子，又挖走了西门庆的小厮春鸿，还帮张二官打起了潘金莲的主意。应伯爵策划里应外合，将潘金莲娶来，“但有嫁人的风缝儿，凭我甜言美语打动春心，你却用几百两银子，娶到家中，尽你受用便了”。

“昔年意气似金兰，百计趋承不等闲。今日西门身死后，纷纷谋妾伴人眠。”西门庆常有，应伯爵不常有。

食鹅的无上诱惑

“鹅，鹅，鹅，曲项向天歌。白毛浮绿水，红掌拨清波。”中国人的诗歌启蒙，就这样在对鹅的美好印象中开始了。可鹅却很郁闷，虽然它的身姿如此优美，羽毛如此洁白，被文人们钟爱，可文人们却一手提笔，大力吹捧鹅的高雅，一手操刀，将它斩杀了吃肉。

当代某画家，为了表现自己的风雅，特意在家中养了只鹅。这只鹅精力无限，每日叫个不停，被邻居投诉。画家一怒之下，操刀杀鹅。鹅从风雅之物到盘中美食的转换，就在一念之间。

中国人食鹅的历史悠久，早在先秦时期，鹅就被视为六禽之一，在历朝历代，一直被当作无上佳肴。任何食材，一旦与奢华挂钩，就有各种千奇百怪的烹调方法；只要有鲜美之名，就难逃饕餮之徒的追杀。于鹅而言，被列入珍贵、鲜美食材的行列，也是悲催命运的开始。

总结历史上鹅的各般残酷烹饪方法，足以写就《鹅的十大酷刑》。南北朝时期，鹅肉被切成细丁，用竹签串起，急火烤炙后迅速食用，鲜美无比。唐代烹制鹅的方法更加奇特：一种做法是将鹅去毛去内脏，放入羊腹中缝好，待烤熟后去羊而吃鹅，称“浑羊殁忽”；另一种做法是将鹅放入大铁笼，中间烧起炭火，外用铜盆盛五味汁，使鹅绕火而行，渴了即饮汁，如是轮转，在炮烙之刑中，鹅最终毛脱肉熟，五味汁也渗入鹅之骨髓。

宋代食鹅风气盛行，达官贵人之间以鹅作为馈礼。南宋临安每家大饭店的菜单上，必然列上林林总总的鹅类大菜。《梦粱录》中罗列了一堆与鹅相关的菜肴，如鹅笋、绣吹鹅、间笋蒸鹅、鹅排吹大骨、八糙鹅鸭、白炸春鹅、炙鹅、糟鹅等等，让人食指大动。

宋代还有一道鹅筋饭。《事林广记》中载：“客有赴豪贵之席者，及饭至，食之珍美，不知何米。询之，则曰鹅足筋细锉为之。以鹅筋入饭，所费鹅不知几何。”

鹅在明代依然是备受追捧的美食，且明人将鹅的烹制艺术发挥到了极致。《竹屿山房杂部》中记载了“烧鹅”的三种烹制方法：“一用全体，遍挼盐、酒、缩砂仁、花椒、葱，架锅中烧之，稍熟，以香油渐浇，复烧黄香；一涂酱、葱、椒，油浇；一涂之以蜜烧。”

《宋氏养生部》中，记载了烧鹅、烹鹅、油爆鹅、油炒鹅、蒸鹅、酒烹鹅及熟鹅酢、生鹅酢等十余种鹅的烹制方法。

大明开国皇帝朱元璋素来主张节俭，在宫中大吃豆腐，但鹅依然是宫中的必备佳肴。祝允明《野记》载：“御膳日用三羊八鹅，孝宗即位，减，羊一鹅三。”

弘治帝朱祐樘堪称节俭典范，名义上仍日用一羊三鹅，但饭桌之上，一只羊只是过过场，三只鹅才是皇帝下筷的地方。

宫廷之中，一年四季，鹅的烹制不断变换花样。正月，宫内吃暴腌鹅，也就是今日的盐水鹅。三月初四，宫内换穿罗衣，皇帝至回龙观赏海棠，万象更新之时，自然得来一道嫩笋烧鹅。三月二十八日，皇帝到东岳庙进香，操劳一番后，得来份烧笋鹅补补身体。到了十一月，皇帝的菜谱上又有鹅肫掌，作为滋补之品。

京师市面上有各种鹅制品，供京师内的饕餮之徒享用，宫内也不时从街肆上采购鹅制品，让皇帝换换口味。崇祯初年，负责皇室开支的内侍向皇帝作开销报告。崇祯帝听了报告后很是不快，指出："炙鹅、腌鲥、肉鲊，在某肆市之，钱半百耳！"内侍听了后大为惊愕，想不到皇帝也知道市面上菜肴的价格。

崇祯帝与皇后每月都要持斋多次，可持斋之后，嘴巴淡了，嫌御膳房所烹制的菜食无味。御膳房的厨师无奈，只好祭出杀手锏——鹅。厨师将鹅褪毛，"从后穴去肠秽，纳蔬菜于中"，然后将鹅放在沸汤中煮熟，取出后用酒洗干净，再用麻油烹煮之后献上。

这道鹅裹蔬菜，香嫩无比，崇祯帝吃了后大为赞赏，也不再提倡什么节俭了，为国事操劳之心稍得放松。

［明］吕纪《狮头鹅图》（局部）

宫中除了日常食用外，在各种祭奠上也需要家禽。为了保障供给，上林苑蓄养了大量的家禽，其中鹅的数量最多，以满足宫廷对鹅的需要。据《枣林杂俎》载，上林苑养鹅八千四百余、鸭二千六百余、鸡五千五百余。除了上林苑养的鹅外，各地也将鹅作为贡品进献，如湖北麻城地区所产的麻城贡鹅就是其中代表。麻城鹅以高粱、绿豆饲养，养成后肉色红鲜、滋味醇厚，为皇室所喜爱。只是饲养麻城鹅耗时耗力，“一鹅之肥几人瘦”。

鹅的价格在各类家禽之中，最为昂贵。天启年间，南京市面上“鹅一只钱五百余文，鸭一只钱二百余文，鸡一只钱二百余文，猪肉一斤钱四十余文，羊肉一斤钱四十余文，牛肉一斤钱二十余文”。一只鹅可以换两只鸡或两只鸭，或十余斤猪、羊肉，二十余斤牛肉。

鹅被视作奢侈食物，官员们嘴馋要吃，会坏了官风。故而朝廷派出御史四处巡查，在吃饭时间直奔大酒楼包厢，探访是否有官员吃鹅。打铁必须自身硬，御史们要做出表率，坚持不吃鹅。《涌幢小品》载：“食品以鹅为重，故祖制，御史不许食鹅。”

虽有御史监督，可官员们终究还是俗人，被鹅之美味吸引也是自然的事。为了遮人耳目，官员们吃鹅时，命人将鹅的头尾去掉，用鸡或鸭的头尾代替，也不怕御史前来巡查。被查到了，大不了指鹅为鸡、鸭。

明代中期以后，皇帝或是胡闹，或是懒得管事，对官员们的管理不再严格，鹅渐渐成为官员餐桌上极为平常之物，士大夫们吃时也不再掩饰。“御史不许食鹅”的传统难以保持，嘴馋的御史们也开始尝试吃鹅。据王世贞记载，他的父亲王忬从御史任上离职，赋闲在家时，有巡抚过访。王忬的招待饭菜很简单，荤素共不超过十道。可招待贵客，怎么也得上一只鹅啊，于是“进子鹅，必去其首尾，而以鸡首尾盖之，曰，御史毋食鹅，例也”。

明初文人，举办宴席时尚有所收敛，唯恐惹结党营私的嫌疑。明代中期以后，宴席渐渐走向奢华，六禽之一的鹅，自然是宴席上的必备之物，有“无鹅不成宴”之说。何良俊在《四友斋丛说》中记载，某士大夫请客时一次就杀鹅三十余只。《菽园杂记》中记载，常熟有陈某，家境富裕，夸奢无度，设宴时，每客前面必有鹅之头尾，表示一个人就有一只鹅。

鹅的烹饪方法被演绎到了极致，甚至到了残酷的地步。无锡有土豪安百万，富甲江左，在吃上面尤为奢侈。为了吃鹅，安百万特意筑了一座庄园，养有子鹅数千只，日宰三四只。有时安百万半夜想吃鹅，来不及宰杀，就割下鹅的一只腿应急，待他吃罢，鹅尚未死。明代如果有动物保护主义者，必然要愤慨万分地去解救被虐杀的鹅了。

在明代的食谱中，不时可以看到有关子鹅的记载。子鹅是古人眼里的无上美味，白居易有诗云："粽香筒竹嫩，炙脆子鹅鲜。"《戒庵老人漫笔》中载，金坛的子鹅"擅江南之美"，色白且肥，肉味鲜美，当地士大夫以此为招待宾客的佳馔，有条件的都要建个养鹅场。

鹅在明代地位尊崇无比，如果正餐的第一道菜是鹅，就说明此宴席等级很高。《金瓶梅》中，西门庆纳李瓶儿为妾，摆下酒宴请亲友，正餐的头一道就是烧鹅。

西门庆为儿子摆满月酒，第一道大菜又是鹅，"须臾，酒过五巡，汤陈三献，厨役上来割了头一道小割烧鹅"。其他讲体面的人家设宴，也离不开鹅。乔大户的娘子宴请吴月娘，"厨役上来献了头一道水晶鹅，月娘赏了二钱银子"。

《金瓶梅》中宴席的设置、鹅的吃法，与今日又有不同。《金瓶梅》中所描述的宴席，一般是两人一桌（首席一人一桌），上三汤五割。五割之首，就是烧鹅，之后依次是鸭、鸡、猪、羊，所谓“割”是整只的意思，由厨师切割后分给客人食用。

在商业来往中，请客吃饭，如果不上道鹅，这生意就没法谈了。《见闻杂纪》载，浙江桐乡乌、青二镇地方上的牙人（中间商）以招商为业，有富商至时，牙人热情款待，“割鹅开宴，召妓演戏以为常”。鹅一上，自然财源滚滚。

杭州人喜欢吃鹅，据嘉靖朝中期统计，“约日屠一千三百有奇”。每日清晨，西湖边上都要屠鹅，哀号之声不绝于耳。一些游湖的士人听了后于心不忍，可一看到餐桌上的美味鹅肉，就忘了鹅的哀号。

鹅除了供食用外，在南方，如绍兴等地，还被用作祭品。逢年过节，在供桌上，鹅断不可少。绍兴地方上用来祭祀的鹅，要用精谷喂养，称“栈鹅”。之所以如此称呼，是因为养鹅时要用竹栅将其圈住，使其不见天日，以精谷饲养，使之极肥，这样养出来的鹅品相佳、肉味好。鹅也是订婚时男方馈赠的礼物，万历《山阴县志》中有“具猪鹅茶饼之类馈送”的记载。

鹅也是社会交往中的馈赠佳品，走亲访友，不带上一只鹅当礼物都上不了台面。从前一名穷酸秀才，节衣缩食买了只鹅给学官。可逢年过节，学官家里的鹅收得多了，看着又有只鹅送来，学官无奈地道：“我受你的鹅，又无食与它吃，可不饿死？欲待不受，又失一节，如何是好？”意思是，收了你的鹅，家里没那么多粮喂，不收又是不给你面子，我真是左右为难。秀才很是精明，赶紧道：“请师傅收下，饿（鹅）死事小，失节事大。”

吃鹅风气盛行，也与鹅的药用价值相关。《饮膳正要》认为：“鹅味甘平，无毒，利五脏。”它能益气补虚，和胃止渴，治虚羸之症。不过《本草纲目》中也记载了：“鹅，气味俱厚，发风发疮，莫此为甚。”

传说徐达长了背疽，正在小心养病时，朱元璋赐下蒸鹅一只，徐达只好含泪吃下，不久疽发身亡。其实发疽之后，虽然忌食鹅肉，偶尔吃上一次也不一定致命。徐达之死与朱元璋未必有关。

到了后世，随着食材的丰富，食量大、养殖成本高的鹅，不再那么讨喜，鹅的烹制方法也趋于单调了。

第二章

文化娱乐的江山

画中风流唐伯虎

历经坎坷之后，唐伯虎面对青山绿水，说出了“闲来就写青山卖，不使人间造孽钱”这般高雅淡泊的话，可他终究是生活在俗世之中，他的诗词书画可以出世，可他这个人却不得不入世。

如何让自己过得更好，是每个书画家都要考虑的大事，哪怕是唐伯虎，也要为稻粱谋。

明成化六年（1470），唐伯虎出生于苏州阊门。因为这年是寅年，所以他名寅，字伯虎，后世遂以唐伯虎称之。唐伯虎家中开了个小酒食店，少年时的他“居身屠沽，鼓刀涤皿”，每日里帮忙洗碗碟，杀鸡鸭。天生才华难自弃，虽是小酒肆中的店小二，唐伯虎却能写出风流文章。

十六岁时，唐伯虎与文徵明一起参加考试，文徵明未中，唐伯虎却以第一名中秀才，“四海惊讶之”。少年成名之后，唐伯虎未免轻狂。文徵明的父亲文林对唐伯虎一直爱护有加，不遗余力地帮助他，可就算这样一位慈祥忠厚的长者，也不时批评唐伯虎为人的“轻浮”。

二十五岁时，唐伯虎家中发生变故，他的父母、妹妹及第一任妻子接连去世。唐伯虎家的店铺无法继续营业，遂门户衰废。为了生活，唐伯虎给人写墓志铭，赚些钱补贴家用，同时准备乡试。

依照科举制度，乡试前要经过录科考试。录科考试例由监察御史主持，此年的监察御史是浙江人方志，他不喜欢言行放荡、为人轻浮的唐伯虎。所幸文徵明的父亲文林帮忙，在苏州知府曹凤面前说好话，唐伯虎才得到曹凤的推荐而能参加乡试。

弘治十一年（1498），唐寅至南京参加乡试，考中第一名。此年冬，唐伯虎意气风发，沿京杭大运河进京，准备参加来年二月的会考。同行的人中有一个叫徐经的，是江阴人。徐经有个玄孙在后世鼎鼎有名，即徐霞客。徐家是江阴望族，富有财力。徐经酷爱结交四方贤士，终日与人论道，高谈阔论。

徐经比唐伯虎小三岁，此番北上赶考，二人结伴而行，虽贫富悬殊，却声同气应。到了京师后，徐经、唐伯虎都不安分。两人一起拜访在京师的同乡前辈，每次都由徐经备上厚礼。徐经时常带上戏子数人，与唐伯虎驰骋于都市中，两人的高调行径，让外界议论纷纷。

他们所拜访的人中，有礼部右侍郎程敏政。徐经献上重礼，得从学于程敏政。程敏政收了礼物，自然要讲些自己的学术思想，而他是此科的主考官，在讲学中不免有涉及试题的内容。此科有一道问策题是从刘因《退斋记》中摘出的，徐经从程敏政的言语中间接推测了出来，“矜夸喜跃”，也告诉了唐伯虎。

二月，此科考试结束后，有人弹劾，称考生尚未入场，题目就已泄漏，江阴县举人徐经、苏州府举人唐寅将题目告知众人。三月，徐经、唐寅被捕入狱。徐经在狱中受不过拷打，招供曾以金币行贿程敏政。四月，程敏政因为涉嫌泄露题目，被捕入狱。负责此案的官员查验考卷时却发现，徐经、唐寅都未曾考中，礼部也裁定二人未作弊。

程敏政被囚于监狱一个月，感染了伤寒、霍乱等病。有大臣上奏，请求释放他以照顾大臣的体面。程敏政出狱不过四日，就痈毒发作身亡。此案以“风闻”立案，经过数月审理而未能查实。虽如此，唐伯虎、徐经依然被牵连革黜，罪名是与大臣交往过密。

至于此案的起因，据徐经的说法，是他在京师之中招摇炫富，招人妒忌。唐寅则声名在外，隐隐有此科状元之势，也惹人妒忌。唐寅后来在给文徵明的信中回忆道:“北至京师，朋友有相忌名盛者，排而陷之。”此案之后，徐经愤愤不平，多次进京谋求平反，正德二年（1507）病死在京师。唐寅则态度消极，在徐经认罪后“不复辩”，此生也未谋求平反。

唐伯虎被释后，带着创伤返回苏州，再无以前的万千豪情。回到苏州后，他家中房屋也已破败，“西风鸣枯，萧然羁客，嗟嗟咄咄，计无所出”。因为心情抑郁，他每日饮酒，被老婆冷嘲热讽了多次之后，愤而休妻。此后，唐伯虎“放浪形迹，翩翩远游”，观海于东南，泛舟于洞庭。

科场案给唐伯虎留下了难以愈合的心灵创伤，但他没有就此消沉，既然不能在仕途上发展，那就全力在文坛、画坛上经营。他前半生的精力，付诸科举，而牢狱之灾使他的努力付诸东流。此后，他与往昔告别，斩断了羁绊。他甚至摆脱了家庭，离群索居，沉浸于自己的世界。“镜里自看成一笑，半生傀儡局中人”，托丹青以自娱。

三十四岁时，唐伯虎在苏州桃花坞买下了一处废园。废园溪水环绕，矮屋颓垣，屋外有三亩菜田，墙角有一棵梅树。搬到桃花坞居住后，唐伯虎过起了醉生梦死的日子，祝允明说，唐伯虎在桃花坞“客来便共饮，去不问，醉便颓寝”。

唐伯虎居住的苏州，是明代书画交易的中心。苏州繁华，富甲天下，富豪们纷纷购置土地，修建园林。一时间园林遍布，交相辉映。若单单建个园林，而无文墨点缀，园主必将落个粗鄙土豪的恶名。于是富豪们开始追捧古人书画，促使江南地区书画交易越来越发达。此种风气，一路蔓延，很快遍及全国。

富豪们捧着一堆堆银子，四处寻求古人真迹。古人存世的书画少，不能满足市场需求，富豪们就追捧当世书画名家，一个个应市场而生的书画大家们声名鹊起。

照理说，和文徵明、沈周、仇英并称“吴门四家”的唐伯虎应该能靠书画过上惬意的生活，可他的诗文之中却显示，他过着食不果腹的生活。一个闻名遐迩的大画家，真的不能以画画谋生吗?

唐伯虎在书法、绘画、诗文上有着不凡的造诣。顾起元认为唐伯虎是一代奇才，“诗赋胜于枝山（祝允明），而画高出沈石田（沈周）、文衡山（文徵明）之上”。在绘画上，唐伯虎先学于沈周，后学于周臣。周臣是苏州院体画大家，传世有《乞食图》等。唐伯虎的画，既具院体画的格局，又得南宗之神髓，参赵孟頫之精华，大受市场追捧。

最为民间津津乐道的，不是他高雅淡泊的山水画，而是风情万种的仕女画。他所画的女性形象，多取材于历史或民间故事，其中多有青楼女子，这也与他寄情声色的人生态度有关联。仕女画在江南地方上市场颇大，随着社会经济的发展、民风的开放、声色之风的盛行，活色生香的仕女画像，受到文化品位一般，却又要冒充文化人的消费群体追捧。

混迹于书画圈，功底固然重要，可名气更重要。一个画功一般但名气响亮的画家，作品价格往往胜过质量过硬但无名气的画家。作者名气越响亮，书画价格就越高，抢购的人也就越多；名气一般的书画家，作品少有人问津，只能苦熬，等待出名的机会。

唐伯虎的名气，足够响亮。

少年时代，他的父亲唐德广就对人说：“此儿必成名，殆难成家乎？”唐伯虎少时成名，科场案更使他名传天下，此后他放荡不羁，在江湖中名气越来越响亮。一个富于传奇色彩又能把握市场的书画家，怎么能不被市场追捧？书画生意好的时候，唐伯虎忙不过来，就请老师周臣代笔。

名气有了，唐伯虎当时画价如何？

对士人们来说，“手执卷轴，口论贵贱”，是有失身份的事，所以他们通常聘用中间人，多番游说，以将画购入。对于书画的成交价格，大多数交易者都避而不谈。唐伯虎的画价，没有留下可靠的文字记载，不过可以“吴门四家”中其他三人的画价作为参考。

李日华买沈周的《灞桥诗思》画卷，价格是几两银子。文徵明初出道时，尚无名气，“一幅多未逾一金，少但三四五钱耳”。十余年后，他的画价暴涨几倍。仇英的画价更高，因为他画画所用时间较长。吴中巨富周六观请他在家中住了六年，只画了一幅《子虚上林图卷》，最后给了一千两的巨款。

就知名度、传奇色彩和市场定位来看，唐伯虎不输其他三大家。唐伯虎的书画价格，虽然不能与仇英相比，但与文徵明、沈周应相差无几。明代一两银子能买到近一百七十斤大米，以此类推，唐伯虎卖画，一个月开张一回，也足以衣食无忧，可他却在不停哭穷。

四十八岁时，他在《丹阳景图》的题图诗小引中叹道：“风雨浃旬，厨烟不继，涤砚吮笔，萧条若僧。”极言卖画生意之惨淡。他的诗文中，时常哀叹家中无米下炊：“十朝风雨苦昏迷，八口妻孥并告饥。”苦命的他只能自嘲“儒生作计太痴呆”。

是不是他缺乏经济头脑，画作多半随手送给朋友呢？

唐伯虎的书画中，小部分是友情赠送，大部分用来出售。从唐伯虎在画幅上的题款看，他售画的对象，属于各行各业。尤其是一些徽商特意托人到他这里定画，他们可是当年书画消费的主力军。

富有财力者常请画家到家中作画。江阴夏氏请唐伯虎到家中，好吃好喝招待，唐伯虎住了十天，才画了张《莺莺图》相赠，足见他也不是随意将书画赠人。唐伯虎在孙思和家存了一个簿子，记载了他所作所售的书画，簿面上题“利市”二字，可见他也是有经济头脑的。

唐伯虎喜欢藏书，他藏有一些珍贵的宋版书，皆有“南京解元”印记。宋版书在明代价格昂贵，若无一定经济实力，断难收藏。设想下，今日的一个收藏有较多唐伯虎字画的收藏家，会穷得连饭也吃不起吗？

可以肯定两点：第一，唐伯卖书画肯定是赚了钱，只是其中很大一部分被他挥霍到青楼去了。第二，唐伯虎虽有时书画生意不好，但还不至于穷到无米下锅的程度。至于他为何在诗文中抱怨哭穷，要对他的心理进行分析。

唐伯虎内心是矛盾的，仕途无门，却终究不能释怀。他自许通的是治国术，最后操的却是书画笔，所学非所用。他刻有一枚图章“南京解元”，正是对自己的精神安慰。

“二十年余别帝乡，夜来忽梦下科场。鸡虫得失心尤悸，笔砚飘零业已荒。”他内心隐隐有不甘，狂呼“黄鹊举矣，骅骝奋矣”。

正德九年（1514）秋，四十四岁的唐寅得到了一次机会，宁王朱宸濠邀请他去江西。唐伯虎兴高采烈地出发，以为能够得到建功立业的机会。宁王对他相当优厚。

半年之后，唐伯虎察觉到了宁王有反意，决意远离，故而“佯狂使酒，露其丑秽”。宁王大怒，唐伯虎借机脱身，于正德十年（1515）三月返回苏州。江西之行，他乘兴而去，败兴而返，虽未罹祸，却因暴露“丑秽”，在江湖上又增添了一个笑柄。不过没关系，他是“风流才子唐伯虎”，一切行径都能被世人包容。

四年之后，宁王起兵反叛，被王阳明迅速平定。于是，江西宁王府之行，成了唐伯虎人生中的又一个政治污点。他的内心更加苦闷，彻底投入饮酒与书画之中。少年时的他血气未定，难免高自期许，出了问题后，还相信自己有翻盘的时间和机会。人到中年，终于心灰意冷。

科场案的重创、宁王案的牵连，让唐伯虎的心里蒙上了阴影。他小心翼翼地寻求自保，将狂态当作自己的保护色。无数次在梦境之中，他遭到迫害，梦醒之后，他逃避，放纵自己，及时行乐。

“四更中酒半床病，三月伤春满镜愁”，他在诗文之中，以夸张的笔调，渲染自己现实中的苦难。他可以靠自己的书画过上衣食无忧的生活，可他纵情酒色，肆意挥霍，导致家贫。他内心愧疚，却又无处宣泄，只能在诗文之中，向苍天发出呐喊：“谁来买我画中山？”

“姑苏城外一茅屋，万树桃花月满天”，这就是唐伯虎的精神世界，也是他的现实生活。若是他住上了华美的豪宅，过上了安定富足的生活，那与他缺乏安全感的心将产生何其大的落差！

唐伯虎晚年住回祖宅。此处本是临街的小酒楼，市井小巷让他感觉放松。酒楼中，“唯求画者携酒造之，则酣畅竟日”。五十四岁时，唐伯虎去世。

唐伯虎身后，苏州人冯梦龙在《警世通言》中，讲述了“唐解元一笑姻缘”的故事。后人以此为蓝本，经过不断演绎，最终完成《三笑》这一经典文学作品。此后数百年间，唐伯虎成了神话。他生前的不得志、抑郁、不平、苦痛，都被人忘却，被传说成一个风度翩翩的浊世佳公子，娶了九位美妾，无忧无虑，一掷千金。

这些，距离真实的唐伯虎很遥远。

画坛“登龙”董其昌

嘉靖三十四年（1555），董其昌出生在上海董家汇。董其昌五岁时，九十岁的文徵明去世，后世传文徵明与董其昌有文字之交，实不可信。董其昌之父董汉儒也是读书人，为县庠生，但未能取得更高的科名。

董家不是大富之家，董汉儒以塾师为业，白天在外坐馆，晚上则回家亲授。在乃父的教导下，十三岁时，董其昌考中童生，且成绩优异。隆庆五年（1571），十七岁的董其昌参加府学考试，本为第一，不想当日的松江知府衷贞吉，认为他的书法不佳，将他压为第二名。受此刺激，董其昌发愤临池，日后书法大成。

此后的一些年，董其昌游走各地，拜师访友，观摩各种书画真迹。万历十三年（1585），董其昌至南京参加乡试，铩羽而归。他心情极为沮丧，于舟中学习佛法，又为王阳明心学折服。就在此年，他的老友陈继儒落第，决意告别科场，终老青山。董其昌在科场上一时没有突破，靠在平湖教私塾维持生活。困苦之中，董其昌狂饮狂歌，为人侧目，被称为狂生。他常着白布单袍，兴至即于衣上泼墨。时露狂态，以发泄抑郁之情。他所引以为傲的书法，此时还未得到世人的认可，故还在为衣食而操心。

在明代，徭役是沉重的负担，董其昌只有瘠田二十亩，不想地方上仍然逼迫他承担徭役。董其昌无奈之下，将自己的籍贯改为华亭，方才得脱，为此被陈继儒揶揄再三。万历十六年（1588）秋，董其昌再至南京参加乡试，此科高中，且文采超群，得到文坛大佬王世贞赏识。万历十七年（1589），三十五岁的董其昌考中了进士。他入京参加会试时，曾梦到与父同科高中，自以为是不能得中的征兆。待成绩公布后，见同科进士之中，竟有一人与其父同名，乃北直隶开州人。董其昌与同年董汉儒，后同朝为官，相交甚笃。

考中进士后，恰逢馆师礼部侍郎田一儁去世，董其昌请假，护送其灵柩归葬福建后方才返京。回京后，董其昌入了翰林院，又担任过皇长子朱常洛的讲官。在京期间，他与袁宗道、袁宏道兄弟及陶望龄谈禅论佛，发扬性灵之说。他利用出差的机会，云游各地，参详诸多大家墨迹，书画技艺不断精进。

四十五岁时，董其昌一度请假，返回江南。他与老友陈继儒等人，泛舟于黄浦江之上，举杯酣饮，优哉游哉，创作灵感泉涌。

董其昌每到一处，必至当地藏家家中鉴赏书画，艺术造诣益进。其所交往的都是当世大收藏家，如陈继儒、项元汴、冯梦祯、韩世能等。董其昌自己的书画收藏也颇丰，据谢肇淛记载，某年盛夏董其昌的书画船到苏州虎丘，与收藏家韩胄各出藏品，互相较量，数日未完，可见藏品之丰。

董其昌展出颜真卿所书《朱巨川告身帖》一卷，谢肇淛、韩胄见了，都叹为神物。董其昌得意洋洋地介绍："此吾友陈眉公所藏，实异宝也。"谢肇淛仔细审视后，发现细楷中有一行字"中书侍郎开播"，随即提出疑问。他认为，唐代并无开姓，南宋时，赵开显赫于四川，遂以名为姓，因此此帖很可能是赝品，抄写者笔误，将"关"抄写成了"开"。董其昌急忙道："此是陈眉公秘藏，切不可在外说。"言罢将它收了起来。后来听说这件藏品被卖给了徽州富商，谢肇淛一直很好奇，不知"开"字有没有改回"关"字。

逍遥六年之后，万历三十三年（1605），董其昌再次出仕。他在湖广学政任上，因为得罪豪强，对方唆使生员数百人，"鼓噪毁其公署"。受此事之累，董其昌辞职而归。此后一些年，董其昌在江南逍遥漫游，六十岁时，仍精神壮旺，如三四十岁人。董其昌与陈继儒谈笑时云："公有三无：笔下无疑、眼中无翳、胸中无一点杀机，此乃长寿之征兆也。"

明代乡宦影响力巨大，在地方事务中发挥着举足轻重的作用。一些官宦乡居时，能自我约束，造福地方；也有一些为害一方，作威作福。董其昌乡居时，在地方事务中发挥着巨大影响力。

有一名商人犯了事，花了三百两银子，请董其昌帮忙。

地方县令知道后，抢先下手，将商人下狱。董其昌收了商人的钱，自然得办事，于是去找县令。对董其昌，县令以礼相待，又出一联请教："石狮子口内含珠，吞不下吐不出。"言语间暗讽董其昌收钱。董其昌何等人物，岂能不知，笑道："纸鸢儿胃中有线，放得去收得来。"言罢，二人相视一笑，县令遂将商人释放，置之不问。

天启年间，山西人仇时古担任松江太守，与董其昌、陈继儒友善。松江有富豪杀人，按罪当死，就请董其昌帮忙。仇时古知道此事后，故意施压，令富家出巨款给董其昌。董其昌从中赚了一大笔钱，与仇时古往来更加密切。董其昌一至太守府署，仇时古立刻拿出纸墨，请他题字。董其昌也不推辞，挥毫泼墨，太守得字数百幅。

他得享高寿，八十二岁高龄才去世；家财万贯，在地方上呼风唤雨。董其昌不是完人，而他的儿子，更是活脱脱的劣绅代表。

董其昌纳妾甚多，四个儿子，祖和、祖常、祖源、祖京，分别出自原配龚氏和三名妾室。据钱谦益记载，董其昌家中侍姬多通书画，不时为董其昌代笔。到了晚年，董其昌还在广纳美妾，并因此惹出风波。松江府生员曾控告董其昌"谋胡宪副之孙女为妾，因其姊而奸其妹"。

考中进士之前，董其昌只有瘠田二十亩，为了逃避重役，还不得不更改籍贯。自考中进士，步入官场后，董其昌开始发达，通过收受润笔、包揽词讼等方式，积下了丰厚家财，“膏腴万顷，输税不过三分；游船百艘，投靠居其大半”。董其昌之子董祖常，性格暴戾，平日依仗父势，以帮闲陈明为爪牙，在地方上为非作歹。对儿子的劣迹，董其昌也不加管束，松江地方就是他家的后花园，任由他们胡作非为。

万历四十三年（1615）九月间，董祖常与地方生员陆兆芳家的使女绿英勾搭在一起。后来绿英回陆家探望生病的母亲，一去不回。董祖常为此心中恼火，纠集了二百余地痞流氓，半夜三更，冲入陆家，一番打砸后，抢走绿英。松江地方对于董家的嚣张跋扈大为不平。

松江地方上风俗相沿，官员或绅士有居乡不善者，民间就编出各种曲词，加以传唱。随即有士人编写了一本《黑白小传》，讲述董、陆两家故事，在松江民间颇有市场。其第一回标题为“白公子夜打陆家庄，黑秀才大闹龙门里”，而董其昌所居，正是龙门寺。《黑白小传》诙谐有趣，广为流传，使得董家臭名远扬。董其昌四处打听，是谁编写了此书。

苏州说书人钱二在街头说唱《黑白小传》，被董家仆人当场捉拿。拷打之下，钱二供出此书作者是范昶。范昶被逮到董家后，被大肆侮辱了一番。范家与董家世代有联姻关系，范昶之子还娶了董其昌的孙女。如此凌辱之下，范昶愤怒难当，至城隍庙前自述冤屈，不数日即暴病身亡。

范昶之父曾任万州知州，去世已久；老母冯氏尚在，年已八十三岁，是五品诰命。三月初六日，范母携了范昶之妻龚氏及四名使女，到董家讨说法。在传统社会中，两家之间发生纠纷，女性上门闹事，双方最多是一番舌战，不会动手，董其昌父子却不顾姻亲情谊，令一帮恶仆冲上去，将冯氏、龚氏头发拆散，鞋子剥去，在厅堂上暴殴后，扔出董府，丢入泥沟之中。冯氏、龚氏被外面看热闹的人，搀扶进坐化庵。四名使女则被董家人绑在太师椅上，剥去裤子，“乱捶掠之”，百般凌辱。

董家恶人先告状，至官府告冯氏登门闹事。官府衙役赶到时，只见冯氏、龚氏蹲在坐化庵中掩面痛哭，进了董家门，又见绑在太师椅上的使女，赤裸下身，奄奄一息，遂不忍再看，掩面而出。当日地方士民无不义愤，骂声载道。

初十、十一、十二等日，揭帖布满松江街头，儿童妇女口口相传着“若要柴米强，先杀董其昌”“兽宦董其昌，枭孽董祖常”。揭帖又被徽州、湖广、山西等地客商四处转发，使得此事全国各界皆知，就连娼妓、龟奴也议论纷纷。

地方官府起初还想维护董其昌，但民怨沸腾，日甚一日。十五日是行香之期，街头民众拥挤，人山人海，骂声沸腾，地方官慑于民愤，遂将董家爪牙陈明捕了，打了二十五大板。董其昌的堂兄董乾庵、董光大，却持着董其昌的鸣冤帖，四处发送。围观民众更加气愤，拿着随身携带的扇子和路边捡拾的砖块，乱打一气。他们知道董家势大，地方官员也不会真拿董家如何，在有心人煽动下，相约去董家纵火。董家知道此事不妙，提前做好准备，请了打行恶少，帮助看家护院。

打行是个特殊的存在，它的出现，与明代江南经济的快速发展相关。经济发展，社会稳定，造成人口激增；而劳动力过剩的现实，催生了一批无所事事的少年郎，成日里在苏州街头厮混。他们大概受了说部中各路英雄好汉结义情节的影响，焚香歃血，立下誓言，要共患难，同富贵，真是一腔热血、泼天大胆。

当日的打行少年外形上还是蛮酷的，身着短衣，臂膀上全是花绣，腰挂牛角短刀。他们虽出身低贱，常三餐不饱，可结成一团时，就发现了自身价值。他们出入茶坊酒肆，看到不平之事就出手相助，还真有点游侠风范。不过，打行少年们多是底层出生，为了在城市中生活，就必须揽一些能给他们带来收益的业务。于是，侠少就变成了恶少，这也是“打行”之名的由来。

打行很快风靡东南，为各地不良少年所效法。南京城中“十步之内，必有恶草；百家之中，必有莠民”。万历年间，上海县打行之风颇盛，成员均系无家恶少、东奔西走之徒。无锡县的恶少年群聚夜游，欺负老弱。浙江、安徽、广东、山西等地都有打行存在，恶少们携带武器，横行市井。

这些少年郎们，靠着一身的勇力，从事各种不法勾当。打行的经营方式略同商行，而初期的主要业务，就是打人。

为了经营好打人业务，打行需要对成员进行训练。一些功夫过硬的打行恶少，能根据需要，控制出拳轻重。受过训练的打行恶少，甚至可以控制被打者的死亡时间。因为被打者在三个月、半年、一年后死去，打人者就可以逃避刑法惩罚。打行恶少的武器，除了常使用的铁拳套、贴身小刀外，还有流星锤、檀木棍、铁锁链等。

随着打行的壮大，其业务范围也从单纯的打人或者被打，发展到了看家护院。松江经济发达，豪门巨室众多，给打行提供了广大市场。打行投靠豪门，看家护院，有一个重要动机是获取豪门庇护；豪门则利用打行，从事一些欺压平民的勾当。双方各取所需。

打行在看家护院上，体现出了足够的职业素养。据载，曾有“刁民”六七人，冲入退休的首辅徐阶家中索要钱财，不想徐家养了“健儿”百余，将“刁民”抓住，从头到脚遍涂泥粪。有人装死倒下，健儿还“争溺其口”。这些“健儿”，正是徐府雇佣的打行恶少。明代法律规定，“以秽物灌入人口，杖一百”，可打行恶少们哪里在乎这些。

此年三月十五日，民众会集街道两旁，“不下百万，而骂声如沸”，声讨董家。董其昌见他们来势汹汹，知道祸在旦夕，遂雇了打行一百多人看守宅院。民众准备冲入董宅，负责守卫的打行恶少踞守在屋顶上，泼下粪便作为防御。前方民众冒着粪便，拿着砖瓦反击，后方围观者纷纷传递砖块，好一场“人民战争”。战事持续时，有民众云：“陈明乃是祸害，可以先破其居。”于是一人高呼，众人响应，到了中午，陈明家的数十间房屋被拆掉。午后众人散去，到了下午，人群再次聚集，准备放火烧陈明之屋，不想天降阵雨，围攻的民众见无法生火，各自退去。

三月十六日，松江府华亭、青浦、上海三县军民，聚众数万，共称报仇。傍晚时分，两名童子率先爬上屋顶，身手矫健如猿猴，用两卷泼了油的芦席，将房点着。到了夜间，西北风先转弱，火势放缓，烧到茶厅时，风突然转大，火势变烈，开始烧大厅。火趁风威，整个大厅陷入大火之中。围观民众，有人赤身冲入火海，搬起桌椅，扔入烈焰中助长火势。打行恶少曹辰、王皮等人，在这一行动中起了关键作用。董晨此前，偶然站在董家门口，被董家仆人推倒，发生口角，被拖入董家，剥光衣服，一顿痛殴，此番乘机在其间煽动民众，正好复仇。

董家东边的唐宅、杨宅，西边的王宅、坐化庵，为免被人误施攻击，在显眼位置，以大字标识此系某宅某房。到了夜间，生怕别人看不清字，又在屋旁挂起灯笼。此举果然有成效，只要火势有蔓延到其他宅院的苗头，围攻的民众就一起帮忙救火，可谓有理有节。董家不计其数的雕梁画栋付之一炬。董家对河的陈明宅院，再次被火焚毁。陈明之妻，此前已去世，放在一阴沉木棺椁中，此时也被众人抬了，扔入火中。民变之时，松江海防想点兵去救董家，有官员派人制止道："不必出救，百姓数万，恐有他变。"当夜火势，遂彻夜不休。

天亮之后，董祖源的宅子也被烧毁。董祖源凭父势成为巨富，其妻为徐阶的玄孙女、申时行的外甥女。初期宅院不过十余间，他仰仗家族势力，将周边民居拆光，扩充至二百余间，楼台堂榭，美轮美奂。不想落成不到半年，化为灰烬。董其昌四子中，唯有祖和平日为人谦和，其宅独存。

白龙潭董其昌家的一所楼居被焚毁，民众又将匾额"抱楼阁"扔入河中，云："董其昌沉河底。"坐化庵中董其昌所题"大雄宝殿"匾，被民众拆下，持刀削去字迹，云："碎杀董其昌。"董其昌选辑列代名家书法而成的《戏鸿堂法帖》的初刻木版也被火焚毁。白龙潭东北隅有一阁名曰"护珠"，董其昌平日不时和美妾登临观景，此际也付之一炬。

十七日，有一人持扇招摇过市，扇面乃董其昌所书。此扇面被人认出，顿时几十人围上去，吵闹不休，先将扇面撕破，又将此人痛殴一顿，扯破他的衣服头巾，方才放其离去。

董其昌到苏州、镇江一带逃避，家业为之一空。半年之后，风波方息。万历四十七年（1619），新任督学御史看到此案的卷宗后大骂董祖常："即'剥裈捣阴'四字，已死有余辜。"又将他抓来打了二十大杖。至于打行，只是帮董家看家护院，尽本职工作而已，没有受到太多追究。

风波过去后，天启、崇祯朝，董其昌继续得到重用。天启年间，董其昌一度任南京礼部尚书，后返乡休养。崇祯五年（1632），七十八岁的董其昌，“起北京礼部尚书，掌詹事府印，侍经筵讲官”。同年七月，董其昌被人弹劾，主动请辞，但未果。崇祯七年（1634），八十岁的董其昌，在连续七次上疏之后，终得致仕。

董其昌云：“见美人时作虎狼看，见黄金时作土苴看，这中间享了多少清福。”可他身边，却是美妾如云，他何曾作虎狼看？董其昌致仕返乡后，有想求墨迹者，只要走他侍妾的路子，就能弄到手。八十三岁时，董其昌去世。陆以宁谓董其昌：“今日生前画靠官，他日身后官靠画。”意指董其昌的“画坛登龙术”。董其昌一生，在仕途上受过挫折，却历经四朝不倒，乃至松江民众焚烧其宅院，也没有影响到他在官场、士林的地位。在当日，绘画虽被士人视为末流，可名宦如董其昌者，能在画坛上大有成就，却是另一说了。绘画对董其昌来说，是傍身的无上筹码，通过泼墨挥毫，既可结交高官，又可逢迎名士，是他的进身之阶、敛财之具。

李日华的收藏事业

“养花与酿酒，剩钱还买书”，作为明代首屈一指的大收藏家，嘉兴李日华养花酿酒，更把大量的金钱投入到购买古玩之中。李日华少年时家境贫困，一度依附外伯父周履靖，随其读书识字。然其父李应筠晚年通过经商积聚了大量财富，可以有力地支持他的收藏事业。

在随周履靖读书时，李日华迷上了修仙。周履靖记录：“今年春，余外从子李生读书斋中。生少年，夙慕黄白之事。……言颇诞，不可驯。”因为沉迷于道教，他特到茅山一游，却未能邂逅仙人。十七岁时，他到松江，随陈继儒读书。陈继儒的隐逸思想，对他产生了影响。道教之外，他也与佛教结缘，喜读佛教书籍，与佛教中人交往。他曾闭关一年，书案上只准备了佛教、道教书籍，“每日趺坐养心，孤闷之极，则试开卷，尽一二段，辄覆而默思之”。

万历二十年（1592），他考中进士，此后在官场沉浮。万历三十二年（1604），他四十岁时，告别官场，开始归隐。他自称“无营散人”，因家业已相当丰厚，故不必为生计操心。他本以为摆脱了官场，便能过上安逸的生活，结果身体总是不佳，妨碍他享受清福。李日华认为这是写文章耗费心神所致，欲“焚笔砚，枯坐野寺”，谢绝交游，不再作文，却难以如愿。

在当日的政治氛围下，他不喜一般士大夫的迂腐，也不想趋炎附势，所以选择了退隐。他曾自言，如果能一生白饭羹鱼、法酒精茗，家有藏书万卷、石刻千种，常年不出门，也没俗汉来见，如此七八十年，便是极乐之人，赛过神仙了。归隐之后，喜欢饮茶的他，不时派人去无锡惠山取水，以供茶饮。恰逢昭庆寺老僧寄来新芽一瓶，良夜焚香啜茶，大有清福。

李日华认为西湖是两山诸泉会纳之处，水极甘美，又有水闸，能去故留新。所取的西湖水，储存在五石大缸中，沉淀六七日，有风雨则覆盖，晴天则露之，使受日月星辰之气。用西湖水烹茶，甘醇有味，不输惠山泉。有僧人赠给他普陀茶一裹，他随即遣童子驾舟往湖心亭，取得三缶清水。普陀产茶一年不过十几斤，而手焙者更为难得，李日华为此茶取名“观音灵芽”，配以西湖水，相得益彰。

李日华常饮的有虎丘茶、普陀茶、龙井茶、龙湫茶、松萝茶、岕茶、伏龙茶等。明代人认为，吴中虎丘茶第一，罗岕次之，而天池、龙井、伏龙则又次之。对于各种茶，李日华有自己的评判：虎丘茶气芳而味薄，一入盏后，菁英浮动，鼻端拂拂，如兰初开，饮之快然，然必用惠山水泡。龙井茶味极厚，色如淡金，气味沉寂，咀咽之久，鲜腴潮舌，又必用虎跑泉的水来泡。

他有一艘游船，取名“雪舫”，穿梭于江南，船上可以宴饮，也可以鉴定书画、读书写字。他频繁出行，主要是去杭州、苏州等地。去杭州途中，夜泊崇德，正逢大雨，两岸家家户户，皆是缫丝声音；夏日山溪泛滥，石桥稍低，则游船不能进，故而另觅小艇，以利出行；他四鼓发枻，清晨抵达桐乡城下，眼前绕城桑柘，耳边鸡鸣犬吠，恍入深村，宛行图画。

万历三十八年（1610）九月十日，李日华乘舟从余杭出发，三十里即到青山坡，沿途石上老苔被水浸渍，外形古秀。至马溪桥，桥下溪流得雨，汩汩有声。桥左有一庙，老僧备有茶茗。再行至临安西市汪铺。沿途所食，皆淡味，他不由嘀咕：“山中无盐豉，故而长寿，真如此吗？”

十一日，舟至青溪渡，见溪中多卵石，一路泉水奔腾。至藻溪时，雨水方停，云气腾涌，四山滴翠，宛若画眉。瓶窑河口上，溪水潺潺，跨溪建有一观音阁，老僧煎茶，施给行者。十二日，舟行至昌化县。县在万山之中，无城墙，一路森林，极尽妍秀。云山蓊蒙，“沉绿深黛中，时露薄赭”。

十五日，至天门，有童子二人，执火炬引导。至庭院时，主人已备好精蔬美食以待。主人能饮酒，酣肆雄快，毫无卑趋之态。二十一日，过严子陵钓鱼台，五十里到桐庐，再九十里到富阳。连日东北大风，水面宽阔，行于江中，只见雾气茫茫，浩瀚如海。

每至一地，皆有朋友招宴，他快意酣饮，或于山中月下，或于清风流水间，剧谈旧游，咨嗟慷慨。他喜饮酒，但酒不能甘，不能苦，不能淡，必须冲且洌，才能得到他的赞许。其妻精于酿酒，春有百花酝，夏有莲露，秋有竹叶香，冬有雪汁，都有冲洌之味。

夏日他往山中石佛寺避暑，忽降大雨，雨停后，有彩虹现天，鲜朗异常。天晴后，有蝉出，草木摇曳，雨露轻滴。有官员要到寺中来探望他，他再三谢绝，官员坚持来见，无奈只好找了些村中野酒，随意而饮。

嘉靖末年，海内宴安，士大夫生活优渥，在修园亭、教歌舞之暇，喜赏玩古董。李日华的俸银不足以支撑他的收藏事业，他的财力，主要来自其父的商业投资。可惜万历三十八年（1610）十二月，一场大火把他父亲积攒的家业烧光了。

他的书画有较深功底，也能换来润笔。此外，聚众授课也给他带来了一定的收入，门生们不时有馈赠，有个名叫乔鸣墀的门生，一次就馈赠他二十两白银。

手头有钱，他才可以从事收藏。《味水轩日记》记录了他八年中收藏或鉴赏的作品，单绘画就有近七百件，其中仅宋元以前的画就有三百五十余件，他所交往的古董商有二百五十余人。

不时有商人带了古董，登门兜售。曾有古董商人让仆人带了四张画来见，可这些画，不是笔法低劣，就是趣味俗恶。李日华看了心闷，急忙关门，取出自己收藏的真迹，端详良久，方才安神：“赖有此洗涤胜具，不然滓秽我神识矣。”先后有三个古董商人向他兜售同一张黄公望《石壁图》赝品，他气得大骂：“作伪者留天壤间，竟不可磨灭耶？”

从李日华的日记可以看出，书画交易多在买家书斋中进行。当日赝品太多，而在书斋之中，可以从容鉴定，反复观摩，熟视详参。有客人持张择端《清明上河图》临本来请他鉴定，上有宋徽宗所书“清明上河图”五字，清劲骨立，加盖小玺；绢素古朴，颇多断裂；图中老少人物、车骑房屋、坊巷街市，百态毕出。《清明上河图》的临本，李日华在京师时曾见过三本，景物布置各不相同。

有时交易也在书画船中进行，商人们时常直接将船开到李日华家门口，李日华的日记中多有诸如“无锡孙姓者一舫，泊余门首”“梁溪客泊书画舫来见”的记录。不过李日华在万历四十二年（1614）十二月七日的日记中感叹：“近日苏人书画舫，满载悉伪恶物。”

书画店铺也是李日华时常光顾之处。有意思的是，书画店铺主要集中在寺庙、试院和官邸附近。杭州西湖的昭庆寺形成了书画市场，李日华每年去杭州数次，有时一住几个月，最常去的地方就是昭庆寺。李日华饭后时常在书画店中闲逛，阅遍之后方才离去。

西湖边有家古董店，老板项宠叔，被李日华称为“项老”。此人懒得烧水做饭，每日在西湖里洗脸，随意买几个烧饼吃。客人来看货，如果讨价还价不成，就不理客人，一语不发。“春日游舫至，绮纨裘马，照耀夹路，项老独以椎髻垢面，傲睨自若。”李日华与项老关系融洽，盛夏到店里，还同他分吃了一段藕，之后项老捧出一堆唐寅、祝允明的书画来给他鉴赏。

李日华多次到“试院”“贡院”附近的书画摊进行交易。“试院”“贡院”这样的地方，汇集读书人，自然是书画贸易的重点地区。而官员手中有钱，也舍得投资，有些古董商为了生意方便，干脆将店开到官邸附近。李日华在南京、北京等地为官时，不时出没于商肆，购买各种古董书画。商铺之中，也有大漏，他曾在南京大理寺旁购到宋代郭熙的作品。

李日华的交际面极广，当日江南的知名文人，如冯梦祯、钱谦益、项元汴、董其昌等，都与他有密切往来，“胜客晴窗，出古人法书名画，焚香评赏”。

项元汴是江南地区顶级的收藏家，筑有“天籁阁”，收藏历代名家书画。李日华在外伯祖父周履靖身边读书时，就已认识项元汴，后来他回忆道：“先生抵掌谈笑，逸思横发，觥筹之余，抽染毫素，以寄胜情。”项元汴之子项德明收藏有赵令穰所作《江乡雪意图》。李日华偶然看到，一见钟情，托朋友去说情，想要买下。项德明却不肯割爱。过了二十余年，项德明重病，才托好友鲍老将此画售给李日华。

李日华在收藏上有自己的独特心得，造诣颇深。有次女婿拿了一张神似宋高宗的书法来给他鉴定。从笔意看，这一作品确实很像高宗的，但文字之中，有一句“隆兴二年中秋日”，而隆兴是孝宗的年号。历史上孝宗对高宗极其恭敬，在书法上也效法高宗，李日华由此判断此幅作品是孝宗的仿作。曾有福建古董商拿出王羲之所书嵇康的《绝交书》。此件作品书写于冷金纸上，“春容闲雅，一字具一态”，书卷上还有宋徽宗等人的题跋。众人鉴定后都认为是“真迹”，可他在安福朋友家中，曾经看过另一幅王羲之《绝交书》，品相完好，笔力精紧，经过对比，他判断福建所藏是唐钩本，安福所藏是唐摹本。“钩”指用半透明的薄纸，蒙在法帖上，描出空心双钩字；“摹”指将半透明薄纸，蒙在法帖上复写。此二卷虽皆非王羲之真迹，却也是绝世之物。

李日华在南京徐氏园雅聚时，有人出一画卷，题名“天香深处”，画中一石头旁，有“王安石作”四字。在座众人，多判断为王安石作品。但李日华发现，“王安石”的“石”字有些模糊，是后来补上的，并据此判断，此乃王安石的族兄王安道所作。他还补充了几点理由：首先，王安道的其他作品风格与此类似。其次，王安石一生忙碌，写字也很潦草，被人调侃“人生哪得许多忙事”。史上从来没有王安石能作画的记录。

有一次，夏姓商人得意洋洋地带了一幅文徵明《存菊图》过来，开出高价。李日华看夏姓商人的嘚瑟模样，含笑不语，心想：我收藏《存菊图》真迹已有二十余年，现在你还敢拿赝品过来忽悠。正品捧出后，夏姓商人羞愧而退。

朋友请他鉴定的古玩中，赝品甚多。李日华的朋友僧印南，拿了一幅米芾的《云山图》来出售。李日华鉴定后，认为“纸色可疑”，应为赝品，加以谢绝。李日华的一个俞姓弟子拿着赵孟頫行书《秋声赋》给他鉴定，卷上有朱文石收藏跋，然“纸色黯惨，墨法枯悴”，他判定为赝品。赝品之多，让他感叹：“真令人有优孟之眩。”而一些高手的临摹作品，连他也感到疑惑。他曾经在朋友家中，看到过宋代李公麟的《龙眠山庄图》，但无法判断真假，观摩良久，将此画的细节牢记心中。三十年后的崇祯五年（1632）夏，他又看到了一幅《龙眠山庄图》，仔细把玩后，发现这才是正品，笔法非凡手所能及。

有次古董商在书画舫上，搬出了唐寅的《款鹤先生图》请他把玩，而在其他各种场合，他已经三次看过所谓的《款鹤先生图》了。假货横行，他只能委婉地说，自己家中也藏有此卷，“其标韵较胜此”。

当时有位叫朱肖海的人，少年时就接触书画，在鉴定古玩上颇有心得，也能修补书画，移易补款。久而久之，他学会了临摹真迹、制作赝品。临摹前，朱肖海极为庄重，“必闭室寂坐，揣摩成而后下笔”。苏州人争相为他牵桥搭线，三百里内外，皆其神通所及。李日华在书画业中浸染多年，对于朱肖海的花样，一目了然，只是不想断其财路，不忍加以揭发。当然，高手李日华也有走眼的时候，一次上当被骗，就是在朱肖海所作赝品上。

“山可樵，水可渔。大夫招，不登车。”他逍遥于山水，以古玩为寄托。崇祯八年（1635），李日华故去，年七十一。他以一生精力收藏的诸多古玩，在他身后逐渐散落。这是藏家们无法逃脱的宿命。

在晚明，诸多文人选择归隐，将精神寄托在文化活动上。他们或营造园林，或创作戏曲，或各地优游，或收藏古董，推动了晚明的文化大繁荣。在诸多藏家之中，李日华是翘楚。他的收藏，排列起来就是一部完整的中国书画史。在这些藏品中，他进行着精神翱翔，作性灵之舞。

《清明上河图》引发的血案

书画市场的兴盛，使苏州成为书画作伪中心。作伪者不但模仿古人，也模仿今人，哪怕是文徵明徒弟炮制出来的书画，只要挂上文徵明的名字，人们便不在乎真假，都以高价收买。一些声名不显，但画工精湛的画家，其作品时常被抹去落款，填上古今画家之名出售。

靠书画为生实在不易，一些尚未成名的画家，不得不弄点赝品，卖个高价，补贴家用。张即之仿白居易《楞严经》，被嘉兴大收藏家李日华当作真迹收去。李日华得知真相后，感叹赝品“有优孟之眩”。

书画造假的技术在当时突飞猛进。屠隆记载，苏州地方的造假高手特制出竹纸，再以烟熏烤，以火气逼脆纸质，使纸散发出若古字画一般的香味，“全无一毫新状”。苏州专诸巷是作伪高手集结地，其中有钦姓父子，“近来所传之宋人、元人诸家，大半皆出其手”。这些作伪高手画功精湛，只要看过真迹，就能将其形象复刻在脑海之中，数日之后就能造出赝品。

赝品肆虐，使很多收藏家受害。李开先家中藏有名画几百张，拿出来展示，结果发现无一真品。项元汴收藏书画之丰，在江南称雄一时，可“赝本亦半之”。顾从义到文徵明家中，看到一幅沈启南的山水画悬挂在中堂，大为赞赏，想从文徵明手中买走。文徵明得意洋洋地道：“这不但是真品，更是沈启南的得意之作。”怎么也不肯出手。顾从义心中难舍，就到专诸巷中散心，恰好撞到一人拿着一幅画兜售。顾从义一看，与文徵明家中所悬挂之画一样一样，遂以便宜的价格买下，再一追问，文徵明家中的那幅也是从此人手中购买的。

赝品中最为有名的当属《清明上河图》，由此还引发了一桩血案。

此案的当事人王忬是政坛上的重量级人物，他是嘉靖二十年（1541）进士，南剿倭寇，北抗蒙古，战功显赫。然而春风得意的表象下，王忬很苦恼，因为他得罪了严嵩。

王忬开罪严嵩，还得从杨继盛说起。这杨继盛本是个苦命人，少年时代边牧牛边读书，总算考中进士。他当官后不忘本，为民请命，敢于进谏。

却说严嵩党羽仇鸾靠着溜须拍马，混成了边疆大吏。仇鸾戍边无能，为了讨好蒙古人，就在边境线上开设马市，与蒙古人大做生意。杨继盛得知后，弹劾仇鸾不成，反被打了一百棍，赶去甘肃做了个小官吏。之后仇鸾倒台，杨继盛被重新起用，却没有学会明哲保身，决心拼死一搏，弹劾严嵩父子。杨继盛做好赴死的准备，上《请诛贼臣疏》，洋洋洒洒数千言，历数严嵩罪行。

嘉靖帝当时对严嵩的宠信不可动摇，再加上看到杨继盛指责他本人“甘受嵩欺，人言既不见信，虽上天示警亦不省悟”，不禁勃然大怒，下令将杨继盛收监。在狱中，杨继盛受尽酷刑，“杖死醒后，臀肉尽脱。股筋断落，脓血续涌，不亡如缕”。

当时的文人们还是有点骨气的，不但争相追捧杨继盛，更有朋友怕他寂寞，送了一方砚台给他在狱中把玩，以解寂寞。嘉靖三十四年（1555）杨继盛被处死，行刑当日，京师“满城争睹员外郎”，路上水泄不通。杨继盛下葬之后，到他墓碑前悼念的人络绎不绝。

杨继盛的死，成全了自己的名望，得到朝野内外的一致称道，以至于谁不说几句杨继盛的好，写几首诗词悼念，就没法再在江湖上行走。王忬听到杨继盛的死讯，怒骂严嵩，弹指出血；他的儿子王世贞则帮忙料理杨继盛的后事，又吊以诗。

严氏父子对声名在外的王氏父子，一度也想网罗招致，以为己用。一次严嵩请王世贞吃饭，酒酣之后，紧紧握住王世贞之手，以示亲昵。王世贞虽喝得大醉，却没有投怀送抱，此后刻意与严氏父子保持距离。

严嵩多次让儿子严世蕃请王世贞吃饭，王世贞“辄出恶谑侮之”，让他难堪。王世贞恃才傲物，不拘小节，虽不屑严嵩之为人，却对他的文章持有较高评价，说是“孔雀虽有毒，不能掩文章”。

这句评价刻画入骨，立刻传诵于当世，更激起了世人对严嵩父子的痛恨。严家父子不能招致王家父子于门下，又没有宽广的心胸，便生出打击报复之心。

王忬曾教导儿子不要攀附权贵，也曾怒骂严嵩，可人在屋檐下，不得不低头。严嵩权势滔天，政坛上反对他的人纷纷入狱身死。看到儿子得罪了严家父子，王忬不得不硬起头皮，经营严世蕃这条门路，想方设法投其所好。严世蕃所好，与当时大多数文人一样，不过是书画。

严嵩被皇帝宠幸，原因之一，就是他能及时处理政务。严嵩担任首辅时已六十九岁，此后在这个位置上呆了十四年，年岁渐高，精力、记忆力均开始衰竭，处理政务成为他的巨大负担。所幸，严嵩的儿子严世蕃，虽个性阴狠，又瞎了一只眼，却熟知国典，通晓时务。严嵩不得不依赖于儿子，凡百官咨以要事，均答曰：“去找世蕃。”

严世蕃是个“奇才”，处理起公文来得心应手，对于天下官缺的肥瘦，更是了然于心。谁想买官，明码标价，一分钱也逃不掉。长得丑、名声臭，不影响严世蕃附庸风雅，他尤其热衷于收藏古玩、书画。

为了讨好严世蕃，官员们或是自掏腰包采购书画以行贿赂，或是勒索富豪，借花献佛。罗龙文为了讨好严世蕃，以纹银千两从文徵明手中购得唐代怀素《自叙帖》作为礼物。

浙江总督胡宗宪，以高价在江浙各地收买名画奉上。沈德符对严氏父子的癖好评点得相当到位：“贪残中又带雅趣。”

名将俞大猷为人比较耿直，得罪了严世蕃，被找了个借口抓入监狱。他不得不低头，送了三千两银子给严府，方才留得性命，被发配到大同“戴罪立功”。

王忬四处打探，得到消息：严世蕃喜欢《清明上河图》，如果将这幅画弄到手，自然能修好与严家的关系。

《清明上河图》藏在何处，当时众说纷纭。一说在已故首辅王鏊家人手里；一说被陆完夫人缝在绣枕之中，随身携带。

不论《清明上河图》是在王家还是在陆家，要弄到手，都不是容易的事，王忬只能请中间人帮忙刺探。

明代书画市场上，买卖双方通常不直接进行交易，而是通过中间人联络。用中间人的好处：一是中间人有职业素养，能对书画价值做出精确判断；二是读书人出于维持体面的心态，不愿意直接去谈判讲价。

此次王忬请的中间人是汤裱褙。汤裱褙也是苏州人，“裱褙”二字是他的江湖名号，从中可看出他精于书画装帧。王世贞曾夸赞他：“汤生装潢为国朝第一手，博雅多识，尤妙赏鉴家。”严世蕃收藏书画，事先都要请他鉴定。正是从汤裱褙口中，王忬得知严世蕃想弄到《清明上河图》。汤裱褙虽然在江南地方上有很多人脉资源，可要买到《清明上河图》，也有很大难度。不得已之下，汤裱褙又找了一个人帮忙，此人是当时画坛高手，姓黄名彪。

黄彪是苏州人，精于造假。他曾仿造了一本赵孟頫的《参同契》送给王世贞，王世贞拿给友人观赏，众人都以为是真迹。黄彪的儿子黄景星，同样是此中高手。

汤裱褙买不到真本，就请黄彪画了张赝品，事先与王忬沟通，王忬病急乱投医，就同意了。

黄彪一番苦心经营，总算弄出了一张八九不离十的《清明上河图》，布景着色，几乎乱真。后来王世贞说，这张假的《清明上河图》，所欠缺的只是腕指间的力量。

伪作《清明上河图》被送给了严世蕃。严世蕃对这张画爱若性命，四处炫耀，到底见过真迹的人少，没人看出破绽。

汤裱褙自诩立下了功劳，就向王忬索取好处费。勒索的钱财，有说四十金，也有说二十金的。勒索不成之后，汤裱褙愤而揭露这张画是假的，使严世蕃丢了脸面，迁怒于王忬。嘉靖三十八年（1559），以“滦河之警”为契机，严世蕃将王忬整倒，打入大牢，次年以“边吏陷城律”，将他置于死地。

这一事件中的其他两个人物汤裱褙、黄彪也受到牵连。汤裱褙因为另外一起案件，涉及诈骗，被发配边疆，最终死于戍所。黄彪则隐姓埋名，躲过了风头。

至于《清明上河图》的正品，最后还是被严世蕃弄到了手。它原先收藏于昆山顾氏之手，被人以千金购得，送给严世蕃。

严嵩倒台被抄家后，《清明上河图》被收入皇宫。

严氏父子对书画的热捧，带动了书画价格的上涨。王世贞曾道："若使用事大臣无所嗜好，此价当自平也。"后来昆山顾氏又想将家藏的王维《弈棋图》以和《清明上河图》相同的价格卖出，不想买家朱忠僖只肯出三百两。顾氏惊讶地说："《清明上河图》当时可是卖出了千金的价格，此二宝应当同价。"朱忠僖解释道，买《清明上河图》的人是为了取悦严氏父子，不要说千金，价格就是再翻一番买主也不在乎。他买这张是为了当自己的案上清玩，出价三百，已是为了酬谢顾氏远道而来，"若据实言，二百亦已多矣"。顾氏不肯低价出售，在京徘徊数月，不能出手，又带回昆山。

严嵩费尽心机所藏的书画最后都便宜了皇帝。到了隆庆初年，国库吃紧，皇帝就将大量名画拿出来充当武官的俸禄，"每卷轴作价不盈数缗，即唐宋名迹亦然"。

豪杰乐事写词曲

“古来抱大才者，若不得乘时柄用，非以乐事系其心，往往发狂病死。今借此以坐消岁月，暗老豪杰。”李开先如是说，他的一生也如是度过。

李开先出自名门，祖上也曾有过辉煌，只是他的父亲，在科举上一直未有突破，临去世时叮嘱他千万努力，务必在科举上弥补自己的缺憾。

可李开先感兴趣的是戏曲，他少年时就熟读名家杂剧，对戏曲理论如数家珍。对于一个富有艺术天赋和舞台兴趣的人来说，学习八股文实在是一种煎熬。然而，他的妻子张氏，一直督促着他，让他不得不苦读圣贤书。

张氏是章丘一名富商的女儿，李开先九岁时就与她订婚。李开先二十二岁，张氏十九岁时，两人喜结连理。此时李家家道中落，景象惨淡，张氏操持家务，“躬苦茹淡，以济不足”，为丈夫解除了后顾之忧。

李开先天生喜好戏曲，“敲棋编曲，竟日无休”，白天在外游玩，晚上再回家看书。张氏劝告他：“人生气血有限，昼夜兼劳，久之气血兼病矣。”在妻子的再三劝勉下，李开先暂时放下对戏曲的痴迷，刻苦读书，二十七岁那年考中进士。

入官场后，李开先意气风发，期待有所作为。他曾驰马边疆，经营戎事；也曾在政坛慷慨激昂，议论时弊。可他还是喜欢舞台，与名士们交往，切磋剧艺，常常豪饮高歌，这些均让政坛大佬夏言对他不满。

四十岁时，他正春风得意，一再升迁，却遇飞来奇祸。嘉靖二十年（1541）四月，皇家宗庙发生了火灾。

在当时人的认知中，宗庙失火可是了不得的大事，是上天在警示人间帝王，朝廷之中有了奸佞之徒。京师内四品以上官员都上了一份“辞职书”，摆出引咎姿态，但最后谁真的被罢免，完全是由内阁大佬们依据个人好恶决定的。首辅夏言对李开先不满，遂将他踢出了官场。

同年五六月间，李开先回到章丘城南，开始了长达二十七年的闲居生活。

章丘风光宜人，有山有水有名士，更有他钟爱的戏曲。散曲家冯惟敏专程前来拜访他，两人“秋夕共语”，论文谈艺。在离开章丘途中，冯惟敏兴起，写下散曲《中麓归田》，毫不吝啬地对李开先予以赞美：“山河依旧，其中自古圣贤州。似您这天才杰出，真个是无愧前修。霎时间对客挥毫风雨响，也不曾闭门觅句鬼神愁。”

在此间，他不寂寞，可心中还是有所牵挂。他在官场跌倒，却并不甘心，期待着有机会再次出仕。他在庄园中修建一座楼，珍藏皇帝赐给他的敕命，每岁都要捧读一番，仿佛皇帝就在眼前。他关注海疆，送侄儿从军，更期待他“驱逐倭酋靖海洋”。他与京师官场中的旧交频繁来往，并暗中操作，希望再被起用。

等待的日子是痛苦的，为了消磨时光，他建了藏书楼，收藏古籍，藏书之名闻于天下。他蓄养歌伎，“征歌度曲”。他接连纳妾，于温柔乡中“坐消日月，暗老豪杰”。

李开先家中，“虽风雨之夕，客常满座”。他身边有一群门客，其中不乏有真才实学者，如雪蓑道人，精通琴、琵琶，能歌昆曲，好剧饮，醉后袒臂大叫，旁若无人。

李开先喜美色，纳妾颇多。他纳妾的标准是精通乐器，但如果妾年轻貌美，不通乐器也无妨，他可以先收入房中再教习。李开先有一妾张二，本是青楼女子，擅长箫管。

当时蓄养家班之风盛行，李开先号称“书藏古刻三千卷，歌擅新声四十人”，自然是此中佼佼者。曾有人到李家拜访，见其家有“戏子二三十人、女妓二人、歌童数人”。客人所云“女妓”，即张二、范四两名侍妾。

李开先在章丘的生活与西门庆无二，每日或是看家班演出，或是与童子踢球，或是斗棋，或是欢饮。人间至乐，不过如此。

李开先精通词曲，不时调教家班。门客中有精通南北曲者，也常为家班指点。对于自己精心打造的家班，李开先是满意的，有贵客临门时就拉出来演出。

后日的文坛领袖王世贞，年轻时担任青州守备，曾拜访过李开先，也欣赏过他的家班的演出。

从江南来的王世贞，什么大场面没有见过，几个稍受声乐训练的仆人、几名从青楼挖来的女子，入不了他的法眼。王世贞看了演出后，大为失望，因为家班“戏子皆老苍头也，歌亦不甚叶”。

知道家班入不了王世贞法眼，李开先不好意思，谎称家中有能歌善舞者数人，只是散在各庄未曾带来。王世贞洞察此老心思，也不好意思戳破。

玩家班李开先还嫌不过瘾，嘉靖二十三年（1544），他创作了一组散曲《中麓小令》。这组散曲的创作纯属偶然，是他碰到一名精通南北曲的艺人，一时兴起的结果。《中麓小令》一出，风靡大江南北，数百人唱和，被时人称为“中麓体”。

过了散曲的瘾，李开先意犹未尽，又弄起剧本来。

天下豪杰，皆有不平之气，不平则鸣。嘉靖二十六年（1547）夏，李开先以一腔不平之气，编写了以林冲为主角的传奇《宝剑记》。

历史上并不存在林冲其人，《大宋宣和遗事》中出现了林冲，在梁山排名第十三位，并不起眼。到了《水浒传》中，林冲的戏份才多了起来，不过他给人的印象，主要是憋屈隐忍。金圣叹评价道：“林冲自然是上上人物，写得只是太狠。看他算得到，熬得住，把得牢，做得彻，都使人怕。”林冲太能隐忍，一旦爆发，却非常可怕。

《宝剑记》脱胎于《水浒传》中林冲的故事，但具体情节却有很大出入。

李开先将自己的人生体验和理想融入林冲这个人物。剧中，林冲点起五万兵马，杀入京师，报仇雪恨，就与《水浒传》原书大相径庭了。《宝剑记》中，林冲是李开先的化身，高俅是夏言的化身，李开先的复仇欲望，在戏剧中得到了宣泄。

《水浒传》中，林冲夜闯白虎堂，携带的是宝刀；到了李开先笔下，他携带的却是宝剑。“闲启宝匣看古剑，紫电照人睛碧”，《宝剑记》以宝剑开题，以宝剑结尾，最后主人公铲除了高俅，与妻子重逢，使“宝剑永传扬”。

宝剑在古代中国有着诸多象征意义。它历经千锤百炼，方才铸就，被认为天性阳刚，能克服邪魔，是各类神仙的手中必备之物；它外形典雅，光彩夺目，也曾是文人的携行装具。

李开先身上有一股任侠精神，“以兵自雄”。在《宝剑记》中，宝剑的意象贯穿首尾。全剧就如一把宝剑，深藏鞘中，一点点抽出，一点点展露光芒。

李开先之后，陈与郊将《宝剑记》改编为《灵宝刀》，把林冲的武器从宝剑换回宝刀，却失去了原剧精髓。

李开先笔如宝剑，不带文人酸气。他鄙夷当时文坛上的

明万历刻本《灵宝刀》中绣像

拟古风尚，“每愤文体如妆粉骷髅”。他与李攀龙同乡，相距不过百里，却绝无往来。他亲近民歌，曾编纂民歌集。

《宝剑记》的语言，吸收了一些民歌特点，故而呈现出一种自然本色的风格，如林冲夜奔时唱道：“按龙泉血泪洒征袍，恨天涯一身流落。专心投水浒，回首望天朝。急走忙逃，顾不得忠和孝。”以朴素语言刻画人物内心情感。

《宝剑记》刻印之后，因其故事起伏跌宕，语言通俗易懂，传播各方，与《浣纱记》《鸣凤记》并称“三大传奇”，深受世人喜爱。王九思称之为“一代之奇才、古今之绝唱”。

大才子王世贞看了《宝剑记》后，却另有一番感想。他认可此剧“辞之美，不必言”，不足之处是音韵不协。王世贞认为，只有请苏州曲师过来纠正一番，才适于歌唱。

李开先最自我满意的恰恰是音韵，他曾自吹：“音韵谐和，言辞俊美，终篇一律。”现在被王世贞泼冷水，颇为不快。不过也不止王世贞一人有此观感，有人指出，李开先“不知南曲之有入声”。

《宝剑记》写就之时，正值海盐腔大行其道。万历朝以前，士大夫请客吃饭，多用海盐腔招待，若用其他腔，则会被视为不敬。《宝剑记》所用也是海盐腔。随着昆曲的崛起，《宝剑记》因声律问题渐渐淡出了舞台。但其中《夜奔》一出至今仍是昆曲、京剧、赣剧、湘剧等众多剧种的保留剧目。

《宝剑记》写就之后不久，李开先的结发妻子张氏去世。张氏十九岁嫁到李家，与他同甘共苦，相濡以沫。李开先与妻子感情很深，可他年轻时出没青楼，感染了花柳病，又传给了妻子，给她造成了痛苦。然而，张氏对此没有怨言，默默承受着一切。

张氏临去世时，还请亲弟弟去帮李开先购买小妾，并再三嘱咐，小妾要貌美可人、性情温和，让丈夫愉悦。妻子去世后，李开先写下了许多怀念之作，在《亡妻张宜人散传》中，更是就自己年轻时的浪荡行径做了深深忏悔。

张氏死后不过三个月，十八岁的爱妾张二又突然去世。李开先对张二念念不忘，在诗中写道：“触物伤情双泪落，余香犹染旧鲛绡。”对于张二的死因，他避而不谈，据猜测，她很可能不是正常死亡。

满室的欢歌笑语，掩盖不住李开先内心的寂寥，也抵消不了他的恨意。李开先对夏言恨之入骨，在诗文中多有鞭挞。嘉靖二十七年（1548），夏言在政治斗争中失败被杀，李开先闻得消息后大喜，写了首《门闻夏桂洲凶报》，有句云："上方有剑何须请，相国惊闻沥血头。"想想自己在庄园中过着惬意生活，再想想夏言的命运，李开先对他的恨意也少了几分。

夏言被杀，也让他有了另一番感慨：官场险恶，不若隐居遁世，逍遥一生。他不再期待明主的赏识。嘉靖二十八年（1549）二月，李开先的好友张治任礼部尚书，欲推荐他重新出仕。他回书谢绝，自此断了仕途之心。他回顾往昔的雄心壮志，突然觉得自己曾经是那般的滑稽："每抚雄心还自笑，羞将鹤发对人梳。"

嘉靖三十一年（1552），李开先五十一岁，他的生母去世。此后几年，他的子女接连去世。人们认为，李开先子嗣的先天羸弱，与他早年流连青楼，沾染花柳病有一定关系。

年迈的李开先陷入孤独凄凉之中，为了寻求精神寄托，探访古寺，结识高僧，研读经文。在他身上，《宝剑记》中的那种豪情，渐渐消失。

隆庆二年（1568）二月，李开先去世，享年六十七岁。传说他的死与藏书丰富有关。当时，洪朝选担任山东巡抚，向他借书不成，遂打击报复，"李以恚恨死"。

他死后，继妻才三十八岁，嗣子才十二岁，家族中爆发了财产争夺战。最终，他的家产被夺，家境破败。李开先的灵柩，一直停放到了万历二年（1574），后来在友人的帮助下，才得以安葬。

后人从李开先的生活、感情、家庭、趣味等角度考量，认为他就是《金瓶梅》的作者。《金瓶梅》中有大量抄引《宝剑记》的内容，如第六十七回，西门庆与应伯爵饮酒赏雪，席上的一曲《驻马听》，正出自《宝剑记》。《金瓶梅》中的诸多场景描写，也有取自《宝剑记》的迹象。

后世学者如侦探一般，将目光聚焦在李开先身上，分析他的言行，以期获得蛛丝马迹，破解《金瓶梅》作者之谜。李开先在遗嘱中道："家居二十七载，享林下清福，人生至此，亦云足矣。唯苏杭未得一游，普济新修园未得一到，《词谑》一书未成，尤可惜也。"有学者推测说，李开先的《词谑》早已写好，他所叹未完的是《词话》，即《金瓶梅词话》。也有学者推测，李开先去世后，他的门客将《金瓶梅》带给了王世贞，所以当时只有王世贞藏有《金瓶梅》全本。

《金瓶梅》的作者究竟是谁，是个难以破解的谜题。只因晚明才子太多，令后日的研究者眼花缭乱。于是乎，同样性喜词曲、尤好民歌的冯梦龙也成了嫌疑人。

情胆包天唱民歌

民歌在历史上一直不受主流社会重视，属于下里巴人的消遣，不想到了明代，竟然“咸鱼翻身”，被称为“有明一绝”，有了可与唐诗、宋词、元曲并肩的地位。

明代大受欢迎的民歌中，不见北方健儿豪气万千，骑马挎刀，雪夜出雄关，驱驰塞北外之类的内容；唯有吴侬软语、浓情蜜意，小儿女打情骂俏的声音。

民歌来自民间，没有经过文人雕琢，没有华丽的辞藻堆砌，其间蕴含着民众的真实情感，凡情欲生活、市井百态，无所不有。它如同今日的流行歌曲一般，老少咸宜，传遍街头巷尾。时人记载，民歌风行时，“不问南北，不问男女，不问老幼良贱，人人习之，亦人人喜听之，以至刊布成帙，举世传诵，沁人心腑。其谱不知从何来，真可骇叹”。

民间对民歌的热情，让一些读书人不解。在松江地方上，朋辈之间的谐谑、士人的乖张之举，往往很快被编成民歌四处传唱。城乡恶少饮酒作乐、游荡街头时，常常群集歌唱，声浪滚滚，气势汹汹。

民歌具有鲜活的生命力，因为它没有经过文人的雕琢修饰，不受诗词格律的限制，题材丰富大胆，敢言文人不敢言之情。袁宏道在诗中写道：“当代无文字，闾巷有真诗。却沽一壶酒，携君听《竹枝》。”

民歌的兴起，吸引了一批欲革去华而不实文风的文人的注意，“真诗在民间”成为很多文人的共识。民歌得到了文人的关注，就被系统地加以整理，发展成为一种新的文学体裁。

李开先认为，民歌直出肝肺，真情足以感人。他整理元、明两代的民歌和散曲成《市井艳词》，并对作家、作品一一加以评点。李开先去世后大约二十年，冯梦龙开始了对吴地民歌的搜集、整理、编撰工作。他整理民歌有着深层动机：“借男女之真情，发名教之伪药。”

冯梦龙早年自恃年少英俊，狂放不羁，“逍遥艳冶场，游戏烟花里”。多年之后，他回忆起少年时的狎游时光，无限感慨。他欲为这些青楼女子作传，所以在他的文章中，我们可以看到许多个性鲜明的妓女，她们或是才情万种，或是敢爱敢恨。他的笔下，有名有姓的妓女就有十余人。

冯梦龙深恋名妓侯慧卿，二人曾有白头之约，不想侯慧卿最终嫁给了一名商人，弃冯而去。嫁人前，侯慧卿特意请冯梦龙过来话别。见心爱的人转投他人怀抱，冯梦龙万念俱灰，不舍，心痛，却无能为力。

不是侯慧卿无情无义，而是名妓从良所需要的赎金太过高昂，当时只有富豪、高官才能负担得起。二十余岁的冯梦龙，根本没有经济能力帮助心爱的人赎身；侯慧卿却等待不起，必须赶在年老色衰之前从良嫁人，摆脱沉沦青楼的悲惨命运。

此段感情挫折，给冯梦龙造成极深的伤害。失恋之后，他大病一场，闭门谢客，专心创作情词，尽情倾诉相思之苦："最是一生凄绝处，鸳鸯冢上欲招魂。"多年之后，冯梦龙再读当年失恋时写下的词曲，自言"犹可令人下泪"。

冯梦龙在《挂枝儿》中，记下了自己与名妓冯喜生的一段故事：冯喜生在即将嫁人的前夜，请冯梦龙过来话别。夜半，冯梦龙离去之际，询问美人有没有话要说。冯喜生淡然一笑，为他唱歌送别。后来冯梦龙编撰《挂枝儿》时，冯喜生已红颜不再，他的追念之情，涌上心间。冯梦龙狂呼："呜呼！人面桃花，已成梦境。……佳人难再，千古同怜。伤哉！"

冯梦龙被民歌所吸引，为民歌痴迷。他生来就是风流浪子，民歌于他，就如江河之于游龙。民歌因他而广为传唱，他因民歌而生发文学感悟，实现情感升华。

冯梦龙二十二岁时就开始收集民歌，从市井小巷中收集，从前人刊印的书籍中寻觅，至于酒馆青楼，更是他所收集民歌的主要来源地。冯梦龙从琵琶阿圆处搜集民歌时，被其歌声倾倒。他深夜于名妓冯喜生处听得民歌，多年后犹惆怅不已。他毫不避忌，看到盲女弹唱与丐妇行歌，都要过去一听究竟。

在一些道学家看来，民歌是山野夫妇信口所作，并无文学意味，冯梦龙则予以高度评价。他在天启年间编成《挂枝儿》《山歌》，收录民歌八百余首。

冯梦龙与李开先的区别是，他将民歌与诗词并列，称之为一种独立的文学体裁。先前的文学家虽然喜欢民歌之真，但对民歌的认识，不过是“可资一时谑笑”。冯梦龙将民歌的地位抬到空前高度，甚至认为“但有假诗文，无假山歌”。

北方小曲《打枣竿》传到南方后，与南方民歌相融合，逐渐形成了《挂枝儿》。很多时候，人们更多地提及《打枣竿》。嘉兴李日华就说过：“我明事事落古人后，其超绝者，茶、酒、墨与《打枣竿》而已。”

《山歌》兴于明代中叶以后，其内容与江南地域的社会生活息息相关，是民众在生产生活中为了娱乐、放松而创作的。《水东日记》载：“吴人耕作，或舟行之劳，多作讴歌以自遣，名唱山歌。”

《挂枝儿》卷一至卷七分别以私、欢、想、别、隙、怨、感为名，描写了初恋时的款款情深、热恋中的狂热痴迷、离别时执手相看泪眼的辛酸、偷情时的紧张与欢愉。

《挂枝儿·泣想》：“青山在，绿水在，冤家不在。风常来，雨常来，书信不来。灾不害，病不害，相思常害。春去愁不去，花开闷不开。泪珠儿汪汪也，滴没了东洋海。”苦恋之情，刻骨铭心。《挂枝儿 · 性急》：“兴来时，正遇我乖亲过。心中喜，来得巧，这等着意哥。恨不得搂抱你在怀中坐。叫你怕人听见，扯你又人眼多。看定了冤家也，性急杀了我。”欢喜之情，发自内心。《挂枝儿 · 久别》：“自从他那一日匆匆别去，到如今秋深后风雨凄凄。欲待要做一领衫儿捎寄，停针心内想，下剪自迟疑。这一向不在我身边也，近来肥瘦不知你。”思念之情，难以收敛。

明万历金陵富春堂刻本《南西厢记》中“长亭送别”绣像

金陵富春堂唐氏万历刻本《南西厢记》的插图作者也写了不少民歌，且多是放浪形骸之作。文人若不能跻身官场，则放纵于欢场，长醉于温柔乡。酒香飘飘、民歌靡靡之际，他们怎么能抵挡得住情爱诱惑？

冯梦龙在亲自创作之外，也辑录了米仲诏、董遐周、白石山主人、丘田叔、黄方胤、李元实、苏子忠等人的作品。他采择民歌有三个标准：真、俗、有情。脱离了这三点，哪怕写得再优美，他也不考虑。

且看董遐周的作品《挂枝儿·喷嚏》：“对妆台，忽然间打个喷嚏。想是有情哥思量我，寄个信儿。难道他思量我刚刚一次？自从别了你，日日泪珠垂。似我这等把你思量也，想你的喷嚏儿常似雨。”

这完全是市井俚语、浪子心声了，哪里还有半点文人气？难怪《挂枝儿》一出，道学先生们纷纷拿起道德大棒追杀冯梦龙。《挂枝儿》刊印后，被“不肖子弟”追捧，“靡然倾听”；冯梦龙则被卫道士群起攻击，狼狈不堪，眼看着有一场牢狱之灾。

冯梦龙仓皇逃赴湖北，向熊廷弼求助。熊廷弼是明末著名将领，一生三次坐镇辽东，威名赫赫。熊廷弼曾任江浙督学，与冯梦龙有师生之谊，紧要关头，冯梦龙只能找他帮忙。

至湖北相见，熊廷弼忽然问道：“海内盛传冯生《挂枝儿》，曾携一二册以惠老夫乎？”原来熊老先生也是性情中人，想一睹为快。经熊廷弼出面帮忙，冯梦龙才摆脱了官司纠缠，不然也有可能落入李贽一般的下场。

与《挂枝儿》相比，《山歌》的内容更加贴近生活，也更加奔放。冯梦龙谓《山歌》“最浅，最俚，亦最真”，在其序言中坦言，所收“皆私情谱耳”。集中有许多大胆的性描写，且看两首。

《山歌·馒头》：“姐儿胸前有介两个肉馒头，单纱衫映出子咦像水晶球。一发发起来就像钱高阿鼎店里个主货，无钱也弗肯下郎喉。”“发”指膨胀，“钱高阿鼎”是“吴中馒头店之有名者”，“个主”是“这个”的意思，通篇是露骨的情色描写。

《山歌·荸荠茨菇》：“郎替娇娘像荸荠，荸荠要搭茨菇两个做夫妻。茨菇叶生来就像姐儿两膀当中个主货，荸荠心透出也像情哥郎个件好东西。”以荸荠、茨菇喻指男女性器官。

可能因为卫道士的干预，《山歌》后来几近失传，直到1934年，上海传经堂书店主人朱瑞轩到徽州访书，才重新发现了它。

至于《挂枝儿》，也只有节抄本流传于世，全本人们长期无缘得见。郑振铎偶尔在小书摊上见到一本题为“挂枝儿”的小书，便将它购下。他翻阅之后，发现这本书不同寻常，决定将它收录在《鉴赏丛书》内出版。但这本小书中只有四十一首《挂枝儿》，后来郑振铎又从上海寻访到九卷本的《挂枝儿》明刻本残帙，再加上浙江发现的《挂枝儿》，方才补全此书十卷。

冯梦龙用了较多精力，收集、整理、编撰以情爱为主题的民歌。因为《挂枝儿》《山歌》，冯梦龙招惹了一堆是非。虽然最终官司得以摆脱，但他还是承受了沉重的压力。他被指责为狂生、无赖，生活也陷入困境。冯梦龙一度家无余钱，靠着朋友帮忙才勉强维持生活。迫于生计，冯梦龙落魄奔走，先后在多处授馆。

五十三岁时，冯梦龙所著《醒世恒言》出版，此后又出版了一系列的作品。写作、设馆授徒并未改善他的生活，他不得不靠朋友的不时馈赠解决生计问题。

老友袁晋与富豪争夺一名妓女，吃官司入了牢房，出狱后根据此段经历写了剧本《西楼记》。剧本写好后，袁晋很不满意，请冯梦龙指正。冯梦龙拿到剧本，翻了翻就扔在书桌上，一句评语也没有，袁晋怅然而归。

此时家人过来以断粮相告，冯梦龙道："别担心，今夜袁晋会送钱给我。"家人听了，都以为他在说梦话。却说袁晋回家之后，踌躇至夜，忽然拿了一百两银子去冯梦龙家。到冯家门口，门还开着，仆人云："主人正等着你呢。"袁晋入内，见冯梦龙已将他的剧本改好，正等他来取。

崇祯七年（1634），六十一岁的冯梦龙当上了福建寿宁知县。为官期间，他一反早年的荒诞不经，回归正统。他在寿宁表彰了六名寡妇，对女子贞节赞誉有加。早年的冯梦龙可不是如此，他一度提倡婚姻自由，称赞卓文君私奔。此一时，彼一时，在其位，谋其政。

崇祯十一年（1638），冯梦龙离职返乡，再未出仕。他返乡之后，虽已七十，却齿健力强，常与友人们饮酒赋诗，放纵于山水之间。明亡后，七十二岁的冯梦龙远游东海，不知所终。有人说，他漂洋过海，抵达了日本。

冯梦龙已去，民歌依旧在世间的饮食男女口中代代传唱。

双陆象棋叶子戏

大明王朝建立后，朱元璋端坐于龙椅之上，俯视天下苍生，想将自己的意志，贯彻于社会生活的方方面面中，以主宰万民。可总有人不听他的指令，民间赌博一刻不曾停息。朱元璋恼羞成怒，愤然下令：“下棋、打双陆的断手。”

双陆，是历史久远的赌博项目。双陆设有棋盘，子分黑白二色，各十五枚，骰子为六面体。棋子的移动以所掷骰子的点数决定，先把所有棋子移出棋盘者胜出。象棋与双陆都是明初最流行的赌具，故而时人将两者并举。《金瓶梅》在介绍西门庆、应伯爵、潘金莲和孟玉楼等人时，常有“双陆象棋，无不通晓”的描述，提到妓女、帮闲之类人物，也往往强调他们精通“双陆象棋”。

明代初期以象棋、围棋、双陆、骰子等为主要赌博工具，天启年间，叶子戏兴起，双陆、象棋就成了赌具中的次要角色。明代中后期赌博方式不胜枚举，赌博习气风行于社会的各个阶层。以太监为例，他们在宫中“三五成群，饮酒掷骰，看纸牌，耍骨牌，下棋，打双陆，至二三更始散，方睡得着也”。其他流行的赌博方式还有斗鸡、斗蟋蟀、骨牌等。

明代最流行的赌博方式当属纸牌叶子戏（也称马吊）。

明崇祯《新刻绣像批评金瓶梅》中“下象棋佳人消夜”绣像

叶子戏所用纸牌共四十张，四人同玩，每人八张，余下八张置于桌中央；四人中以一人为庄家，三人同攻庄家，“出奇制胜，变化无穷”。

叶子戏在士大夫阶层中流行，“进士有以不工赌博为耻”者。士大夫们赌瘾一起，“穷日累夜，纷然若狂”。

士大夫们沉迷赌博，以至于对军国大事也心不在焉。明末大学士周延儒酷爱叶子戏，崇祯十五年（1642），京师戒严，崇祯帝派他出京检阅军队，对他寄予厚望，亲自为他饯行，赐尚方宝剑。不想周大学士出京之后，突然派人持令箭快马回京，京师中人见之大惊，以为军情告急，之后才知道，他只是派人回来取纸牌而已。“飞来顷刻原飞去，立限回京取纸牌。”

叶子戏从最初的四十张纸牌，一变而为六十张，再变而为一百二十张，三变而为一百三十六张，并且有了“马将”

之名。因为纸牌容易损坏，人们又改用骨牌，将骨牌立在桌子上玩，便与后世的麻将无异了。

叶子戏牌面上绘有人物，都是“才力绝伦之人”。陈洪绶所绘《水浒》四十人，堪称个中经典。在叶子戏的演变过程中，纸牌上的的画慢慢从人物变为鸟兽虫草，“马吊”也变为“马将”，再成为“麻将”。时至今日，在一些地方仍可看到当年马吊的孑遗。

赌博从来不是上流社会的专属，底层社会中的赌徒往往更狂热。

京师中乞丐浩浩荡荡，不下万人，多是好赌之徒。他们“三五成群，为非作歹，人号喇虎”。喇虎早在明初就已出现，只是当时朱元璋管得严，下手狠辣，他们不敢轻举妄动。到了明中叶以后，官方对整个社会的管理松弛，喇虎们便活跃起来。

喇虎们乞讨到铜钱之后，立刻在地上投掷赌博，以铜钱的正反面决胜负。如果所掷铜钱都是正面或反面，称“浑成”，自然是无敌通吃了。乞丐也讲究赌品，宁输钱也不输人品，输光铜钱就脱下裤子抵债。钱输光，裤子抵掉，当腹饥身寒时，就铤而走险，在京师内行凶抢劫。

张岱在《陶庵梦忆》中记载了扬州赌徒掷钱的景象，与京师喇虎们有着云泥之别。扬州人掷钱通常选择空旷的场地，在两边放置各种果品、酒肴，且赌且豪饮，场面热闹非凡，无赖们纷纷聚上前来围观，很少出现输光脱裤子的尴尬场面。

明代流行斗各种动物，斗鱼、斗鸡、斗虫、斗鸭、斗鹅、斗蟋蟀，不过最具技术性与观赏性的还是斗鸡与斗蟋蟀。

从当时的诗文看，常熟的斗鸡之风极盛：“不及城东年少子，春风齐上斗鸡台。”“不闻西市曾牵犬，浪说东城再斗鸡。”常熟的各路纨绔恶少、才子书生，每日里捧着斗鸡，神情肃穆地涌向城东，参加斗鸡大会。

徐州地方上的“樊哙后人”们，“斗鸡雄霸天下”，五湖四海的好斗鸡之徒，为求一胜，纷纷前去学习取经。张岱在绍兴创设“斗鸡社”，每日“斗鸡臂鹰”。他的叔叔拿古董、书画、文锦、川扇等物件给他斗鸡，结果被输得一干二净。

宫内太监尤好斗鸡，一些太监花重金购买“好健斗之鸡”，用高价雇佣善于养鸡者调教，白天进行斗鸡训练，晚上还给鸡加餐，称“贴鸡”。鸡加餐时，太监要竖起耳朵，计算鸡啄米的次数，若是鸡能啄三四百次，说明战斗力较强。看鸡、喂鸡、听鸡，忙到深夜，太监们才欣然入梦。这样培养出来的高质量斗鸡，能卖出十两银子的高价。

斗鸡时，为了增加刺激性，人们往往在鸡爪上绑上锋利刀片。斗鸡飞舞之间，刀光寒气森森，鸡血飞溅。围观者痴迷于押注求胜，更被现场的场景所刺激。斗鸡相搏，不死不休，在精疲力尽，带着一身鸡血躺下后，仍坚持着啄对方，或者对主人发出最后的哀啼。

斗鸡之外，斗蟋蟀也很风行，当时还有专门的蟋蟀角斗场。厮杀之前，双方主人都要观摩对方蟋蟀的个头大小，不让重量级与轻量级选手相斗。斗场上的人各自押注，万历年间，“每赌胜负，辄数百金”。

明宣宗最热衷斗蟋蟀，被称为“促织天子”。宣宗嫌弃北京周边土质瘠弱，养不出上好的蟋蟀，特意命太监到苏州采办一千只蟋蟀，密令苏州知府况钟协助办理。为了满足皇帝的需要，苏州市面上鸡飞狗跳，蟋蟀价格暴涨几十倍，最贵的要十几两黄金一只。

苏州枫桥有个粮长，以一匹良马换到一只高品质蟋蟀。家中妻妾出于好奇，偷偷打开蟋蟀笼观看。这蟋蟀机灵得很，竟乘机逃走。妻妾惊恐自杀，粮长也跟着自杀。后来蒲松龄根据这个事件，写就《聊斋志异》中的名篇《促织》。

皇帝有所好，民间自然跟风。每至七八月，京师中随处可见养蟋蟀、斗蟋蟀、抓蟋蟀的，一时间成为蟋蟀王国。郊野到处是寻觅蟋蟀之人。众多无赖散布在草丛中，竖起耳朵探听蟋蟀的声音。断墙颓屋乃至肮脏不堪的茅厕之中，只要有蟋蟀声传出，就有各路好汉奋勇疾奔，如馋猫见鼠。

赌博盛行，危害地方。明英宗时，京师就有自称“风流汉子”者，通过赌博捞钱“充花酒费”。嘉靖朝中期之后，各地无赖横行乡里，开设赌场，无恶不作。

苏州、常州籍官员，退休回老家后，开办赌场，公开赌博。

太仓地方上绅士、衙役公然聚众赌博。农民在赌场中输光家产，就拒不缴纳钱粮，又生出无数是非。昆山地方上赌博盛行，“富者贫，贫者冻馁，病狂丧心，不死不休”。精于赌术者被纨绔恶少们崇拜，例如苏州皇甫冲，“吴中文士与轻侠少年咸推服之”。

赌骗不分家，赌棍们结成一党，诈骗钱财。赌博时，赌棍们用铅沙灌成“药骰子”，经过训练之后，一掷即能得到自己想要的点数。被哄骗入局者，只有输光的份。

面对赌博风气的蔓延，朝廷想起了朱元璋在《大明律》中的规定：“凡赌博财物者皆杖八十，摊场钱物入官。其开张赌坊之人，同罪。”可天下赌徒万千，抓不胜抓，官方只能惩戒一二，希望能杀鸡儆猴，刹住赌博之风。

明英宗下令让赌博者“运粮口外”，同时严令军民家、娼妓院“不得有双陆、骨牌、纸牌、骰子”。明宪宗登基之初，大概因为京内喇虎闹腾得太厉害了，朝廷责令锦衣卫、五城兵马司发起禁赌行动。

成化四年（1468）的一次行动，抓获赌徒郭猪儿等四十三人，“枷项示众”，以示惩戒。可没过多久，这批人又重操旧业，继续赌博。成化十六年（1480），朝廷下令禁止京城内外开设赌场，整顿借给赌徒高利贷的“印子铺”，违令者房舍没官，治以重罪。到了弘治十二年（1499），针对士人中好赌好嫖的风气，朝廷下令凡国子监生员“挟妓赌博”者，一律革去功名。一年以后，针对军中严重的赌博现象，朝廷下令凡军人进行赌博的，一概发配边关。

可赌博之风从来没有得到抑制，到了明末更是盛行，各类赌博方式涌出。在推翻大明王朝的农民军中，不乏带了纸牌、骰子等赌具随军作战的赌徒。

明末李式玉认为：“马吊风驰，几遍天下……抑亦世变风会使然。”他由赌博的风行，看出了社会风气的变化。明亡之后，更有人声称从赌具之中发现了神秘预言。马吊中有闯、献之类的术语，花色里有大顺、百闯、百献等，马吊是三家联合起来打一家……明末李闯王、张献忠崛起，清军于关外逼迫，有三家打一家之势，于是马吊也被视为明亡的征兆。

赌博虽然导致社会风气糜烂，但终究只是一种社会现象，能亡一家，不能亡一国。能亡一国的，是国之君主与“食肉者们”，而非区区叶子戏。

第三章

超脱的穿住行

猖獗的“服妖”

服装是身体的延展，爱美是人的本能，人们用衣裳营造出赏心悦目的效果。不过，总有一群人，在思想上超越，在服装上争奇，被卫道士痛恨。服装上的叛逆，被厌恶者们冠以“服妖”的贬称。

有些服饰因为叛逆、奢丽、诡奇，被提升到关系国家兴亡的高度。卫道士们回顾历史，惊叹汉董卓之乱、晋五胡乱华、唐安禄山叛乱，都与“服妖”有着莫大关系。

可区区几样衣服，真能让一个王朝崩溃？

史学家赵翼曾说过，朱元璋一人兼具“圣贤、豪杰、盗贼之性”。“圣贤”一面的朱元璋相信，“服妖”之风会导致亡国。总结前代灭亡的经验，朱元璋认为元季风气过于奢靡，人们僭越礼法，一般民众的衣食起居与公卿无异，奴仆“往往肆侈于乡曲”，导致“贵贱无等，僭礼败度”。一场生活上的整风运动开始，服饰自然是雷霆所指。

洪武元年（1368）二月，朱元璋下诏“复衣冠如唐制”，详细规定了皇帝、太子、大臣的服装。此后他又以妇人绣花般的细心，上百次地颁布涉及服饰的各项规定。直到洪武三十年（1397），他仍然就衣着问题，不断进行指导、调整。

在穿着上，朱元璋的手伸得太长，不但对官僚集团的朝服、常服有着繁琐规定，就是引车卖浆者流的服饰，朱元璋也亲自过问，参与设计，再三修改。

洪武三年（1370），他对庶民衣着做了详细规定：男女衣服不得用金绣、锦绣之类；鞋子不得裁制花样，不准用金线装饰；妇女佩戴的首饰只准用银，不许用金玉、珠翠等。

洪武六年（1373），他又下令：庶民巾环不准用金玉、玛瑙、琥珀之类；平民的帽子不准用顶，帽珠只许用水晶、香木。朱元璋甚至规定庶民不准穿靴子。可北方冬季寒冷，总不能让平民穿着单薄的鞋子外出吧？迫不得已，朱元璋只好做出变通，补充规定徐州以北的人可以穿靴御寒。

凭个人的喜好框范天下人的穿着，十分不合理。衣服是穿在别人身上的，合适与否，只有穿衣服的人知道。严格的服装控制，在复杂的社会生态之下，受到众生追求新奇美的潮流冲击，终究不能持久。

早在洪武三年（1370），民间就不理睬朱元璋的禁令，衣服采用黄色，装饰以龙凤、麒麟图案。教坊司的妇女身属贱民，却毫无忌惮，穿绸缎衣服，佩金银首饰，街市往来，坐轿乘马。卫道士们痛心疾首地斥责："轻薄子弟，厌常斗奇，巾袭晋唐，衣杂红紫，竞相慕好，汰奢无已，实为服妖。"

随着时间的推移，一些大臣也开始偷偷地换上自己喜欢的舒适衣物，将朱元璋设计的朝服扔到了角落里。洪武二十三年（1390）三月，朱元璋看到了朝臣们衣服上的改变，怒气冲天：“你们为了轻便，衣着日渐短窄，朕偏要反其道而行！”于是，官员们被逼着穿上了袖长可及地的衣服。不想日后，衣袖着地也被当作“服妖”的一种表现。

外来的稀奇服饰，更是受到举国上下的追捧，惹出一场场风波，首当其冲的是来自朝鲜的马尾裙。

成化年间，朝鲜国使臣来到中国，他们所穿的马尾裙立刻被京师中人留意并效法，很快风靡一时。

马尾裙以马尾制成，系在衬衣之内，穿在人身上犹如撑开的大伞，使人整体看上去更加丰满，行走之间，姿态万千。

最先穿马尾裙的主要是商人、富家公子与歌伎，后来朝内武臣效法，京师之中多有织卖者，以致不论贵贱高下，人人都穿上了这种裙子。个别朝臣，一年四季，不论寒暑，马尾裙不离腰。礼部尚书周洪谟本该遵循礼法，抵制此等服饰，可他喜欢也就罢了，还要穿上两层；年轻的公侯、驸马，还觉得马尾裙张开的弧度不够，在裙内绷上弓弦，增强效果。

马尾裙之流行，带来了一个棘手的问题。制作马尾裙，需要用到大量的马尾，民间的马尾日见短缺，市价腾贵。于是，军营内的马匹被人盯上，偷拔军马马尾的事件不时发生。军马被硬生生拔去尾巴，痛楚难当，不思饮食，日益清瘦。有官员以有误军国大事为由，请求严禁马尾裙。最终，在朝廷的强力干涉之下，马尾裙暂时消失，军马们再次留出了漂亮的尾巴。

禁了马尾裙，其他各类服饰次第兴起，蒙古的曳撒成为新潮流。

朱元璋驱逐蒙古之后，禁止胡服、胡语，不想胡服再次在京中流行起来，甚至影响到军营。

曳撒款式的形成与蒙古习俗有关，下摆竖向打细折，腰间横向打细折，这本出于蒙古人骑马对缩紧腰身的需要。可在明人眼中，此种服装鲜艳好看，外形华丽，便加以效仿。明人所穿的曳撒，主要在下摆打褶，中间则无褶。曳撒与马尾裙本是最佳组合，二者搭配，更显出裙子蓬松如伞的效果。马尾裙被禁后，曳撒独尊，更加流行。

曳撒不但为士人所喜，也深受皇帝钟爱。成化皇帝游玩时，着大红织金龙纱曳撒；弘治皇帝退朝之后，一身曳撒。正德十三年（1518），朱厚照从宣府回京，命京师百官戴蒙古人的大帽，穿蒙古人的曳撒迎接，这完全背离了祖制，可谁敢不从？

不过也有人敢与皇帝较真，监察御史虞守随就劝告皇帝："盖中国之所以为中国者，以有礼义之风、衣冠文物之美。"言下之意：文臣武将应当给万民做表率，遵守祖宗定下的服饰规制，而不轻易更改。请陛下及时纠正自己的行为，不要再穿曳撒了。

正德对此嗤之以鼻，继续穿着曳撒胡闹。

曳撒十分流行，从宫中太监到官僚士大夫，再到民间小贩乃至仆役，无不追捧。王世贞《觚不觚录》载：“士大夫宴会必衣曳撒。”《客座赘语》中记载，南京地方上的行医者，都穿着青布曳撒。

僭越礼制，也是“服妖”的认定标准。

明初曾建立一套复杂的官僚服装标准，但这套标准，在之后的岁月中被破坏殆尽。成化、弘治以后，官员以穿蟒服为荣。本来，蟒无角无足，龙有角有足，官员们却不在乎这一界线，径自穿着有角有足的“蟒”服出入公堂。甚至宫中的太监也一身蟒服，无人来管。

这种僭越现象在《金瓶梅》中有较多反映。西门庆每日骑大白马，头戴乌纱，身穿五彩洒线揉头狮子补子圆领。按规定，狮子补子只有一二品武官才能使用，西门庆是五品武官，只能用熊罴补子。麒麟服本是公侯、驸马、伯爵的服装，此时也被庶民随意穿着。

明初厘定礼法，妓女在穿着上受到严格限制：“国初之制……乐妇布皂冠，不许金银首饰；身穿皂背子，不许锦绣衣服。”明代中晚期，妓女群体已突破了繁琐禁制，大胆地以服装展示自己之美。她们的衣着面料以纱罗锦缎为主，色彩上朱碧红紫，工艺上织金绣彩，款式上异彩纷呈，首饰上金玉宝石。“去船尽是良家女，来船杂坐娼家妇。来船心里愿从良，去船心已随娼去。”妓女们服饰华美，让良家女子心生羡慕。

朱元璋“以火德王，色尚赤故也”。大红服装只有朝廷命官才能穿，庶民，特别是女性，不能穿用。洪武年“令民间礼服不许用大红、鸦青、黄色”，连婚礼、寿诞等喜事，普通民众也不能用大红。

到了万历年间，妓女之中流行大红绉纱夹衣，洒线绣，这一款式很快在民间流行开来。最甚之时，贩夫走卒、一般奴仆也穿起了红袄。名妓陈雪筝色艺双绝，“都中时态新妆，多出其手，合度中节，仕女皆效之”。陈雪筝敢于打破礼法，引领时尚潮流，后来从良嫁人，在丈夫死后，守节不改嫁，又回归了礼法。

《金瓶梅》第五十三回中，妓女李桂姐穿的“玉色线掐羊皮挑的金油鹅黄银条纱裙子”，潘金莲说是“里边买的”，也就是“宫装”。这宫装不但用了羊皮，还是黄色。第十五回中李桂姐“上穿白绫对襟袄儿，下着红罗裙子”，也是僭越礼法的。

正德年间，服饰风尚发生了巨大变化，形成了“衣必绮纨”的潮流。此时的民间穿戴，率性而为，“宽袖低腰，时改新样”。松江地方上的男子服饰款式多变，时而变胡服，时而变阳明衣、十八学士衣、二十四节气衣之类。艳丽色调被保守人士深恶痛绝，可紫红色服饰依然在读书人中日益流行。范濂提到，松江儒童之中流行穿绛红道袍，他家境贫穷，崇尚俭朴，可近年来也不得不跟随这一潮流。

男着女装，自然是“服妖”的表现，而此时，竟在一些癫狂士人之中流行起来。唐伯虎一身女装，与和尚逍遥下棋。苏州人卜孟硕，夏季挽高髻，着大红苎皮袍，赤脚在街市上且歌且行。《续见闻杂纪》中记载，李乐隐居乡间，某日进城，看到城内读书人都是艳丽打扮，红丝束发，唇涂红膏，面抹香粉，着紫红衣服，遂作打油诗云：“昨日到城郭，归来泪满襟。遍身女衣者，尽是读书人。”

《见闻杂纪》中记载，湖州府“富贵公子衣色大类女妆，巾式诡异难状”。《坚瓠集》云：“苏州三件好新闻：男儿着条红围领，女儿倒要包网巾，贫儿打扮富儿形。”安徽一些地方“又有女戴男冠，男穿女裙者，阴阳反背，不祥之甚”。

明末社会动乱，辽东战事经年不息，更有人指责“服妖”是祸因。顾炎武就认为“万历间辽东兴冶服，五彩绚烂，不三十年而遭屠戮”。李渔则认为“风俗好尚之迁移，常有关于气数”。

服装往往是社会生态的反映，当整个社会处于高压之下时，人们的服装会显得单调保守，罕见艳丽颜色、新颖款式；当社会自由开放、活力充沛时，人们的穿着也会丰富多彩起来。

如果说服装确与国家气数有关，则单一死板的穿着，对应的往往是活力缺乏的时代；丰富多彩的穿着，则通常对应活力充沛的时代。从这个意义上说，“服妖”猖獗并不是民变四起、中原板荡的真正原因。

“苏样”的魅力

明代中后期，时尚潮流的中心是苏州，苏州流行的吃穿住行、娱乐方式及各类精致器物，统称“苏样”，也称“苏意”。

吴中素称繁华，人才辈出，物产丰饶，宫中各类御用物品，尤其是纺织品，多取自苏州。据文徵明记载，苏州织染局有房屋二百四十五间，织造工匠不下千人。司礼监专设苏杭织造太监，常驻苏州。苏州城中，家家户户都有从事丝织业者。苏州纺织业的发达带动了服装业的繁盛，而苏州周边的松江、杭州、嘉兴、湖州等地，商贾云集，店铺密布，成为苏样服饰的强力消费军。

“苏样”衣服初期颜色鲜艳，绚丽无比，后期又渐变清雅。热衷于时尚的男士们，也从穿着妇人红紫之服，转为崇尚清淡色调的服装。晚明“苏样”服装中流行白色，有俗语云“要待俏，三分孝”。《金瓶梅》中，西门庆众妻妾多穿着“锦绣衣裳、白绫袄儿、蓝裙子”，也是受此风的影响。

“苏样”衣服在款式上也丰富多变，上衣时而长过膝盖，时而仅仅及腰；袖子时而长至拖地，时而短窄收缩。苏样衣服的纹饰也从繁琐华丽，渐变为素雅清新，女裙只在裙角绣上一圈花纹而已。苏州妇女的头饰，被称为苏州妆，也从纷繁复杂变为简单易行。

当日的苏州，无疑是时尚之都。风和日丽、鲜花盛开之时，男男女女们，换上流行的服装出游，成为亮丽的城市风景。苏州葑门外荷花盛开日，“舟中丽人，皆时妆淡服”，与满塘荷花交映生辉。

苏州所流行的时装，男装以高冠、道袍为代表，女装则以月华裙、水田衣为代表。如同今日的皮靴、西服、领带一般，高冠、道袍、浅履，堪称“苏样”男装的经典搭配。

《喻世明言》中，陈大郎“头上戴一顶苏样的百柱鬃帽，身上穿一件鱼肚白的湖纱道袍”，立刻吸引了年轻美妇的注意，并结下一段孽缘。《拍案惊奇》中，富商“头戴一顶前一片后一片的竹筒巾儿……身上穿一件细领大袖青绒道袍儿，脚下着一双低跟浅面红绫僧鞋儿”。

道袍宽松，衣袖宽大，衣长过膝，风起时，衣带飘飘，使穿者看上去仙风道骨。道袍的这般出尘效果，使得它流行于士人及富人之中。道士们所穿的道袍，颜色以灰色、褐色为主，而为了衬托士人们的儒雅之气，“苏样”道袍通常为白色。为了追求飘逸效果，“苏样”道袍袖子越做越大，最后“有大至二尺七寸者”，有看不惯者讽刺道：“两只衣袖像布袋。”

“苏样”道袍用料讲究，手工精湛，价格不菲，不是一般人家可以负担的。《警世通言》中，宋敦将身上穿的洁白湖绸道袍脱下道：“这一件衣服，价在一两之外。”

“苏样”风行，善于叙写吴地风俗人情的苏州人冯梦龙自然不会视而不见。他在《古今谭概》中讲了一系列有关奇装异服的故事。苏州进士曹奎常宽一件宽大袖袍，大概因为袖子的尺寸过于夸张，人们感到很不解。杨衍就问他：“袖何须如此之大？”曹奎昂然道:“要盛天下苍生。”杨衍笑道:“盛得下一个苍生就已经不错了。”

僧人所穿的鞋子，以布帛为面，大口，薄底，鞋帮较低，穿着轻便舒适，也受世俗男子喜欢。“苏样”浅面僧鞋，采用上等丝绸制成，上绣有各类花纹，颜色艳丽，因为太过精美，在一些地方被视为“服妖”。

杭州一名官员，笞打了一名追求时尚、脚着“苏样”浅面僧鞋的家伙，并将他枷号示众。在书写封条时，官员灵机一动，写下“苏意犯人”四字，警告杭州市民，不得仿效“苏样”。可“苏样”魅力还是无法抵挡，苏州兴起的百柱鬃帽，江浙一带浮浪少年无不戴着招摇过市，就连清修的和尚道士也生了俗心，私下购置一顶，以备装扮俗人，出去玩耍，挑逗美娇娘。

在追求新鲜、引领时尚方面，苏州妇女更不输男子。苏州民间的“机房妇女”，追求华丽衣着，好为艳妆。苏州流行的“月华裙”精致华美，巧夺天工，价格十倍于一般裙子。

月华裙一开始是用六幅布帛制作，至明末开始用八幅布帛，穿着之人行动起来，远观如水之波纹。后来又出现了十幅之裙，每一幅用一种颜色，十幅颜色各不相同，“风动色如月华，飘扬绚烂”。李渔《闲情偶寄》中将此裙称为“服妖”，认为既暴殄天物，又不美观，“盖下体之服，宜淡不宜浓，宜纯不宜杂”。

水田衣是以零碎的衣料拼结缝制而成，色彩多样，交错若水田，由是得名。唐代已有“裁衣学水田”之说，到了明代，水田衣的制作，不再讲究拼结均匀，而是凌乱随意，以追求一种浑然天成的效果。水田衣从一般民妇的穿着，变成大家闺秀之爱，风靡一时。

“苏人以为雅者，则四方随而雅之；俗者，则随而俗之。”何良俊指出：“年来风俗之薄，大率起于苏州，波及松江。二郡接壤，习气近也。”于是乎，“苏样”忽大忽小的袖口、忽长忽短的上衣、花样翻新的发髻、宽松的道袍、绣花的男鞋，也招摇于松江之地，让人目不暇接。潮流变换之间，松江也得了“奢淫黠傲”的恶名，成了“服妖”的代表地域。松江董其昌别出心裁，穿起一种用松江紫花布缝制的道袍。这原本是当地的送终之服，但因为名人效应，人们争起模仿，导致松江紫花布的价格骤高。

扬州繁华不亚于苏州，但在服装上也是苏州的追随者。“杏放娇红柳放黄，谁家女子学吴妆？”“吴妆”，正是指“苏样”。扬州府治下的通州，受到苏州风气的浸染十分厉害。通州地方上的士大夫，明前期家居时多穿着素练衣、缁布冠。才华横溢、性格张扬的年轻人，也不过着白袍青鞋行走于街市之中。普通人家中所用的衣料则是本地所产的便宜土布。到了万历年间，受“苏样”的冲击，地方子弟开始追求价格高昂、色彩艳丽的绸锦，奢华者连袜子也用绸缎制成。衣服的款式更是变化无常，时而衣摆长、裙子大，时而衣领宽、腰部细。风气所至，当地人如果穿着无颜色、花纹的朴素衣服去赴宴，则会受到耻笑。面对这般风气变化，地方上的保守人士忧心如焚，大骂“服妖”。

明代前期，南京地方上风气淳朴，服饰上的奢侈、僭越之风也未出现。万历年间，人们的服饰日新月异，一波波不断袭来的时尚浪潮，让人目不暇接。秦淮河上的女子们，梳妆打扮均是“苏式”。而这些妓女中间形成的时尚，对社会主流风气产生了冲击，影响着良家妇女的审美取向。

张岱认为，浙江人没有主见，凡是苏州流行的款式，都要极力模仿，可是处处落后苏州一拍，是故被苏州人取笑为“赶不着”。他们虽然赶不着苏州的时尚脚步，可在胆子上却大于苏州人。浙江余姚地方，一般庶民也穿士人的方巾常服，为了吸引眼球，甚至“饰以王服”，可谓胆大包天了。

崇祯帝的周皇后是苏州人，最喜欢在夏季穿着纯白纱衣，被崇祯帝称赞为“白衣大士”。田贵妃入宫前在扬州居住，入宫之后，一切穿着仍依南方式样。田贵妃的母亲每年都要根据“苏样”，制作最时髦的衣服送给女儿穿。

明代中后期，社会思潮发生了剧变，心学、泰州学派横空出世，人们以饮食男女为常情，开始回归自我，追求个性。在这股变革的洪流之中，江南士人与富豪们走在前列，他们大胆地展示个性，追求俗世的欢愉。苏州文风昌盛、经济繁荣，更有着发达的丝织业，在此背景下，“苏样”脱颖而出，引领晚明时尚潮流，就不足为奇了。

“苏样”所饰只是明代苏州诸多时尚中的一种，其他如苏戏、苏器、李苏、苏酒等，无不为时人追捧。古董书画，被士人称为“姑苏人事”。南京秦淮河上的青楼女子经常冒称苏州籍，以求嫁个好人家，改变命运，被外人戏称为“小苏州”。很多外地客商娶了“小苏州”后，竟发现她们是自己的同乡。

河南人周文炜曾愤愤地对女婿说：“今人无事不‘苏’矣。东西相向而坐，名曰‘苏坐’。……坐而‘苏’矣，语言举动，安得不‘苏’？”周文炜警告女婿，勿学“苏样”，因为一旦沾上这种浮薄之气，就很难戒除了。

可潮流终究无法阻挡。对于新鲜事物，人们从反感、抵制发展到接受、迷恋往往需要一个过程。明亡以后，苏样虽然不再主导时尚潮流，可一个个新的潮流却仍在不断涌现，一直延续到今日。

“山人”与头巾天地

朱元璋在拟制法律时，定下了很多繁琐复杂的条款，全方位干涉社会生活，希望以此保持对社会的牢固控制，以维护其统治。

小小头巾，用途很大，是一种区分贵贱的标志，被赋予诸多政治意义。其中最有名者，莫过于“网巾”和“四方平定巾”。

明代男性用来束发的网巾类似鱼网，口以布制成，有金属圈以收紧头发。网巾的由来，也有段故事：一日朱元璋微服私游，至神乐观，见一道士在灯下编结着什么，就问所制何物。道士云：“网巾，用以裹头，则万发俱齐。”

万发俱齐，在朱元璋听来有“万法俱齐”之意，遂决意将网巾推行天下，命臣民不分贵贱，一律使用。次日，朱元璋召见道士，命其提供式样以颁布天下。

在明代严格的服饰等级制度之下，网巾是唯一人人可以使用的饰物。后人将“网巾”“不用团扇用折扇”“滨海之地不运粮”视为明代的三大独创。明清鼎革之后，网巾更被视为最能代表明王朝的衣饰，抗清人士裹着网巾，投身于复明大业。

网巾系用马鬃、丝线等材质制成，穷人则使用头发编成的网巾。《醒世姻缘传》中，一个穷秀才的母亲就靠织卖头发网巾为生。明代男子成人仪式中，就有一项束发加网巾。

明代还有著名的“四方平定巾”，此巾平顶而四角，以黑色纱罗织成。其式不时发生变化，或高或低，或方或扁，或仿晋唐，或从时制。明初曾规定，士人、庶民皆可戴方巾，但实际上只有取得了功名的读书人才能戴。方巾青衫是儒生的标准形象，若是平民戴方巾，就会招惹是非。

唐巾是用乌纱制成的一种头巾，下垂的两脚呈八字形。在存世唐人画像中，帝王都戴这种巾，明人从中汲取灵感，复兴了这一样式。不过唐巾重现后，地位一落千丈，成为丧事专用的穿戴。《金瓶梅》中西门庆为李瓶儿办丧事，“外边小厮伴当，每人都是白唐巾、一件白直裰”，将唐巾用作孝帽。西门庆去世之后，孟玉楼与潘金莲、孙雪娥等人七手八脚替西门庆戴唐巾，穿寿衣。

明代最受士人欢迎的是东坡巾。东坡巾与方巾同是平顶四角。不同的是，东坡巾外加重墙；方巾戴时平面在正前，东坡巾则将角棱置于两眉之间。东坡巾佩戴较普遍，西门庆去妓院与爱月儿相会时，头戴东坡巾，身穿补子直身，脚穿粉底皂靴。

洪武三年（1670）规定，乐工、伶人、娼妓等地位低下之人，只能穿绿色衣裙，戴绿头巾，以与士人、庶民区别开来。

“绿头巾”因其侮辱性质，成为组织卖淫者之别称，此亦后世“绿帽”一词的由来。

关于头巾的规定，在现实中并未得到很好的遵循。洪武二十二年（1389）十二月，朝廷严申巾帽之禁：“官下舍人并儒士、吏员、民人常戴本等头巾。乡村农夫许戴斗笠、蒲笠，出入市井不禁，不亲农业者不许。”

头巾在明代不单单是生活必需品，更是身份的象征，有着诸多寓意。在日新月异的社会生活中，开国皇帝朱元璋所指定的头巾款式，已不能满足人们追求新奇、美观的心理需要。人们或是复古，挖掘唐宋古老元素；或是创新，开发崭新的样式。繁多的服饰禁忌、森严的等级制度，在人们对美的追求中，都被打破了。

正德中期，京内只要一有新款头巾出现，各行各业中人就群起仿效。顾起元在《客座赘语》中记载了南京戴巾的潮流变化：“士大夫所戴，其名甚夥，有汉巾、晋巾、唐巾、诸葛巾、纯阳巾、东坡巾、阳明巾、九华巾、玉台巾、逍遥巾、纱帽巾、华阳巾、四开巾、勇巾。”万历《泉州府志》中记载了明代后期头巾佩戴的乱象：“下至牛医马佣之卑贱，唐巾、晋巾、纱帽巾，浅红深紫之服，炫然摇曳于都市，古所谓服妖也。”

明末更有一种新式头巾流行，“低侧其檐，自掩眉目”，使戴者抬头不能见人，故称“不认亲”。《明史·五行志》

认为这种“不认亲”帻巾是“服妖”，乃明亡之征兆。

头巾在明代有身份象征意义。一些读书人，在多次科考失败之后，放弃对入仕的追求，称“弃巾”“裂巾”“裂冠”。万历年有李姓士人，屡试不第，于是“弃置衣冠”，穿布袍，每日唱歌饮酒，为一闲适散人。崇祯年福建侯官人陈遁，读书经年，屡不得志，一日兴起，将所有的科举文章和士人衣巾全数焚烧后入山隐居。

在“弃巾”群体中，最为有名者是松江名士陈继儒。陈继儒与董其昌，同为松江俊杰，名噪四海。万历十四年（1586），二十九岁的陈继儒决意“弃巾”，不再参加科举考试。松江士绅得悉后，再三劝告，也不能挽回他的心意。陈继儒发表《告衣巾呈》：“长笑鸡群，永抛蜗角。读书谈道，愿附古人；复命归根，请从今日。”他虽然抛弃了作为士子象征的传统方巾，但好标新立异，创“用两飘带束顶”的巾式，被时人称为“眉公巾”。

陈继儒才华横溢，精通书画，不再为科举考试费神后，反倒逍遥自得，生活得以改善。他原本较贫，靠教书补贴家用，后声名渐隆，编撰的书热卖，请他写字作画的人络绎不绝，家境殷实起来。又有好友赠送田地，供他构亭筑园。或吟诗作画，或教子弟读书，陈继儒过起了惬意的隐居生活。

赤日炎炎，他休憩于树荫下；冬日午后，他躺在院中晒太阳。有朋自远方来，竹炉藤几，手谈竟日。他不时乘小舟入湖，停泊在芦苇之侧，饮酒泼墨。酒罢掉舟返回，只见山前月白。

屠隆在青浦当县令时，对陈继儒青睐有加，称他为神仙中人，陈继儒也以弟子礼事屠隆。后来，屠隆在官场遭遇挫折，后半生未再出仕，步入山人行列。屠隆曾以“一衲道人”之名作《别头巾文》，回顾自己一生在仕途上的艰辛奔波，决意与“头巾”告别，以求解脱。这《别头巾文》在《金瓶梅》第五十六回之中被全文引用，引发后世无数猜测，乃至许多人相信“兰陵笑笑生”是屠隆的化名。

晚明出现的这个亦侠亦儒、亦禅亦狂的群体，被称为“山人”，好游是他们的显著特征。“山人”的本义是隐士，但在明代，这个词的意思却发生了很大的变化。这些山人多以诗文出名，四处游历，与权贵交往以谋求经济资助。

“昔之山人，山中之人；今之山人，山外之人。”原本只有高士才能称为山人，可到了明末，山人之名泛滥，什么人都可以称山人，甚至出现了女山人群体。一些人攻击山人为大盗、乞儿。不时有山人因招惹是非，被枷号游街，贴上“假山人”三字封条。

陈继儒平生最恨别人称他为山人，曾云“耻作山人游客态”。山人交结权贵，相当于门客帮闲，名声不佳。陈继儒更乐意别人称他为“征君”“征士”，意为被朝廷征聘而不肯受职的隐士。不想到了清代，他竟然被视为山人之首，又被攻击为“隐奸”。

陈继儒所结交的，都是当时高官，如首辅徐阶、礼部尚书陆树声、刑部尚书王世贞、大学士王锡爵及其子王衡、礼部尚书董其昌、大学士方岳贡等。他虽与达官显贵交往，但对于政治斗争中的敏感人物，往往持回避态度。如万历二十八年（1600），东林党顾宪成请他讲学，他就推辞不去。

对于明末党争，他自有看法：“自来国家全副财力悉用于辽东，士大夫全副精神又悉用于门户。”在他看来，这些党争不过是内耗误国而已。对于陷入政治斗争中的人物，他刻意保持距离，自言“不求得福，亦宜远祸”。他曾说：“要做天下第一奇男子，须要事理圆融。”与李贽、徐渭等明末狂人相比，他多了几分通达之气，一生平安，热衷慈善，以八十二岁高龄善终。

与当时喜欢出入青楼的文人相比，陈继儒难得地洁身自好。他在《山居谢妓》中记载，有颜如玉的美女上门挑逗，他坚决不为所动。陈继儒虽游走于权贵之间，但有自己的底线，即不参与为害地方的活动。如乡饮酒礼之举行，本意是推崇长老、维持乡间秩序，到了明代却开始变味，成为官府勒索地方的由头。陈继儒对此深恶痛绝，多次谢绝松江知府与青浦县令的邀请。

陈继儒生性淡泊，乐天知命，凡事不走极端，只求平稳，平生所好不过恬淡山水。陈继儒认为个体“可以经世，可以出世，可以警世，可以垂世，可以玩世”。他选择退隐江湖，可一旦具备了声望和影响力，又积极入世、经世。他参与松江地方上的公益事业，维持社会秩序，就如何兴利除弊向官方提出建议。

崇祯二年（1629），陈继儒积极参与《松江府志》的编纂，并亲自撰写了所有小序。在《府志》中，陈继儒对诸多国家弊政，如征敛无度、役法繁复等提出了批评意见。先前的正德《松江府志》就提出了地方官员有责任主导当地社会改良的观点；陈继儒主纂的崇祯《松江府志》又进一步阐明风俗移易应当“自士大夫始”的主张。这反映出他的思想：一方之政，断不可离开本地乡绅的参与。

陈继儒隐遁于山水之间，声名闻于天下，三吴之士皆争为师友。钱谦益在《列朝诗集小传》中称：“眉公之名，倾动寰宇。远而夷酋土司，咸丐其词章；近而酒楼茶馆，悉悬其画像。”

崇祯十二年（1639），陈继儒已是八十二岁高龄，虽无大病，但“自觉躯重肤痒，起卧不时”，精神不若以往。虽如此，他仍然笔耕不辍。到了九月，陈继儒自觉即将告别人世，于是请人来念诵佛经。九月二十三日，他在家中安详逝世。陈继儒去世后不久，就发生了鼎革之变，四郊多垒，满目干戈，故而有人认为他“来亦得时，去亦得时，第一有福矣”。

陈继儒一生断绝科举，保持了人身的独立与自由，获得了崇高声望；又与官方人物保持着密切联系，通过自己的名望与人脉，积极参与地方事务，乐善好施，赢得了世人的尊敬。

清人对陈继儒多有非议，认为以他为代表的山人群体结交权贵，言行放荡，文学功底浅陋，文章拼凑，名不副实。陈继儒甚至被认为是明末世风、文风败坏的罪魁之一，这于他而言真是无妄之灾了。

弇山园中的仙境

王世贞在园林中慢慢老去。对园林，他寄托了太多的梦想。

王世贞，字元美，号凤洲，又号弇州山人。王世贞的一生，跌宕起伏，在官场上跌倒，在文坛上纵横，最终杀出一条血路，成为天下文坛之宗主。他在文学、史学、戏曲、书画等领域都有建树，更对造园艺术有着独特见解。

面对朱元璋的凌厉杀伐之气，江南文人们一度战战兢兢，或是隐居山野，或是遁于市井。朱元璋什么都爱管，要将社会生活的方方面面都纳入他的掌控之中，哪怕是百姓的私人生活，也要符合他的意志。出身平民的朱元璋对富豪生活方式深恶痛绝，香米、人参、玉面狸等珍稀贡品，都被他斥责为“不达政体”之物。

洪武二十六年（1393），朱元璋针对南方富人社会中流行的造园之风立法加以限制：“官员营造房屋，不许歇山转角、重檐重栱及绘藻井，唯楼居重檐不禁。”“品官房舍，门窗、户牖，不得用丹漆。功臣宅舍之后，留空地十丈，左右皆五丈。……更不许于宅前后左右多占地，构亭馆，开池塘，以资游眺。”

这些对构亭馆、开池塘、设重栱、绘藻井的繁琐规定，限制了园林艺术的发展，但到了明代中后期，随着社会经济的繁荣，大量私家园林中出现了违规建筑，前述条文形同虚设。

官场不达，转而为山林隐逸，仿佛是王氏家族的传统。王世贞的伯父王愔，平生不问生计，自诩闲云野鹤，花了三十多年时间，为自己营建了一方天地。他亲自参与园林的修筑，栉风沐雨，不辞辛劳。

王愔所建园中，种有松竹万余，更散布着各类珍稀花卉。松竹之间，点缀亭榭楼台，安排小桥曲径。此园筑成之后，以“静丽”闻于东南。苏州地方虽然名园辈出，却没有能与之比肩者。

王世贞曾有五年的时间，陪在叔父身边，不时搀扶叔父游园。园林中的景色，随着四季交替而变换纷繁，他寄身其中，颇感心旷神怡。

王愔去世后，园林日渐衰败。其少子王瞻美邀请王世贞故地重游，追思人世变化，目睹园林兴衰，二人嘘唏不已。

王瞻美为自己没有心力将山园整顿如旧而颇感遗憾，王世贞却另有一番感慨。王世贞认为，千百年后，不管多么辉煌的建筑，都必然倒塌，精美的园林终有“鞠为茂草”的一天，能够长存天地间的只有文章。

王世贞修筑的第一座私人园林名为“离赘”，意为远离恶草、远离纷争。这座园林是在特殊背景之下修建的。因为赝品《清明上河图》，王世贞的父亲王忬丢了性命，此后王世贞“持丧归，蔬食三年，不入内寝”。家居期间，他只能以经营园林的方式排解苦痛。这里本是太仓朱氏的菜地，很狭小，东西不过十余丈，南北三丈。

离赘园虽小，却别有洞天。入门处有松两株、竹十余。园中有梅亭，可休憩、赏花；有竹室，可端居其中，听风吹叶响。园中还有桃、杏、木香、海棠等花木，抚琴、饮酒于其间，馨香浮动，令人不胜欣悦。

离赘园虽好，但处于闹市之中，王世贞不胜嘈杂。此外，他祖父王倬所筑的园林已颓败，也需他收拾。

祖父的园林，因曾蓄养麋鹿，唤为麋泾。此园除了以麋鹿闻名外，其中玲珑剔透的峰石，更是冠绝吴郡。王忬被严嵩父子构陷而死后，王家门庭冷落，麋泾园鹿死人散。园中楼阁失修，花木凋零，假山倒塌，杂草丛生。面对此景，王世贞心情郁闷，决定另觅场地，重建园林。

几经考察之后，他在隆福寺旁购田七十余亩，邀请松江著名造园师张南阳主持营建。麋泾园中的荒废峰石也被迁运到这座新园中来。

这座王世贞重新营造的园林，名为弇山园。

《庄子》记载，“大荒之西、弇州之北”是仙人栖息之地。性喜道家典籍的王世贞，每读至此，心动不已。他想考证出弇州之所在，最后在《山海西经》中查找到“弇州之山”的记载。那是一处福地，生活在那里的人至少能活到八百岁，且一生无忧无虑。

王世贞著有《神仙列传》，罗列了道教的众多神仙，他更希望自己有朝一日能飞升仙界，“登弇山之巅”。

可他毕竟是有理智的人，对仙界的神往，并没有让他癫狂，他知道，弇山终究遥远，成仙也很渺茫。面对着时光飞逝、人世变迁，他发出了“山河大地皆幻也”的感叹。王世贞将自己对仙界、对弇山的幻想，以园林的形式，在现实世界中营造了出来。

大约在隆庆六年（1572），王世贞开始造园。弇山园的修建，前后历时二十余年。王世贞最初的设想颇为简单：“筑一土冈，东傍水，与今中弇相映带，而瓜分其亩，植甘果佳蔬，中列竹柏，作书屋三间以寝息。”若依此设计，则是一番农庄风貌，与他梦想中的仙境却有很遥远的距离。

王世贞常年宦游在外，就将筑园之事交由管家一手操办。这位大管家为人豪爽，性喜奢侈，大手笔地进行园林建设，无意之中，竟将主人所追求的仙境打造了出来。计成《园冶》认为，园林的建造是“三分匠人，七分主人”；弇山园的建造，则可谓“三分匠人，七分管家”。园林造成后，王世贞才惊愕地发现自己的财力因此而竭。不过，园林本身让他很是满意。

王世贞曾向陈继儒阐述过自己对园林的理解：隐居山林，过于空寂；在市井中居住，则难避喧嚣。唯有居住在园林之中，可闹中取静。芥子能纳须弥，园中自有天地，成仙之路渺茫，仙境却可移来人间。

弇山园前，有一条小溪，映着两岸垂柳，清幽彻骨。溪水南侧为田地，每至收获季节，黄云铺野，农舍中散发出阵阵的饼饵香。要走入弇山园，需经过小溪、田地、农舍，仿佛一步步从俗世步入仙境。

弇山园约有七十余亩，其中土石占十分之四，水占十分之三，室庐占十分之二，花木占十分之一。园林之中，有三山、一岭、二佛阁、五楼、三堂、四书室、一轩、十亭、一修廊……东部以自然风光取胜，西、中部则以人工雕凿见巧。

早期园林主要靠“积土成山”，石头只是作为点缀，因为聚石叠山，需要花费在石料开采与运输上的时间、财力太多，不是一般人能负担得起的。今颐和园乐寿堂前有一巨型寿山石，号“败家石”，来历很传奇。当年金国准备将这块石头从开封搬运至燕京，未想运到半路就亡了国。明代米万钟看中这块石头，结果因为运费过巨而破家。至清代，这块石头又被乾隆看中，最终被运到京师。

王世贞修筑弇山园，大量使用石材，平地堆出三座大山，叠山理水如仙境琼岛。其中所用大石，高三丈许，因为弇山园在城内，当时为了运它竟然毁城门而入，时人对此大为不满。《五杂组》批评弇山园用石过度："亦近于淫矣。"

弇山园被水分割为上弇、中弇、下弇，以一池三岛营造出海上仙山的意境。一池三岛是北方皇家园林常用的理水造景方式，在江南私家园林中很少见。王世贞不在乎礼法限制，在弇山园中直接采用这一手法。弇山园中造景观近百处，景观密度远胜于此前的文人园林，连王世贞本人都认为弇山园已经透射出"帝释宫苑"的气息。

在园林中，王世贞营造出了一处处如梦似幻的仙境。

弇山堂前有一开阔平台，左右各种植玉兰五株。玉兰花开时，灿烂如雪，清香萦绕。在玉兰花开到全盛之夜，凭栏赏月，如登仙境。

超然台建在悬崖之上，站在台上，可以俯瞰全园。在潭水的映照下，月亮、楼台、山崖构成了一幅绝佳图景。

经过多年营建，弇山园大功告成，王世贞居于此间，赞叹此园"宜花，宜月，宜雪，宜雨，宜风，宜暑，宜晨游，宜晚宿，宜舟舫，宜垂钓，宜丝竹，宜醉客"。

月圆之夜，家班奏乐，清歌盈耳，轻舟泊于水上，王世贞忘情此际，飘飘欲仙。

王世贞藏书多达三万余卷，其中宋版书就有二千余卷，宋版《汉书》更是王世贞用一座庄园换来的。弇山园有三座藏书楼，"小酉馆"藏书三万卷，"尔雅楼"专存宋版书，"九友斋"则藏其他善本。

到了晚年，王世贞笃信佛道，对书的热情下降，将宋版《汉书》传给一个儿子，其他三万卷书分给三个儿子。这部宋版《汉书》几经周转，最后被钱谦益高价购得。

弇山园中，一时名士云集，屠隆、徐阶、戚继光、达观、罗汝芳、陈继儒、李时珍等，都曾是座上宾。屠隆来弇山园游玩时，泛舟水上，采摘芙蓉，酒酣之后，登缥缈楼，极目远眺，放声长啸，宛若天际真人。

万历八年（1580），李时珍来弇山园拜访王世贞，将写成的《本草纲目》相赠，并请王世贞作序。王世贞此年身体不佳，故没有动笔。万历十八年（1590）正月，李时珍又一次来太仓拜访，王世贞“留饮数日”后，觉得再不动笔没法交代，遂在正月半，完成了此序。同年十一月二十七日，六十五岁的王世贞在弇山园去世。临终之际他嘱咐子孙，弇山园“能守则守之，不能守则速以售豪有力者”。

王世贞去世之后，弇山园果然被售予他人，之后几易其主，连园中的假山石也被分解转卖，用在他处了。这些山石时人称为“弇州石”，也有“败家石”之意。

弇山园早已不存，可王世贞的文章，却流传千古。后人于其文字之中，尚能感受当日弇山园中的不凡气象。

悠游袁小修

湖北公安有三袁，兄弟三人不世之才华，实为史上所少见。

小弟袁中道，字小修，与二兄袁宏道相差两岁，两人自幼相伴。在两位兄长的影响之下，袁小修少时就显露出文学才华，也被寄予厚望。

长兄袁宗道于万历十四年（1586）中进士，同年二兄袁宏道也考中秀才，之后科举之途顺遂。小修的举业，却没有两位兄长那么一帆风顺。他万历十五年（1587）第一次参加乡试，十五年后方才考中举人，又过了十三年，才考中进士。

科场上的挫折，让小修满腔牢骚不平之气。他养成了出入酒家、视金钱若粪土的习气。青年时代的小修“如健犊子”，性格狂傲，屡屡高歌大骂。

小修以败家闻名乡里，被妻子一通怒骂，十分羞愧，不愿归家。长期纵情酒色，也使他身体益发衰弱。小修一度懊悔，发誓“戒饮、戒淫”，可终究戒不了。

哥哥袁宏道到锦绣之地江南吴县当知县，却不快活，抱怨道：“吴令甚苦我，苦瘦，苦忙，苦膝欲穿，腰欲断，项欲落。”官场琐事烦不胜烦，袁宏道每日里只想游山玩水，可每每刚至山水绝佳之处，就有公文送到。两年之后，袁宏道终于辞职。

三袁都性喜山水。在未能入仕的岁月里，小修不甘寂寞，随着兄长游历，足迹遍布天下。他与当时的文坛大佬，如李贽、焦竑、董其昌、谢肇淛、钱谦益等人，都有交往。

万历二十一年（1593）三月二十日，三袁一起从公安登舟，去拜访李贽，沿途游山玩水，拜师访友，行一程，停一程，好不惬意。五月初，三袁抵达麻城，与李贽相见。对此次见面，小修有详细记载。李贽对小修赞誉有加："小修这身侠气，正是古今豪杰所同的。"小修也不谦虚："古人所有的，我不必有；我所有的，古人则未必有。"

小修履迹遍天下，写下了大量的山水游记。他文字清朗，独抒性灵，不拘格套，为当日泥古不化的文坛带来了清新空气。我们读小修的游记，宛若观山水画卷，只觉美不胜收、情真意切、清逸淡雅。

> 风涛际天，簸荡川岳，东望大海，水气浩白无际。
>
> 古木萧萧，柯韵悠扬，石桥流水，悄然如话。
>
> 夜中雨滴竹叶，时复铿然。晓枕上闻黄鹂声，入耳圆滑。起视初日出松中，一山皆雾露。

夜晚，他行走于山间，见月出寒松之上，两山明朗，树影婆娑。侧耳倾听，有泉水叮咚，远听如人细语，且行且近，水声愈发清朗，似能涤荡人的灵魂。

万历三十六年（1608），大哥宗道去世，二哥宏道赴京任职，袁小修的心情十分低落。他将此年的日记命名为“游居杮录”。此《录》记载了十年之间袁小修交游、思想等各方面的内容，是他后半生的真实写照。

小修好游，最喜欢的交通工具是船。买一小舟，自带佳肴美酒，可不为旅况所累。沿途遇山水佳处而停留，遇好友可盘桓数日。万历三十六年（1608），小修计划出游，与八舅聊天时，偶然说起乘舟计划。恰好舅舅有一艘楼船，已闲置多日，有意出让。小修听了大喜，随即与舅舅前去沙市查看，船坚固完好。

小修将船修葺一新，乘坐它在公安、沙市之间来往，甚是快意：“发舟归公安，两岸人家，皆在雪中。风顺，飞帆甚驶。时园中腊梅盛开，古梅正吐萼。”

有舟之后，小修更加频繁地出游。

万历三十七年（1609）正月初一，他乘舟去往澧州嘉山。

老僧将小修请入寺中，这里茅屋泥墙，宛若农家。不久舟中美酒被送到山上，小修邀僧人至松下，共坐石上饮酒，僧大醉。

正月初九，小修至武陵与友人相聚。席间有一妓女陪酒，貌三十有余，小修乍见并无印象，再细看，竟有似曾相识之感，仔细询问，方知是十三年前的旧相识。当年分别后，女子为一浪子所骗，被转卖几次，历经苦难，如今红颜老去，让人伤怀。薄命妓女和不得志文人惺惺相惜，小修再三嘱咐友人善待此女，方才离去。

在武陵，他又赴友人龙膺处看书画。龙膺是万历朝湖广地区著名文人，与三袁兄弟是至交。龙膺的园林内有一块太湖石，高丈余，玲珑竦秀。此石本是南京徐氏东园凤凰山主峰，徐氏曾求龙膺为文，以此峰作为润笔。

明虎林容与堂刻《李卓吾先生批评琵琶记》中“才俊登程”绣像

明代中后期，文人心态逐渐发生变化，不再以卖文为耻，而是主动走向市场。各类文章中，墓志铭、碑文、祭文、祝寿词之类价格最高。龙膺十九岁中进士，与王世贞等人齐名，润格高昂也不奇怪。

水路上烟雾缭绕，峰峦耸立，眼前的景色有如山水画卷次第展开。他舟过槐花堤，帆上凉风飒飒，送他疾行；两岸杂花生树，令他目不暇接。小修想去桃花源，可有朋友说，此时桃花未开。小修笑道：“现在梅花正开，一梅可抵十桃，不也值得一观吗？”

去往桃花源的路上，胜景颇多，小修不时泊舟上岸，登山游寺，临水品茗。渐近桃源县时，只见山势起伏如波涛，峰峦攒聚如千簇花瓣，十分生动，奇秀的景色为平生所未见。将抵县城时，见有人骑马追来，原来是友人日行八十里，赶来与他同游。入夜了，他与友人在舟中饮酒，恰逢当地人在江上燃灯祈福，遂一同观赏万千烛火漂浮于水上的壮观场面。

在桃源，因船夫不熟悉当地情况，他雇来一只小舟为向导，跟随着沿潭水而进，只见两山壁立千仞、鬼斧神工。游山观水间，风雨大作，遂泊舟于乱石边，披衣静坐，听雨打蓬窗。

一夜，宿于渔家，早起时，见雪积三寸，远近诸山，皆在雪中。袁小修急忙登舟，因水面为冰雪所封，舟不得行进，他只能隐约望见远山雪景。桃源有美景，更有故人具鸡黍相邀，他通宵达旦，豪饮几百杯。小修不胜酒力，友人却不肯放过，跪地脱帽请饮，终使他大醉不起。

归途经过德山，他系舟上岸，与友人共坐树下。此时新雨初落，山中泉水流入江中，岸上梨树枝叶繁盛，一派清幽景象。出行一月以来，他终日沉酣，此时听雨静坐，始得清闲。

过洞庭湖时，风雨大作，有无数小舟尾随而来。袁小修大惊，以为是湖匪，靠近方知是采菱船。风雨渐紧，他遂往岸边农家投宿。平日饮甘餍肥，此番饱食菜蔬，小修不由感叹："吾殆可以为田夫野父矣。"

二月底返家。三月二十八日，小修再次从公安出发，与山人金一甫泛舟而下，前往东南。舟中满载酒食、书画，还有小童相伴。小修给舟取名为"泛凫"，此名出自《楚辞》，意谓泛舟偷生、随波逐流。他一路上以舟为屋，时行时泊，全程历时三个半月。

至武昌驳岸，袁小修与一老友相会。十余年前，他曾于这位友人壁上题诗《不闲行》；十年后再游，见壁上草书如故，当日之狂态又历历在目。

舟过湖口，只见江上黑云密布，运粮船蔽江而下，连帆接舻，堪称奇观。日暮，风雨忽止，微月照窗，水流入溪，声甚清激。入夜后风雨又起，舟不能行，他遂焚香而坐；开窗之际，雨丝濡湿衣襟。

小修平生好酒，但不喜夜间豪饮，因为饮多则寝不安席；然他善饮之名在外，每至亲友处，一旦不饮，主人便会惊讶，必要大力相劝；这样，他不得不饮，苦如服药。

此番出行，饮酒自可随意，有时小舟停在渔市附近，他看到有卖鳗鱼者，即命童子买来下酒。夜泊湖岸，卷帘看明月，小酌数杯即睡，脾胃得以调适。他说："人见我好居舟中，不知舟中可以养生，饮食由己，应酬绝少。”

安庆城外景色秀丽，河道密集，垂柳覆堤，炊烟袅袅。在这里，袁小修发出了“我拚此生住舟中，舟中即是家”的感叹。顺流而下，至采石矶，他瞻拜了李白祠堂。堂前老桧已有千年之寿，令他不由感慨：古树犹存，人为黄土。

舟至南京，他在聚室门遥望大报恩寺塔，为其恢宏的气势深深震撼。南京风光分外绮丽，秦淮两岸皆画阁朱楼，“翠袖凌波，云鬟照水，青雀之舫，霞腾鸟逝”。他连过三四座桥，最后在珍珠桥上岸。

听说小修到了金陵，文人墨客纷纷前来拜访。袁小修应酬频繁，不胜其苦，便收拾了行李，乘小舟从水西门溜出。此时天气酷热，他将舟停泊在赛公桥下纳凉。风吹入桥洞，水色湛碧，波光粼粼。夜间，他投宿于僧舍，以求得一份宁静。

出城后，小修往牛首山游玩，古寺之中，松柏蓊郁，凉风袭人。老僧本是农夫，以野菜煮粥，别有风味。牛首山中有株千年银杏，十七年前，小修游经此处，曾作诗云“南唐今日树长生”，此番重来，心中别有一番滋味。

夜宿山寺，月出万松之上，景象清绝。

想起与友人的镇江金山寺之约，小修又顺江而下。行舟时，他心爱的小童阿鹭不小心跌落水中。水颇浅，阿鹭初时还能站在水中持衣而笑，以为无碍，突然漩涡袭来，人就不见了踪影。小修想起他生前殷勤服侍的情意，心中悲伤，夜不能寐。

过仪征，至黄天荡，水势汹涌，所幸有惊无险，顺利抵达金山。在金山寺，小修又思念起溺水童子，遂在七月初一请了山僧为童子诵经，又请船夫去打捞尸体。结果船夫找了两日，船几乎被浪打翻，也没有收获。

他游罢金山寺、甘露寺，又往丹阳而去，用他自己的话说："生平有山水癖，梦魂常在吴越间。"

江南虽好，可会试之期将近，袁小修不得不将舟遣回湖北，轻装前往京师。

在梦中，他又见到溺毙于江中的童子阿鹭。小修问他："汝已死，今复来耶？"阿鹭回答："我虽死，特来随侍。"小修感叹："死而不死，亦快人。"小修好男色，长途出游，身边必带美貌童子，阿鹭自然也是承宠之人。

此番北行之后，小修与兄宏道返回公安。万历三十八年（1610）九月，袁宏道去世。又两年，他们的父亲去世。

经历了三十余年的科场挣扎，又遭遇父兄相继去世的大变，小修身心俱疲，一度至山中长住以思考人生。

小修自言，他四十岁之后才真正投身于山水。此前，他因为爱好过多、交游过广，并未能领略到山水清境的真滋味。痛失父兄之后，小修断绝了对仕途的向往。往昔他游山水，是人山两望；此时他游山水，已是人景交融。他晚期的作品，表现得更多的是归隐之志。

万历四十四年（1616），小修终于考中进士，此后在徽州、南京等地任职。他此时已没有了激动与喜悦，之所以参加科举，获取功名，只是为了却一桩头巾债。他此时体弱多病、茕茕孑立，遂以仕为隐，在官场清静无为、敷衍了事。

五十六岁时，小修辞官，次年病逝于南京芝麻营。

梦里寻梦夜航船

苏州、湖州、嘉兴、杭州各府之间，每夜船只往来不绝，“酒市多逋客，渔家足夜航”。

航船之上，故事多多。夜宿于船，春夏秋冬，各有所见所感。春之夜，万物生长，可默观花开；夏之夜，明月倒映于水中，可静听蛙声，感受凉风拂面；秋之夜，江南不见肃杀之气，稻花香中，可感悟春华秋实；冬之夜，可暖壶金华酒，就着几碟小菜，伴二三知己，且饮且谈。

在这夜航船上，无数旅人，看斗转星移，话人世沧桑。夜航船上的话题通常不涉及严肃人生，人们聊天，只是为了打发长夜的寂寞。大才子张岱曾经感叹：“天下学问，唯夜航船中最难对付。”夜航船中，会聚各色人等，而其中的大部分都是生意人和手艺人，可这并不等于文人在这里具有智识上的绝对优越地位，可以肆口而谈。江浙地方读书风气浓厚，匠人百工也多断文识字，甚至将历史上的名人名事等百科知识背得滚瓜烂熟。若是在航船上碰到读书人，这些工商业者就故意刁难，考问对方能否说全瀛洲十八学士或云台二十八将的名字，如果对方说不出来，他们就大肆取笑。

浙西匠人，“学问之富，真两脚书橱”。在张岱看来，这些死记硬背的知识，无益于文理考校，“两脚书橱”与目不识丁之人无异，可读书不精的书生，却苦于应付不了他们，屡屡出丑。

张岱讲了个故事。一夜，一名僧人与一名读书人一起搭乘夜航船。读书人高谈阔论，滔滔不绝，僧人听了，被其才华慑服，小心翼翼地缩着脚，以让读书人有更大的活动空间。可闲聊之中，僧人发现读书人言语之间有破绽，就试探道：“请问相公，澹台灭明是一个人、两个人？”读书人道：“两个人。”澹台灭明是孔子的弟子，虽然名声没有颜回、曾参等人响亮，可读过圣贤书的人，不应该对他没有了解。僧人继续试探：“这尧舜是一个人、两个人？”读书人道：“自然是一个人。”僧人试探出了读书人不过是徒有其表，敬畏之心不再，笑道：“这等说起来，且待小僧伸伸脚。”

张岱特意写了本书，名字就叫“夜航船”，书中所记，也不过是平常知识，但可让读书人记诵，以免在夜航船上聊天时出丑，“勿使僧人伸脚则亦已矣”。

夜航船的出现，与江南的地理、经济条件有关。太湖流域，水网密集，船是人们出行的主要交通工具；而这一带恰好林木茂密，木料价格低廉，是造船业蓬勃发展的有利条件。此间最流行的是一种“浪船”，它体型较小，船上同时备有小篷、橹、纤绳，可根据河道情况，灵活调整行船方式。

吴江东南六十里的盛泽镇，居民以绸绫为业，富甲天下。

“四方大贾，辇金至者无虚日，每日中为市，舟楫塞港。”嘉善与松江之间专门运送棉纱的船来往不绝，各个市镇之间的棉布、丝绸、茶叶等商品贸易，“往来无虚日”。

夜航船最多的地方是湖州，每天一大早，湖州四门外就停满了各地赶来的船只。这些船上载的一是行旅之人，二是桑叶。湖州有大量蚕户，需要买桑叶。要保证桑叶的新鲜，商贩必须夜间出发，天明赶到湖州。

夜航船有固定发船时间、固定线路，比如，从苏州到吴江，再到震泽和嘉善，每一程都有不同的价格。根据水路的具体情况，在不同地段需采取不同的航行方式。比如，在乌镇，因为小桥多，就不能用风帆，而要用人工拉纤，或者用桨；有的地方，比如吴江平望一带，有湖匪出没，所以船只经过时要加快速度；江阴至常州一段，因河小水浅，不适合大船通行。

明代在华的西方人就观察到，中国有大量的木材，十分便宜，还有很多铁，价格低廉，质量好，所以能造出许多船，哪怕是没有什么资财的人，也不难拥有一艘。

湖州织里成为造船中心，所造船只名目繁多、功能各异，用于生产、娱乐、交通的皆有。湖州还有个厉害的地方，就是印书。印书、造船两业结合起来，就催生了书船。书船从湖州出发，一路开到杭州、宁波、常州、苏州等地去卖书，自然也要夜间航行了。

［明］谢时臣《风雨归村图》局部

夜航船的主要功能是运输客人，为节省成本，舒适性较差，船身狭小，人在舱内，常需蜷缩着休息，前文所说僧人探清读书人是个绣花枕头后，笑着说出“且待小僧伸伸脚”，便是这种特定环境下才会发生的事。

普通夜航船拥挤，自然不为讲究雅趣的士人所喜，于是出现了走高档路线的夜航船。此类夜航船，运送的多是有身份的士商，船舱宽敞，提供茶水酒菜，甚至有伶人在船上招待。很多船以夫妻店的方式经营，丈夫操作船只，妻子料理菜肴，所提供的多是河鲜。“新丝卖得贯腰缠，一路归途生晚烟。清水港看明月上，观音关趁夜航船。”很多商人做生意发了财，也乘坐夜航船。这样，问题就来了，他们怎么防范被人谋财害命？当时出现了牙行，也就是中间人，他们出面帮忙找船和雇人，安全较有保障。商人如果贪图便宜，不经过牙行，就有碰上黑船而人财两空的可能。

话本《张廷秀逃生救父》中，张廷秀、张文秀兄弟从苏州去镇江，因为普通船拥挤，就选择了宽敞的便船。便船趁着顺风，连夜而走，行至焦山时，船主露出贼人面目，将兄弟二人捆绑了投入江中。

夜航船不时会遇到险情。张岱有一次出行遇到潮水西来，巨浪临空，情况十分危急。舟在巨浪之中颠簸，舟中众人面面相觑，唯有祈祷神明。半夜风浪平定之后，众人出舱探视，只见月出山峡，风弱水柔，纷纷为劫后余生额手相庆。

后世常将晚明活跃的商品经济视为资本主义之萌芽，这频繁往来的夜航船自然也是论据，可是这一点却有待商榷。

明代的中国，有着比当时任何一国都多的商人，但他们既无社会地位，又无政治权力，甚至在服饰、住房、交通工具等各个方面都受到来自官方的限制。而国家权力被以武力为后盾的地主阶层垄断，社会阶层是固化的，人们提高社会地位的唯一途径，就是通过科举考试改换门庭。

在抑制工商业的同时，中国社会也缺乏对专制皇权的有效限制。在西欧历史上，由于宗教、部落、诸侯国、商业城市等各种力量的存在，国王的权力不是绝对的。更重要的是，西方社会中的私有产权得到普遍保护，所谓“风能进，雨能进，国王不能进”，即国王不能肆无忌惮地侵占私人财产，“无代表，不纳税”的观念深入人心。西欧各国的等级代表会议虽然在不同年代的作用大小不一，可一直是一股不容忽视的力量。

中国古代从来没有产生过能对政治权力起制约作用的力量，城市只是农村的延伸，存在的意义只在于为统治阶层提供更好的服务，和西方那种近代化的、市民阶层主导的城市有本质区别。广漠的农村又是一个自给自足的社会，从中不可能成长出真正的资本力量，所谓的资本主义萌芽也不过是低端市场的表现。晚明江南地区交通的发达，只是临水区域内的自然经济发展到极致的产物，待其发展至顶点之后，就开始走下坡路了。

络绎不绝的航船上，腰缠百万的商人看着江南夜色，心中却别有一番感慨。普天之下，莫非王土，他们虽有万贯家财，只要被官府盯上，一切繁华，就有可能烟消云散。除了购置田地、修建庄园，商人们还时常一掷千金，在奢侈享乐中消耗自己的金钱。

明亡后，顾炎武等人总结历史教训，认为风气坏在吃喝嫖赌的文人手上，其中挂着山人名头到处鬼混的那部分是罪魁祸首。陈继儒生前不喜别人说他是山人，可到了清代，他竟然被推为山人中的魁首，估计九泉之下要气得吐血。

张岱一生酷爱夜游，留下了《夜航船》一书。《夜航船》分“天文”“地理”“人物”“考古”等二十部，每部下面再分类，如天文部之下分了十四类。全书共计四千多条目，精选了历朝历代典籍，经过剪裁，形成体系。张岱写作此书，既是为了给读者们提供夜航船上的谈资，也是想改变同时代文人知识结构破碎的状况。

《夜航船》成书之后未能得到及时流传。大概因为张岱的生活方式过于潇洒，处世态度过于狂妄，官府生怕士人们都效仿他，因此将此书列入禁毁目录。《夜航船》迷失了三百多年，方才重新回到读者的视野。

第四章

跳跃的信仰

老禅之间倪云林

“不做蝼蚁梦，游神凤麟洲。青山淡相对，白发忽满头。”富贵荣华，不若酣梦一场。对士人们普遍热衷的功名，倪云林很看不上，“富贵真可羞，功名竟何物”，及时行乐才是他唯一的人生追求。

倪云林出生在巨富之家，明代何良俊《四友斋丛说》云：“东吴富家，唯松江曹云西、无锡倪云林、昆山顾玉山，声华文物，可以并称。余不得与其列。”家中巨富，使他不必为生计奔波，也不用操心家业，可以尽情享受生活。

倪云林有洁癖，居室和文房，需童子持拂尘，时时打扫。出入之处，必要焚香。他庭前有数株梧桐树，因他不分早晚地汲水揩洗，竟枯槁而死。园林中有苔藓，苍翠可爱，每见风吹叶落于其上，他即令童子以铁刺扎着落叶扔出去。他每日必盥洗数次；穿着冠服时，必拂拭数十次。

他曾留友人宿在家中，唯恐友人有不洁行为，半夜起来偷听三四次。友人也知道他有洁癖，自然分外留意。某夜，他听到友人咳嗽，第二天一早，就命家仆去寻找痰迹。家仆再三寻找，就是找不到，为了交差，就称窗外梧桐叶上略有痰痕——其实梧桐叶上，分明是夜露所凝痕迹——他也不疑，掩鼻闭目，令人将梧桐叶剪了，扔出三里远。明初四杰中的高启、徐贲等，与倪云林来往密切，有过同宿一室的经历，“老来诗阵尚堂堂，过宿曾留让大床”，只是不知，他们是如何过倪云林的清洁关的。

倪云林去友人周南老家，事前派人投递名帖，预告某日到访。周南老便安排家人，提前进行大扫除，对亭台楼阁、竹木花草，都进行洗刷，因为他知道，若是清理得不干净，虽有多年的交情，倪迂也定会拂袖而去。某次有富豪招待倪云林吃饭，知道他爱清洁，家中进行了彻底清理，仆人也都沐浴，换上新买的衣服，可以说十分周到了。不想一个端菜的仆人出现后，倪云林跃起而逃，主人莫名其妙，追上询问缘由。倪云林道：“你不知道吗？须发多的人一定不洁，我吃不下去。”主人仔细一看，原来端菜的仆人，须发浓密了些，只能任由倪云林去了。

一次在友人家会饮，诗人杨维桢借助酒意，偷了在场的名妓绣花鞋，又将酒倒入鞋中，让满座客人传饮。倪云林见了大怒，将桌案掀翻，大呼“龌龊龌龊”，夺门而逃。后世文人间，却流行起了绣花鞋饮酒，不在乎洁净与否。而最喜用绣花鞋饮酒者，正是倪云林的崇拜者何良俊。

米元章同样有洁癖，不过与倪云林一比，深度远远不及。且米元章的洁癖，带着几分造作；倪云林的洁癖，是深入骨髓，乃至畸形的，没有丝毫造作。他的人格有些许缺陷，这种缺陷，可能来自于他的庶出身份。其实嫡、庶子在家族中并无明显的高低贵贱之分，但倪云林自诩才高八斗，又生性敏感，难免为此介怀，适足造成他的洁癖。这种洁癖，发展成性情上的清高，进而延伸到艺术领域。

在艺术上，他追求空灵的境界。元至顺三年（1332），他曾数月谢绝一切俗事，终日与古书古人相对，翛然自得。他喜欢画竹，自云：“余之画竹，聊以写胸中逸气耳。”他作画，用淡墨，不绘人物，不钤印。他的画，冰痕雪影，一片空灵，剩水残山，全无烟火，堪称一代逸品。

苏东坡说：“论画以形似，见与儿童邻。”倪云林则说：“仆之所谓画者，不过逸笔草草，不求形似，聊以自娱耳。”倪云林一味绝俗，故而画风萧散飘逸。晚明的董其昌对倪云林推崇备至，认为他的画“古淡天真，米痴后一人而已”。

晚年倪云林的作品登峰造极：“一变古法，以天真幽淡为宗要，亦所谓渐老渐熟者。”倪云林的画中一般不绘人物，因为在他看来，人是浊的，不配入画。

虽然孤傲，且有洁癖，可他为人行事，却颇有担当。倪云林有一师王仁辅，年老无嗣，由他奉养。王仁辅去世后，倪云林为他操办丧事。他还致力于慈善事业，凡在无锡，“客死不能归梓者，则割山地以安厝之”。倪云林有次住于道观山楼，有道士偷窃了他的白玉镇纸狮子，被人抓获。倪云林却道：“吾以此结道兄交耳。”不但不追究，还将白玉狮子赠与道士。

他特立独行，被世人视为迂腐懒惰，但他“不与悠悠世人同一悲慨”。在迂之中，可以看到他的天真；在懒之中，可以看到他的洒脱。倪云林在家中排行最末，上有长兄倪文光主持家务，他不需要过问生计。在他看来，商业乃俗务。他所关注的，是诗，是画；他所交往的，是当世名士。

倪云林所交往的，均是元末明初文坛的顶尖人物。他的兄长倪文光与黄公望是好友，由这层关系，他本人也与黄公望成了忘年交。黄公望曾为倪云林绘《江山胜览图》长卷。元四家中的王蒙、吴镇，也与倪云林有交往。吴镇与他有诗词唱和，王蒙曾为他画像。

张雨是茅山道士，在元代曾赴京师面圣，交游遍天下。张雨年长倪云林三十岁，却与他成了忘年交。倪云林推崇张雨，称其“诗、文、字、画，皆为本朝道品第一”。至顺三年（1332），倪云林在玄文馆学习。玄文馆是其兄倪文光与友人玄中真师所建，位于无锡东郭门。倪云林在其中读书问道，谢绝尘事，张雨也常来此小住，二人关系密切。

他的友人张经，在张士诚政权中担任高官，曾请倪云林题词刻碑，并邀请他出山。在元末大变局中，倪云林的态度是与各方势力均保持距离，故而谢绝了张经的邀请。张士诚政权失败后，张经又成为平民。洪武二年（1369）五月十二日，倪云林等高士至张经家中雅集。此番雅集，饮食简单，不过是面筋、菜蔬、粗酿的酒而已，与会者却“如享天厨醍醐”。

他喜与名士交游，不过偶尔也会闹出笑话。泗州人陈云峤，性豪迈，多社交，家中巨资不数年散尽。后陈云峤入朝为官，馆阁诸老、衮衮名公，莫不折辈行与他相交，尊称他为公子。陈云峤自视极高，不入眼者，概不相见。元末，陈云峤领命，至杭州监督铸造祭器。倪云林听了他的大名，特意请张雨牵线，意欲拜见。

当日设宴湖山间，酒终告别时，倪云林出一帖，欲赠米百石。陈云峤看了，举酒杯，命奏乐，然后让身边随从把这一百石米分掉。陈云峤对倪云林道：“我在京师时，听过你的名字，人言南方名士中最清高者，非你莫属。今日一见，不过如此。请从今日绝交。”又大骂曾经赞誉过倪云林者，时张雨在座，不胜局促。

虽被陈云峤轻视，可对倪云林来说，这段经历可一笑置之。因家中有钱，倪云林对世间一切均看得很淡泊：“睡起晴云满涧阿，牛羊日夕下南坡。浮生富贵真无用，正似纷纷蚁一柯。”“野饭鱼羹何处无，不将身作系官奴。陶朱范蠡逃名姓，那似烟波一钓徒。”

他享受生活，喜欢各种美食，著有《云林堂饮食制度集》。这本食谱记录了五十余种菜点及饮料，是元末明初之际，江南一带富豪人家饮食的写照。这本食谱被后世很多老饕所追捧，并加以实践，如陈继儒、李渔等。袁枚虽然认为依照此本食谱烹制出来的菜肴大半无可取之处，但他的《随园食单》中，依然收录了“云林鹅”。

这本食谱中，一些菜肴的制作方法极为繁琐。如蜜酿蝤蛑（梭子蟹），需先将梭子蟹以盐水微煮，至颜色改变后捞出，用手拆出肉，将肉斩成小块，再将肉铺在蟹壳之中；用少量蜂蜜与鸡蛋搅和均匀，浇在蟹壳内；再以肥脂铺在鸡蛋糊上，上笼蒸，不能蒸得太熟，鸡蛋糊能凝固即可。食用时，配上橙、醋等进行调味。再如包馄饨，以肉末、笋丁，或茭白丁、韭菜末等，加川椒、杏仁酱拌匀为馅。至于黄雀馒头，则是以黄雀脑子及翅膀，加老葱、花椒等剁碎，再塞入黄雀腹中，用面裹起来，成两头平圆的长卷形，上蒸笼蒸熟而成。

食谱之中也有普通的菜肴。如醋笋，以煮笋的汤汁，加白梅、白糖、少量姜汁调和，再放入笋腌制一会，即可冷吃。如煮猪头肉，将猪头肉切成大块，放入水中，与盐、葱白、花椒等炖一夜，临吃时，放入糟姜片、橘丝。如肉粥，以糯米和碾碎的山药加猪肉炖煮而成。也有以普通食材，加入上等香料制成的。如熟灌藕，以上等面粉，加入少量蜂蜜、麝香，灌入藕孔之中，再用油纸包扎紧了，下锅煮，待藕熟后，切片可食。

今日无锡人吃蟹，以蒸为主，见别的地方在蟹锅中加入葱、姜等佐料水煮，屡屡叹息，谓暴殄天物；其实几百年前，无锡人吃蟹，也同样是水煮。倪云林记录了当时的煮蟹法：“用生姜、紫苏、桂皮、盐同煮。大火沸透便翻，再一大沸透便啖。凡煮蟹，旋煮旋啖则佳。”

倪云林嗜茶，在惠山用核桃、松子与粉、糖霜搅拌均匀，制成小块，如石子一般，置于茶中，以招待客人，称“清泉白石”。他记录了几个茶方，如茉莉花茶、莲花茶、香橼煎等，工艺极为繁琐。如莲花茶的制作方法，是在太阳刚出来时，选择刚开放的荷花，拨开花瓣，将茶叶放入，用麻丝扎紧花朵；第二天早上将荷花摘下，取出茶叶并晒干，再放入锡罐中收藏。

倪云林逍遥出尘，结交名士，投身艺术，享受美食，正如杨维桢诗中所写：“懒瓒先生懒下楼，先生避俗避如仇。”倪云林的隐逸作派，得自家族传统。明代《无锡县志》载，当地高隐“屈指五百年，仅得五人”，其中有三人出自倪家，即倪瓒的伯父倪焕、父亲倪炳以及倪瓒本人。

倪云林早年丧父，由长兄倪文光照顾成长。元天历元年（1328）九月，倪文光去世，因为二兄子瑛生性较“呆”，家族的重担，落在了二十出头的倪云林肩上。他对此无比疲惫，发出哀叹：“抑郁事污俗，纷攘心独惊。”倪云林掌家后，家道开始中落。一来他不熟悉商业，也无心于此；二来他在收藏上花费了大量钱财，又过着奢华生活；三来他以巨资接济朋友。家业衰落的同时，他所处的社会环境也发生了变化，他不得不选择出走。

入元之后，大批文人选择隐逸不仕，在这样的社会环境中，文化得到了大发展。在江南，富有财力、雅好人文的地方缙绅，担任起了文坛领袖的角色。他们以雄厚财力，支持文人从事创作，同时举行雅集，饮酒赋诗，鉴赏书画，交流文化。倪云林成长在至元初年，时局相对稳定，官方尚未过度盘剥民间。随着时局动荡，官方财力吃紧，遂加大了对江南富裕地区的掠夺力度。

元至正十一年（1351），倪云林离家以躲避沉重的赋税压力。至正十三年（1353），倪云林带领家眷离开居地，在烟波浩渺的太湖上，开始了一叶扁舟的漂泊生活。在这之前，因为官差不断骚扰，倪云林已出卖了部分田产。当时张雨正好来拜访他，他将卖田所得钱全数赠给张雨，以为养老之资。

倪云林一度居于无锡梅里，度过了一段平静淡泊的时光，此后为了躲避战乱，又离开无锡，开始多年的漂泊。倪云林的足迹，遍及太湖平原，从宜兴到常州，再到吴江、嘉兴、松江等。

他一度很落魄，浮家泛宅，有时在古庙栖身，有时则投奔朋友，后来在吴江建了“蜗牛居”，总算安定下来。“吴市经游几度春，泛泛去来舟不系”“舍北舍南来往少，自无人觅野夫家。鸠鸣桑上还催种，人语烟中始焙茶”，都是他这一阶段生活的真实写照。

倪云林的忘年交徐达左，出身于苏州光福徐氏。徐达左小倪云林二十余岁，倪云林又小张雨三十岁，然张雨、倪云林、徐达左三人交谊甚好。倪云林晚年四处漂泊，常在光福停歇。他们常常同游邓尉山，同饮七宝泉。因爱泉水清冽，倪云林命人每天挑两桶供他使用，前桶以饮，后桶以濯。他认为，挑水的人如果放屁，会污染到后桶，故后桶水不可饮用，前桶水则不受影响。其实，倪云林住所距泉五里，在这漫长的挑水之路上，挑夫必然需要换肩，前后桶的分别毫无意义。他若意识到这点，不知作何感想？

明洪武七年（1374），江南地方秩序恢复稳定，可倪云林已无家可归，只能暂住在姻亲邹氏家中。邹家塾师有个女婿，名叫金宣伯，一日来访。倪云林闻金宣伯是个读书人，倒屣相迎，不想金宣伯言谈并不文雅，长相也一般，倪云林一见大怒，抬手给了他一记耳光。金宣伯被打得又怒又恨，没见主人邹翁，自行离去。邹翁很是奇怪，追问倪云林，倪云林则道："宣伯面目可憎，语言无味，吾斥去之。"

这年中秋，邹翁设宴，倪云林身体不适，凄然不乐。不久后，他病逝于邹家。后世传说倪云林被朱元璋投入厕中而死，这是因为他的洁癖和孤傲性格得罪了太多人，故而有人编出故事来丑化他，并不是事实。据周南老撰《倪云林墓志铭》，倪云林享年七十四岁，但据其自述"乙未岁，余年适五十"，而乙未岁为至正十五年（1355），可推测出他享年六十九，出生在元大德十年（1306）。

倪云林自称："据于儒，游于老，逃于禅。"可他一生除了早年读过儒书外，很难说与儒门有什么联系，他的人生态度是游移于老、禅之间的。他不追求所谓的修齐治平，只关注自己的生活，交结名士，烹调美食，赏鉴古玩。他是元末明初的人物，却对整个明代的文人有着深刻影响。有明一代，许多文人沿着他的足迹，走隐逸逃世的道路，只求逍遥一生。

昙阳子神话

当下修仙小说风行，很多读者沉迷其中，对仙术心生向往。其实古代也有修仙者，他们人生的传奇性不输小说。

王焘贞是王锡爵的次女，十七岁之前，只是一个平常闺秀。

王锡爵是太仓人，嘉靖四十一年（1562）高中榜眼，此后在官场上一路高升，历任国子监祭酒、詹事府詹事、文渊阁大学士等职。万历五年（1577），首辅张居正的父亲去世，依照礼法，张居正要回乡守孝三年，可张居正留恋权力，不愿返乡守制。王锡爵等人联名上书，要求张居正守制。张居正则以“夺情”为借口，继续留任。张居正的地位无可撼动，王锡爵则连遭打压报复，遂辞官返回家乡太仓。正是在这次居乡期间，他参与进了女儿开启的修仙大业。

据王锡爵记载，女儿王焘贞刚生下来的时候身体不佳，为疥疮所苦，每日不停啼哭。女儿皮肤发黄，有隐隐的疱疹，很多人都认为她活不到成年，王锡爵夫妇也没有抱太大希望。可王焘贞顽强地活了下来，并显露出不同的常人的个性。王锡爵曾请师傅教授她女红和相夫教子的功课，可她不肯学，王锡爵无奈，也就随她去了，反正名门大户的女儿不愁嫁。

王焘贞早早地订了门亲事，男方是徐景韶。虽然从未见过未来的丈夫，但通过丫鬟及家人之口，她得悉徐景韶才华出众，貌若潘安，芳心窃喜，一心等着过门。

她十七岁这年，噩耗传来，徐景韶突然染病去世。

如果是一般人家的女儿，自然可以另嫁，可作为重臣王锡爵的女儿，她必须做出礼法上的表率，为这位从未见过一面的男人守节。此后，她不但享受不到闺房之乐，还得在孤独中度过余生。在为徐景韶之死痛哭时，王焘贞更为自己的命运悲泣。

无奈之下，王焘贞决定闭关修炼，以寻求解脱。她的父亲向来崇信佛法，江南地方又正流行着一种融合佛道两教的修炼方式。

闭门修炼时，王焘贞开始为自己构造一个神鬼世界，以填补内心的空虚。她自称在未婚夫去世前三个月，梦到了真君大帝，真君向她口授了《照悟灵空真经》。她在梦中领悟了这段真经，醒来后对父亲道："此是道经而禅语。"悟道之后，王焘贞只食果汁和柏叶，修仙家法术，断人间烟火。

因未婚夫去世而受到刺激的王焘贞，在闭关修炼的过程中，饮食缺乏营养，身体状况更加恶化，以致出现各种幻觉，总感觉有"真君袖仙果"来给自己充饥。王焘贞告诉父亲，在闭关修炼三个月后，她已能阳神出窍，魂游天外。

对于女儿的异常举动，见多识广的王锡爵起初颇有疑虑。

为了说服父亲，已取法号“昙阳子”的王焘贞，决定“绝食证圣”，也就是用绝食的方式证明自己确有神灵附体。王锡爵还是不大相信，担心女儿中了邪，修炼的是妖术。为弄清女儿修炼的是仙术还是妖法，王锡爵进行了种种试验。

据传，昙阳子踩到能破除妖术的狗血，能照常行走，毫无异常；她用符水帮人治病，屡试不爽；她预言庭前生稻，果然被印证；一日，她的住所上空，突然出现耀眼光芒，所有人都为之眩晕。

为了证明自己的神力，昙阳子让父母从门缝中偷看神灵附体。王锡爵和夫人虽然只窥见房内隐隐约约的神仙影子，未能看清神仙真容，但从此对女儿不再怀疑。

王锡爵崇信佛法，性格恬淡，“终生无二色”，所好不过书画法帖而已。他个性耿直，认定的事，就不顾忌后果，全力去做。在确认女儿具备法力，有真神附体后，他不顾世俗的压力，拜女儿为师。他四处奔走，宣传女儿的神迹；他信誓旦旦，称亲眼见证过女儿的法力。昙阳子对父亲的鼎力相助感激不尽，称：“吾道赖吾父而就。”

女儿能修炼成仙，也是王氏家族的荣耀，王锡爵要将此事广而告之，让女儿的事迹千古传颂。可是父亲宣传女儿，说得再天花乱坠，也缺乏说服力，得找一个具有影响力的外人来做宣传工作。王锡爵的脑海中，浮现出老友王世贞的名字。王世贞在郧阳为官时，因为惩治张居正的妻弟，被张居正打击，和王锡爵同病相怜；他们又都是太仓人，往来密切，关系“虽兄弟不若也”。

万历六年（1578），王世贞退出官场，返回太仓。作为当时的文坛领袖，他期待在官场有所作为，成为一代名臣，但在当时，得罪张居正即意味着仕途无望。万历七年（1579），失意的王世贞拜在昙阳子门下。王世贞对昙阳子的容貌进行过描写：“其唇朱，独貌黄金色稍淡。”由此可以看出，昙阳子大师面色不佳，估计与长期营养不良有关。

王世贞希望昙阳子助自己脱离“苦海迷途”，昙阳子所授秘法“八戒”，不过是各教派都有的陈词滥调，如戒淫杀、慎言语、怜恤孤寡等等，王世贞却信服不已，认为它“朴而要，浅而有深旨，盖生人之大纪备矣”。

昙阳子训导王世贞每日自省，及时改过。王世贞遵从昙阳子的教诲，开始反思自己的人生。他为自己好饮、好文、好诙嚎、好一切“铅椠之末技”而深深自责，甚至为出仕而悔：“违心而出，尤悔万状。”悔过之情，主宰着晚年王世贞的内心世界；悔过之心，也让他更加虔诚地拜在昙阳子门下。

对昙阳子，王世贞发自内心地崇信，针对社会上的质疑，他频繁作文辩护：“恨不令兄见之，疑城一破，莲花不远矣。”他写了长文《昙阳大师传》，意犹未尽，又接连写了《昙阳子外传》《金母记》《昙鸾大师记》等一系列文章，鼓吹昙阳子的神迹。作为文坛领袖，王世贞在士人中有着巨大的影响力，由于王世贞的卖力鼓吹，一大批文人加入了昙阳子信徒的队伍，其中包括屠隆、沈懋学、徐渭等名流。

屠隆是浙江鄞县人，以诗文闻名于当世，还著有《昙花记》等戏曲作品。万历六年（1578），屠隆担任青浦知县，不时召集名士饮酒赋诗，游山玩水。在青浦，屠隆写了篇肉麻的信给王世贞表达仰慕之情："世无先生，因羡异代；世有先生，何羡异代？"看了屠隆的吹捧文章，王世贞满心欢喜，也回信吹捧："诗语秀逸，有天造之致。"在王世贞的引荐下，屠隆也拜昙阳子为师，王、屠两人互称道友，时常通信交流修道心得。

在中晚明的大环境下，不识字的山野巫师，尚能自我炒作，弄出些神迹，吸引万千信徒；有了一群妙笔生花的顶级文人做吹鼓手，昙阳子的诸般神迹更是传遍东南。

昙阳子被系统地加以神化。在文人们编造的故事中，她五岁就会剪纸，且能剪出栩栩如生的观世音像，然后供奉起来；每天早上，年幼的她都要在被窝之中念诵"阿弥陀佛"百余声，方才起床；得道之后，每有仙人擎着仙果来看望她，她的房内必传出金铃玉佩之声，"泠泠萧萧然"。

仙人们到来时，昙阳子房内颇是热闹，不时传出大笑、讽诵、吟唱之声；仙人离去后，还有乐器留在楼上。王锡爵曾从窗外伸手摸仙人的乐器，却不能分辨出究竟是何物，"或为螺，或似筝，或为洞箫，而皆坚滑如玉石"。

据载，万历八年（1580），王焘贞突然对父亲道，自己将在九月九日仙去。对女儿的飞升，王锡爵不但毫无悲伤，甚至还有些许欣慰：一人得道，鸡犬尚且升天；女儿成仙，老父也定能登仙籍吧？在文人信徒们的卖力鼓吹下，王家二女儿将要成仙的消息传遍江南。

九月九日，十万余人涌来围观神迹，信徒们顶礼焚香，期待着沾沾昙阳子的仙气。昙阳子选择在未婚夫徐景韶的墓前坐化，因为她相信，这样便可与徐景韶做神仙眷侣。

徐景韶的老父徐廷曾对儿子的早逝无比痛心，但此日，却有了几分自豪，徐家有一个未过门的媳妇守贞至死，并羽化成仙，儿子在另外一个世界里想必不会孤独。昙阳子飞升之日，徐廷赤膊站立在墓地栅栏外守卫，毫无顾忌。这是一场狂欢，所有人都如痴如醉，若狂若癫；这是一场盛宴，所有礼法禁锢都被打破，所有拘束都不复存在。

昙阳子飞升前专门祭祀了徐景韶。祭毕，突然用刀将右髻割下，置于几上，道："我已经得仙人度化，死后身体不会腐朽，因此不能与你一起下葬。特将此髻留下，作为信物，陪你长眠。"随行众人闻言无不感动。

九月九日那天，众人看见空中忽现异象，两道长虹，横贯天际。昙阳子端坐在王世贞捐献的神龛之中，两颊潮红，法相庄严。她"携灵蛇，左手结印执剑，右手执麈，端坐而瞑"。两只黄色蝴蝶翩翩而来，停在神龛之上，久久不愿离去。

据王世贞记载，目睹了这一幕神奇景象后，“十万人，拜者、跪者、哭而呼师者、称佛号者，不可胜记”。徐渭记载：“而师道成，立以化，红光亘天，趋而仰者，约满十万众。”

昙阳子仙去后，王世贞、王锡爵顿觉人生了无意趣。王世贞捐钱修建昙阳观，长居观中修炼，与妻儿日益疏远；王锡爵也捐出巨资，与王世贞一道苦修大法。两人断绝荤腥，不碰笔砚，不见亲人，只求成仙。与此同时，王世贞的两个弟弟也开始了在家修炼。

王锡爵、王世贞将昙阳子神迹吹得天花乱坠，对其真实性信誓旦旦。王锡爵道：“不敢轻撰一字。”王世贞则云：“不敢饰，不敢诬。”不甘寂寞的王世贞还写了篇《金母记》，描述成仙之后的昙阳子情状。在仙界之中，昙阳子得到了西王母的接见，得赐仙药和仙箓，以及一件黄色仙衣，“可以御寒暑”。

二王对昙阳子的鼓吹，招致了很多不满，不少人认为他们行事怪诞，言语不稽。昙阳子事件影响极大，想成仙之徒纷纷效仿。浙江湖州人朱长春，为了成仙，将数十张桌子摞起来，然后爬到最上方，张开双臂，踮起脚跟，作鸟飞状，结果摔了个半死。

张居正对太仓二王早就不满，抓住机会，弹劾二人，令礼部拟定处理意见。二王一时惊慌，找了老友礼部尚书徐学谟帮忙说情，方才摆平此事。徐学谟对二王崇拜昙阳子也有不满，认为二人“张皇太过，形迹太露”。之后二王不得不稍稍收敛，对昙阳子的崇拜暂时低调起来。

万历十年（1582），张居正去世，王锡爵、王世贞相继复出。万历二十一年（1593），王锡爵官拜首辅。汤显祖与王锡爵、陈继儒有过不快，后来他写《牡丹亭》，世人多以为是讽刺昙阳子一事。但王锡爵很早就将《牡丹亭》交付家乐演出，并称“吾老年人，近颇为此曲惆怅”。这样看来，《牡丹亭》影射昙阳子的说法是不可信的。

昙阳子的另一得意弟子屠隆，终生敬畏维护乃师。万历十八年（1590），有人造谣中伤昙阳子，屠隆愤而作《上城隍书》，祈求城隍转达天曹，大显神威，降下天谴。王世贞至死都崇信昙阳子，并不时能感受到昙阳子的召唤。一日夜里，他独卧于楼上，突然听到楼下有三声响，立刻有所感悟：“恐是仙师示警。”遂决意戒酒吃素，以不违昙阳子的教诲。

僧尼形象为何不堪

明代的僧人对朱元璋有着复杂的感情。朱元璋是和尚出身，对佛教教义和佛教徒的生存状态，有较深了解；可他当了皇帝之后，却对佛教采取防范态度，因为他深知宗教的威力。

限制佛教的发展，方法很简单，将僧人的剃度权控制在政府手中即可。在朱元璋推行的度牒制度下，世人只有经过官府允许，方可出家，私自剃度会受到法律制裁："杖八十。……寺观住持及受业师私度者，与同罪，并还俗。"

僧人出家的年龄范围，也受到严格限制，因为大量青壮年劳动力出家，会妨碍社会生产，导致寺庙势力膨胀。朱元璋规定，二十岁以下者不许出家。他认为，幼时出家者，虽然暂时耐得住寂寞，但年长以后，血气方刚，欲心易动，"所以僧中多有泛滥不才者"。这大概也是朱元璋自己为僧之日的体验吧。

朱元璋还规定，寺庙不准收养幼童，如有违禁，"首僧凌迟处死，儿童父母迁发化外"。妇女要出家为尼，必须年满四十岁，这也是为了防范尼姑耐不住寂寞，惹出事端。此外，一些从事特定职业者，如军人、工匠、灶人等，也被禁止出家。

朱元璋对僧人的日常生活也有严格规定：僧人不得与世俗民众杂处，违者枭首示众。僧人如果娶有妻室，任何人知道后，都有权“捶辱之”，并可以索钞五十锭，“如无锭者打死勿论”。此规定一出，娶妻的和尚们叫苦不迭，因为无论走到哪里，等待他们的都是揭发检举。

在如此严苛的管控之下，明代的僧侣，应当个个超凡脱俗了吧？然而，在明代的各种小说中，僧侣多以反面形象出现，给人留下深刻印象的，无非财色酒气。

《金瓶梅》中，西门庆与潘金莲联手弄死武大郎后，请了几名和尚来家里念经，结果这几名和尚一看到潘金莲的媚态，“一个个都昏迷了佛性禅心，关不住心猿意马，七颠八倒，酥成一块”。西门庆与潘金莲在房中行云雨之事时，“被这秃厮听了个不亦乐乎”。

《醒世恒言》中，江西临江府监生郝大卿，清明出城踏青，被城外非空庵的两个女尼勾引住，此后留在庵内，不分昼夜淫乐。过了两个月，郝大卿想回家，女尼却不放他走，还将他剃光了头，扮作尼姑以遮人耳目。郝大卿每日里要陪两个女尼，长期下来，将小身板儿累垮了，最后油尽灯枯，送了性命。

《僧尼孽海》三十六则，每则讲一至五个故事，共五十五个故事。这些故事的篇幅长短不齐，有文言，有白话，所述均是和尚奸淫民女、尼姑不守佛戒一类的事。余象斗编

金陵世德堂刻本《三遂平妖传》中“包龙图下令捉妖僧”绣像

《皇明诸司廉明奇判公案传》，分十六类，共收一百零五则故事，涉及僧人的有十三则，大部分与奸情相关。

在明代的各类小说中，僧尼是不可或缺的角色，他们多数不守清规。小说源于生活，僧侣形象糟糕，也与明代的社会环境相关。

在明代，僧侣有两类：一类是禅门，以受戒为度，不入红尘，进行佛教义理研究。另一类是应门，以纳牒为度，从事诵经之类的佛事。

禅门的僧侣必须系统学习佛教经典，参加考试。考试如同科举，从佛教经典中出题，很难通过。至于应门，僧侣并不需要进行考试，只要对教义略知皮毛，会吹法螺、做法事，就可取得度牒。故而想出家的人大多选择入应门，混张度牒，就可以通过法事赚取钱财。

将研究佛教义理与从事佛事活动分开的同时，朱元璋也规定，应门僧侣做各种法事应明码标价，如诵经：《华严经》一部，钱一万文；《涅槃经》一部，钱二千文；《法华经》一部，钱一千文；《楞严咒》一部，钱五百文。

本应庄严的法事活动，经过朱元璋的商业化运作，成了一种市场行为，宗教的神圣性在金钱的光芒下黯然失色，僧侣们在红尘中频繁出入，为生意而奔波。又由于诵经作法是一项收益颇高的经济活动，越来越多的人有意于加入这支队伍。

长此以往，在民众心目中，僧侣不过是一个吹喇嘛唢呐、念“阿弥陀佛”、赚一些香火钱的群体。

度牒何时发放，起初并无规定，洪武十七年（1384）方才有令，每三年发放一次。度牒发放的数量也无明确规定，一次多则四万张，少则一万张。

明英宗正统年间，在太监王振的请求下，朝廷将度牒发放时间改为一年一次，每次发放数量也无凭准，完全随皇帝的心意。有权势的太监可以仗着皇帝的名头，大肆敛财。

佛门本是清净之地，可度牒制度的实行，使大量罪犯逃遁于此间。明代实行严格的户籍管理制度，出行者都要携带记载本人详细信息的路引。罪犯被通缉之后，无路引就无法潜逃，此时最好的办法就是弄张度牒，摆脱世俗身份。各类罪犯摇身一变，成为僧侣，行走江湖，自然连累得僧人形象一落千丈。

明代皇室信崇佛道，上行下效，达官显贵也多礼佛敬道。皇室有自己的香火院，豪族也有自家的寺院。僧人玩弄着各种旁门左道，迷惑皇帝，影响朝政。与权贵结合的普遍趋势，使得出家人本应具有的清净之气荡然无存。

明代太监礼佛者甚众。高僧们要兴建寺院，弘扬佛法，不可避免地要与太监们来往，这引发了民间非议。明代四大高僧之一的德清，与另一高僧紫柏在东南争名失败，遂到山东创立海印寺。消息传出后，京内的太监“争往顶礼”。

太监虽然在官员们面前威风凛凛，肆意勒索钱财，可在民众眼里，仍然是低贱的。民众虽然在心理上鄙视太监，却只能看着他们作威作福，胸中的不平之气便化作对太监的诅咒。而太监们为了祈求福运，获得精神寄托，不时捐资修建寺院，并与僧人们密切来往。于是，在民众眼中，僧人与太监沆瀣一气，狼狈为奸。

一些僧侣招摇过市，作风放荡。高僧雪浪无视清规戒律，每日里与士大夫游玩，出入青楼酒馆，狎妓看戏，毫不避讳。雪浪身边的随从，都是唇红齿白的青年，穿着色彩绚丽的衣服，“几同烟粉”。雪浪至吴越后，“仕女如狂，受戒礼拜者，摩肩接踵”。高僧尚且不能脱离世俗，一般僧人就更不用说了。

朱元璋曾禁僧人娶妻，规定凡违禁者民众可以责打和索取钱财。到了明代中后期，僧人已不受限制，一概“荤娶”。福建一些地方的寺院，数百僧人中仅推一人削发，其余人则过着世俗生活。《寓圃杂记》中记载，南京有一个僧人“犬马鱼鳖之肉无弗食，俳优妓女之家无弗游，长发为浪子者数年”。

僧侣吃肉喝酒、打架滋事、敲诈勒索的行为司空见惯。吕坤《实政录》中记载，游方僧人寄宿寺庵，三五成群，勒索粮米布匹，稍不如意，“或含怒结仇，或咒诅魇镇”。白天四处恐吓勒索，夜间与盗贼合谋，劫掠地方，成为一大公害。

在明代各种小说之中，道姑、尼姑臭名昭著，最容易招惹是非，是大户人家不可不防之公敌。“尼庵不可进，进之多失身”一类的教诲，在明代家训中屡屡可见。《西园闻见录》中载，沈鲤家训有言，家中男女“莫山顶进香，莫庙宇烧香，莫狎近尼姑”。民间更流传着“不交僧与道，便是好人家”的俗语。不与僧尼往来、不入庙庵烧香，成为女性必守之道德。至于“遣尼僧”“毁尼庵”“令尼还俗”等措施，更是明代一些官员维持地方风化的常用手段。

南京的宗教事业特别发达，僧尼很多，“淫污之俗视别省为尤剧”。尼姑庵中，有与僧人私通的，有勾引良家女子入庵的，更有勾搭庵外猎艳的浪子，公然留宿的。

嘉靖年间，霍韬到南京担任礼部尚书，大力整顿社会风气。女尼五十岁以下的都被遣返回家，名声不好的尼姑庵被拆毁。不想，霍韬刚去任，尼姑庵就再度兴起，香火比往昔更盛。

明代妇女平日被禁锢在家中。大户人家的太太小姐，尚能读些书籍，学点精细女红，以为生活调剂；一般人家的女性，都要从事纺绩、织纴一类的繁重室内劳作。总体而言，女性的生活是乏味的，她们重要的娱乐活动之一，就是以烧香拜佛的名义参加庙会。

明代中期之后，民间烧香风气开始蔓延。每月月初、十五，大批民众，包括妇女，出入寺观，毫无避忌。寺院中，花枝招展的女性很容易吸引登徒浪子的注意，间或发生一两起风化事件，因为耳目众多，会很快传播各地。

女性去寺院烧香，在当时是违禁行为。法律明确规定："若有官及军民之家，纵令妻女于寺观神庙烧香者，笞四十，罪坐夫男。"可女眷们往往对此置若罔闻，招致一些秉持正统观念的士大夫们强烈不满。于是乎，文人们出于维系风化的需要，编排了一个个女性入寺烧香后发生的离奇故事，她们或被淫僧掳走，或与僧人勾搭，终至身败名裂。当然，僧侣在法事的掩护下与妇女勾结，并不是文人们的凭空想象。《留青日札》中载，大户人家的妇女如若无子，往往去寺院之中求僧人行"摩脐过气之法"，回来后十之八九能诞育子嗣。

明代中后期，随着社会风气逐步开放，文人们创作了大量包含色情内容的小说。作者受当时社会舆论的影响，又目睹了僧侣们的胡作非为，听到过无数离奇的故事，由此积攒了大量素材；更重要的是，僧尼破戒贪淫的故事，人人爱听，为了迎合市场的需要，作者们在创作中更是添油加醋，使得一个个淫荡僧尼的形象出现在笔端。

明代高僧湛然圆澄对僧尼形象糟糕的原因了然于心，但他认为社会风气的堕落主要应该归咎于世俗之人，僧侣中虽有奸淫之辈，但与世俗社会相比，仍是少数，僧侣形象恶化是文人推波助澜的结果。这不无道理，文学作品具有永恒魅力，僧侣们的负面形象也随之定型。僧侣们若要怨恨，就得怨恨朱元璋，是他将佛门净地变成了生意场。

“妖言”的力量

很多人的心中都有一个皇帝梦，二月河的历史小说备受追捧便与此有关。而更受追捧的是各类玄幻、穿越小说，读这样的书，相当于跟着作者的笔墨，尽情追逐帝王梦，好生畅快。而这些玄幻、穿越小说，用古人的眼光看，恐怕都属于“妖言”。

“妖言”“妖人”的力量，让历代统治者恐惧。谋反者们揭竿而起时，总是先捏造出各类神迹，迷惑万千信众，然后对朝廷发起挑战。朱元璋登基之后，对于民间“妖言”，重刑打击。《大明律》规定：“凡造谶纬妖书妖言及传用惑众者皆斩。”“皆斩”二字，体现了明代刑法的严酷。

虽然朱元璋对民间做了诸多限制，可社会经济的发达、文学作品的传播、民间信仰的遍地开花，却不是他所能控制的。官方做了严格规定，可民间却不吃你这套，一个个“妖人”横空出世，口授“妖言”，信众云集，朝廷屡禁不止。

嘉靖朝，有个叫胡大顺的人，炮制出了一本《万寿金书》，称此书是吕洞宾所作，并说吕洞宾亲授其三元大丹，服之可以长生不老。闻说大仙转世，官员绅士，无不与其结交，也不在乎什么“妖言”“妖书”的忌讳了。

成化年间，山东人张中先，遇到奇人，得传一本《金锁洪阳大策》。张中先刻苦修炼，颇有心得，以为颠倒乾坤、执掌山河指日可待。在帝王欲的刺激下，张中先在左右臂膀上各纹了一条龙，左右手掌上纹“山”“河”二字，自称“白毛祖师”。每次登坛传道时，张祖师光膀亮相，双手一张，“山”“河”二字，璀璨夺目，信徒无不膜拜。

山东人于原也从奇人处得了一本神书。他声称此书传自孙膑，有无上神力：“你虽不识字，怀里揣着，逢水不淹，逢火不烧，逢刀不砍，逢箭不射，逢虎狼不伤。”一时地方民众，无不敬畏，知县也被仙书迷惑，成为于原的忠实信徒。

江湖上这么多“大仙”横空出世，其中不乏雄心壮志之徒，摩拳擦掌，欲夺天下。他们往往在一个小区域内掀起风浪，自称帝王，封臣纳妃，风光一时，最后不免头颅落地。

河南永城县有个无赖刘天绪，流落到朱元璋老家凤阳府临淮县求生。到了凤阳，刘天绪不知受到了谁的启发，自称“无为教主”，开始传教。要吸引教徒，自然得有神迹加持。刘天绪编排了一个神话故事，说：“距离本地七千里外，有一处脱骨塘，到塘里洗浴一次，就可以脱骨成佛。”

这种低级谎言，竟然有人相信。刘天绪很快招募了几名忠心耿耿的徒弟，各自称佛称仙。徒弟们帮其四处宣传造势，没过几年，刘天绪手下竟有了几千号人。看到徒子徒孙云集，昔日的光脚汉，现在生出争雄之心，小小一个凤阳府，已经容纳不下他这个“无为教主”了。

在徒弟们的安排下，刘天绪转而到南京发展，并改称“辟地定夺乾坤李王”。江南繁华地，让刘天绪眼界大开，他在南京成功勾搭到一名寡妇岳氏暖被窝。

万历三十四年（1606），刘天绪郑重地拿出一本神书，书中称“冬至日李王出世”。他对众弟子道：“十一月你们随我去神烈山，如果我有当皇帝的命，必然能看到王气上腾。”

到了十一月，众弟子随教主一起登钟山。到了山顶后，刘天绪摆开阵势，先是作法，再拜天望气，结果什么神迹也没出现。可正当众人垂头丧气下山时，上空突现白气二道，状如天河，自西北延伸向东南，极其壮观。众弟子见到此等神迹，无不惊叹，都深信刘天绪是真主，必成皇帝。

既然已有神迹证明刘天绪是真命天子，接下来要图谋的就是怎么打天下了。众徒弟慷慨捐资，购买刀枪弓箭，添置盔甲。由于刘天绪崇尚红色，大红衣服也是起事的必备物资。刘天绪改称“龙华帝王”，寡妇岳氏被奉为观音化身。

岳氏与亡夫育有一个儿子，她利用自己搭上“真龙天子”的机会，帮儿子也求得了官爵。刘天绪封岳氏子为护国大将军。既然寡妇的儿子成了大将军，他也知道不能凉了贴身亲信的心，于是给十余人封了国公、侯、伯、将军、指挥使等爵位、官职。

明万历建阳师俭堂刻本《鼎镌陈眉公先生批评红拂记》中“登山望气”绣像

当月二十三日，刘天绪上朝，百官庆贺，共商大业。正踌躇满志时，有两个徒弟事泄被擒，将刘天绪准备干大事的消息供出。官府秘密部署，将“龙华帝王”及其文武百官一网打尽，送上法场。

此案在官场上引发了激烈争论，就如何处理，南京官员分为两派：一派以兵部为代表，认为应该定以“谋逆罪”，严厉清剿；另一派以刑部为主，主张息事宁人，以“妖言律”处理，仅处死刘天绪一人，其余宽宥。

刘天绪准备起事时曾“烧毁陵寝”，也就是在朱元璋孝陵纵火。这等大事，怎么说也是谋逆性质，万历帝大怒，严厉指责南京刑部，要求严惩。可南京刑部阳奉阴违，坚持以“妖言”定罪。万历帝对南京刑部大为不满，下令将此案移交北京刑部处理，最后仍以“妖言”罪结案。刘天绪及二名头目被锉尸，五人坐斩，其余党徒被赦免。因对刑部的处理方式不满，南京兵部尚书愤而辞职。

刘天绪一步步发展信众，集聚力量，是因为自己本有野心。可也有人本无此心，在一两个江湖术士的怂恿之下，竟然也做起了帝王梦，扯旗造反。

《大明律》对术士有严格规定。“术士妄言祸福”条载：“凡阴阳术士，不许于大小文武官员之家妄言祸福，违者杖一百。其依经推算星命、卜课者，不在禁限。”既然不许在文武百官家中言祸福，那么术士施展才华、传播秘籍的对象就只能是民间百姓了。

正德年间，乾州有个叫樊绅的人。他的相貌颇为“惊艳”，嘴大目长，舌头能舔到鼻子。因为长得丑，所以父母早早地为他娶了个老婆。老婆刘氏也是奇相，左眼重瞳，与他堪称绝配。

父母故去后，靠着殷实的家境，樊绅衣食无忧，无所事事。他某日在街头闲逛，见一道人在摆摊，兜售秘籍，就凑过去问自己的未来。这道人对他仔细端详了一番，一拍大腿夸赞道：“口大容拳，舌顶鼻尖，两目见耳，非常贵相。”

樊绅时常因为相貌不佳被亲友嘲笑，听了道士夸奖，乐不可支，只是不解自己的“非常贵相”，究竟贵在何处。

又过了六年，樊绅带着老婆在街头乱逛时，碰到了一名游方道人辛自然，就过去咨询祸福。

辛自然抬头一看，樊绅嘴巴大得能放入一个拳头，舌头长得能舔到鼻子，心中一惊，赶紧道："您这可是大贵之相啊。"又看了下樊绅的老婆刘氏，只见她"左目重瞳"，也是天生异象。辛自然顿时拜服，口中滔滔不绝，将樊绅夫妇说得心花怒放。

说到动情处，辛自然将随身携带的三本秘籍送给樊绅，慎重地嘱咐他好好学习，日后自有一番富贵。樊绅得了经书，又被老道一番吹捧，心中越发自信。

樊绅有贵相的传言，很快在江湖上流播开来。樊绅每次上街，少不得碰上一两名道人，凑过来大赞："公子，您这可是大贵之相啊。"一名远道而来的陈道士，特意送了本奇书给樊绅，书中除了大谈王朝鼎革、历代兴废之外，更有一图，形似"樊"字，预示他能君临天下。

樊绅被众道士多番蛊惑，不但不再以为自己长得丑，反相信自己是大贵之人，能承载天运。

到了嘉靖三年（1524），樊绅修道已小有所成，时常与一名叫秦韶的道人讲论天文，观察世变。一日，聊着聊着，樊绅突然问秦韶："今年星变如何？"秦韶掐指一算，云："恰逢帝王兴替，正是革命之时。"樊绅听了欣喜不已，日夜筹划，准备起事，争夺天下。

嘉靖四年（1525）正月，樊绅请徒弟杨朴过来密商，称："我看天书所示，新朝人主姓樊。各路高人都说我是真命天子。

咱们召集四方人马，约定时日起事，将来同享富贵。”

杨朴精通武术，在各地教授拳脚，顺带宣传樊绅。至泾阳县韩恭家中教拳时，杨朴鼓吹：“有个真人樊绅，你可以供养他，日后有好处。”

韩家众人听了樊绅的诸般神迹后，无不信服，加入宣传鼓动的行列。韩家搞宣传很有一套，印刷了数千张传单到处散发。一时间，乾州的无赖光棍，纷纷依附于樊绅。

此时，四十三岁的樊绅认为自己羽翼已丰，准备起兵。

嘉靖四年（1525）七月，樊绅、杨朴赶到三原县。弟子杀羊备酒，热情招待。酒足饭饱之后，徒弟们奔走相告：“真人樊坤，当有天分。先破乾州，后取陕城。大定天下，各授官勋。”

在杨朴的策划下，樊绅正式登基，年号“大中天武”，随后分封太子、诸王、将军、总兵。又印刷“大中令”四处散发，宣称持有此令者“全家免戮”。

九月十四日，樊绅从徒弟家弄来一匹好马，率领杨朴等弟子，带着弓箭，到达韩恭家。樊绅对韩恭道：“我是教主，你将女儿韩金儿献给我为妾吧。”韩恭一想到自己能做国丈，幸福感油然而生，立刻将女儿献了出来。

九月二十一日，樊绅聚集了上百名弟子，骑着马骡，带上弓箭，打着“大中令”的旗帜出发。沿途有在田地里收割的农民，也被樊绅挟持，一起去攻打乾州。

樊绅师徒及裹挟来的农民，共计五百余人，将乾州城四面包围，喊杀声惊天动地。不料，先前定为内应的弟子，早被城内知州擒杀，州城四门皆被堵死，樊绅只好在城下发起猛攻。交战的结果是，攻守双方各有二人被箭射伤，没有分出胜负。樊绅见攻城无望，就带领弟子撤退，准备到他处寻求出路。

陕西地方官员得到樊绅在乾州闹事的消息后，调遣精锐将士把守各处关隘。二十八日，樊绅和他的二十六名亲信被官兵拦下，双方对阵。二十六人抵挡不住，全数被擒。樊绅及其他二十五人，依“共谋者不分首从”之律，都被凌迟处死。樊绅的追随者中另有八十四人被处死，二十三人被发配为奴。

有明一代，无数好汉在江湖术士如簧之舌的鼓吹下揭竿而起，斗志不可阻遏。对江湖术士们妖言惑众的功夫，朝廷也颇感头痛，天顺二年（1458）十一月，礼部建议“凡精通天文、历数、地理、课命之术者，不分军民，起送赴京”，作为条件，承诺术士们犯下罪行、隐遁于江湖的，一并免罪。朝廷应将这些术士弄到京师集中管理，免得他们在民间滋生是非。此建议获得朝臣们的一致认可，随即被采纳。

可行走江湖的术士们，哪里肯乖乖就范，他们凭着一本秘籍，就可以掀起一场轰轰烈烈的起义，这是何等的能量？于是，术士们继续仗剑而行，一本本秘籍被抛出，一个个土皇帝横空出世。

“公子，您生有异相，必成大器，老道这里有本秘籍，就送给你了。”这套话语，听起来是那么的熟悉。

狂禅徒手缚蛟龙

为了贴近世俗，吸引平民，禅宗提出了“吃穿住行、饮食男女，皆是佛法”之说。如此，佛门中的研修经义、严守戒律，就显得不那么重要了。由于门槛的降低，禅宗的信众越来越多。在迅猛发展的同时，禅宗之中出现了无视戒律、浪荡于世俗、敢于呵骂佛祖的特立独行者。

禅宗在晚明与儒家中的另类泰州学派相结合，就产生了狂禅群体。狂禅没有系统的理论，也没有统一的思想，泛指反对程朱理学的僵化思维、与世俗格格不入的一批人。狂禅中有士人，有僧人，有商人，代表人物有王艮、王畿、何心隐、李贽、汤显祖等。

泰州学派的创始人王艮没有受过系统教育，少年时就跟随父亲在盐场烧盐，“年三十才可识字”。王艮成年后，通过水陆两路贩卖私盐，逐渐富裕。二十五岁时，王艮第三次去山东经商，经过曲阜时拜谒了一次孔庙，仿佛沾染了些书香。此后他又做了个怪梦，梦里，天突然坠落，众人奔走呼号。在世界末日将临的关头，王艮挺身而出，奋臂托天。梦醒后，王艮感觉到自己有救万民于水火的重担，遂发愤读书，欲从中找寻济世之路。

当日，容易读到的书主要是儒家经典，于是王艮开始了研习儒学的生涯。知识可从书中获取，可人的见识主要靠在生活中增长。他有敏锐的洞察力、刻苦的精神，假以时日，在学术领域的造诣或不输象牙塔内的老夫子。

王艮将自己的读书体会说与友人听，友人惊奇地发现：“这与王阳明说的一样啊！”王艮由此对王阳明充满了好奇，于是穿上红色衣服，戴了顶纸糊的高帽，拿了块笏板，跑到南昌拜见王阳明。见到王阳明后，两人辩论了一场，王艮对王阳明很是佩服，决定拜他为师。可一出门，王艮就后悔了，他作为一个要拯救天下苍生的人，怎能轻易折服于他人呢。于是他第二天又去找王阳明辩论，又经过一番舌战后，方才真正折服。

王阳明是个洒脱之人，自称有狂者的胸次。王阳明的高足王畿，更是充满个性，豪迈任侠，好酒纵性。王畿引禅入儒，鼓吹狂者精神。

泰州学派吸收禅宗“即心即佛”等观点，力倡自由，打破礼法约束，张扬个性，“赤手缚龙蛇”。泰州学派传至何心隐时，已不单单是主张摒弃经书、纯任心性，更具有掀翻天地的气势。何心隐创立萃和堂，领导全宗族过起大同社会的生活。何心隐还将非血缘的师友关系，凌驾于父子兄弟之上，打破了正统的三纲五常观念。何心隐的学说、行动，对社会主流价值观产生了强劲冲击，他也因此被视为“妖人”。

万历七年（1579），何心隐在武昌被湖广巡抚王之垣捕杀，临刑前云：“杀我者，张居正也。”

僧侣在世俗人的眼中，不外是清净无欲、恬淡自得的形象。如果哪座寺庙出了个鲁智深般的猛和尚，只怕要香火断绝、门庭冷落。可在晚明，却有一批佛教信徒，率性而为，不受世俗拘束，更具侠肝义胆，为天下苍生呼号，每见世上欺天罔人之徒，便欲手刃，取其首级。

僧人达观与李贽，并称狂禅两大教主。

达观生性慷慨激烈，与人一言不合，即以老拳相向。他少时为游侠，行走于江湖之中，十七岁时至苏州阊门，忽遇天降暴雨，避雨时遇到虎丘僧人明觉。明觉看此少年相貌威武，就邀他同去虎丘寺。是夜，达观听僧人诵念佛经，心中有所感悟，次日请求剃度出家。

出家为僧后，达观一身侠气并未褪去，继续游历，影响渐大。他在江南以棒喝立教，所至之处，信众云集。一日，弟子冯梦祯与达观同席，席间有一盘肥美的蟹，冯梦祯抓起便吃，并解释道：“是不宜吃，无奈嘴馋。”达观大怒，拿了大棒就打了下来，“直欲顿断命根”。达观看书看到忠臣自杀，感动得泪流满面，回头见旁边的侍者没哭，便大怒：“当推汝堕崖下。”

汤显祖十三岁时受学于泰州学派传人罗汝芳，受狂禅影响。他与达观交往甚密，知道达观这样的性格早晚会惹出是非，于是力劝其及早入山隐居。可达观疾恶如仇，在世俗中沉浮，不平而鸣，哪肯退隐山林?

万历帝为了增加税收，派太监为矿监税使，至各地敛财。这些太监打着皇帝的旗号，巧取豪夺，盘剥天下，荼毒万民。达观晚年发誓要以命相搏，请求朝廷取消此税。他北上京师时，汤显祖料定他此行凶多吉少，婉言相劝。达观笑道："我当日断发时，已如断头。"万历三十一年（1603），达观受京师"续妖书案"牵连而入狱，遭遇酷刑后坐化。

狂禅另一教主李贽天生叛逆，一生历经坎坷。

李贽晚年云，他四十岁前什么都不信，见道人厌恶，见僧人也厌恶，见道学先生尤厌恶。四十岁时，他从友人处接触到王阳明学说，顿时为之倾倒，遂拜王艮之子王襞为师，并结识了泰州学派传人焦竑、耿定理、罗汝芳等人。后来他又转向禅宗，晚年剃发出家，立言护法。

李贽的狂禅精神，在评点《水浒传》时尽情流露。在水浒众好汉中，他最爱的有两人：一是鲁智深，一是李逵。鲁智深的一切行为，在他看来，均符合狂禅精神。鲁智深出家却不肯学坐禅，在他看来是佛；鲁智深在佛殿后随意大小便，在他看来也是佛；鲁智深喝醉酒在禅床上呕吐，在他看来还是佛；鲁智深吃狗肉，打僧侣，在他看来更是佛。

鲁智深在野猪林救下林冲，说出了"杀人须见血，救人须救彻"的话语，让他膜拜，惊呼其为"仁人、智人、勇人、圣人、神人、菩萨、罗汉、佛”。

鲁智深吃肉喝酒，狂野无拘束，丝毫不符合出家人的身份，可李贽却为他辩护，反问那些质疑的人：“请问，似出家人模样的，毕竟济得恁事？”

李贽在评《水浒传》时，一方面对李逵、鲁智深不遗余力地赞美，另一方面大力鞭挞道学先生。

宋江初时劝花荣与刘知寨和睦相处，说出了“自古冤仇可解不可结”之类的冠冕堂皇的话，可等到他自己被刘知寨夫妇迫害时，便抓住这对夫妻，将他们剜心斩首，出那口怨气。李贽看了后评道：“大是道学。”张横被官兵抓走，阮小七舍身相救，张横的弟弟张顺畏惧，勉强跟上，途中一看形势不妙，也顾不上营救哥哥了，“扑同地先跳下水去”。李贽批：“道学先生多是如此。”

《水浒传》叙宋徽宗狎妓，李贽评道：“才像个皇帝。”这也与他对佛道的理解有关。李贽认为，成佛成圣，唯在明心，本心若明，“虽一日受千金不为贪，一夜御十女不为淫”。

李贽憎恶道学先生的矫情虚伪，不顾世人的非议，特立独行。社会上有许多关于他的流言，如说他白日与妓女共浴，夜宿尼姑庵之类，他毫不在意。

汤显祖对李贽甚为仰慕，将他与达观并列为影响自己一生的人物。万历三十年（1602），李贽于狱中自杀，汤显祖甚为哀恸。汤显祖写下《叹卓老》：“自是精灵爱出家，钵头何必向京华？知教笑舞临刀杖，烂醉诸天雨杂花。”

李贽的作品被列为禁书，可士人们仍然争相收藏。汤显祖为《李氏全书》作序，盛赞它可以传世、经世、济世、训世、骇世。汤显祖在他的名作《牡丹亭》《南柯梦》中诠释了狂禅精神，主人公为了追求真爱，无视世俗，放纵情欲，“情了为佛”。

狂禅思潮是有明一代那些不羁的前行者们的思想凝聚。前行者们不满于僵化的主流思想，也不满于儒家意识形态对社会生活的控制。他们的叛逆意识如同火山岩浆一样不可遏止地喷发而来。

此时的他们，已不在意世俗眼光，勇敢地鞭挞虚伪、保守、腐朽的一切。他们的行为和言语，就像一杆杆标枪，向旧势力发起一次次投刺。他们看似消极、颓废，可内心燃烧着炽热的火焰。

李贽呼唤童心，汤显祖写就至情之作。他们都是以笔为枪的战士，奋不顾身地冲向陈旧势力的堡垒，虽枪断、马翻、血溅，也无怨无悔。

江南淫祀五通神

明代皇帝或是崇佛，或是信道，总而言之，要将各种民间信仰纳入皇权的控制范围。

洪武元年（1368），朱元璋下令，在全国范围内选定适合官方祭祀的神祇，凡名山大川、圣帝明王、忠臣烈士，以及有功于社稷、有德于苍生的各位先贤，都由官方每岁致祭。而未得到官方许可的祭祀活动，则被归为“淫祠”。

能被官方祭祀的，无不是出身正统、具有教化意义的神。这类神，官方认可，可民间未必喜欢。

明代中后期，民间信仰呈现出百花齐放的态势。各行各业、各地民众，根据自己的意愿，寻找出五花八门的神来，建小庙，塑泥像，自行祭拜。

作为经济最发达地区的江南，在民间信仰上呈现出蓬勃发展的态势。这里所流行的五通神，既淫荡，又猥琐，与官方推崇的高大、庄严、肃穆的正神恰成两个极端。

鲁迅《朝花夕拾》中有一篇《五猖会》，记述五猖庙中，端坐着五个男人，也不见有什么猖獗之处，后面坐着五位太太。这让童年鲁迅感到惊奇的五猖庙，所供奉的就是五通神。

五通神和五显神来历本不相同，但后世人常把他们混为一谈。

宋代传说，婺源地方上曾有五名神人从天而降，说要享用此地香火，允诺福佑百姓，说罢升天而去。从此地方民众就设庙并供奉五尊神像。

五神显灵，本是地方传说，不知怎么惊动了朝廷，北宋皇帝封五神为“侯”，因他们的封号中都含有一个“通”字，故而又称“五通”。南宋时，五神被加封为“公”，封号中都含有一个“显”字，故又称“五显”。宋代，五显神是官方认可的大神，被列入了国家祭祀对象。

“五显神”又被与佛教联系起来。佛教中有华光菩萨，又名“五显灵官大帝”，一般指佛祖十大弟子之一、号称智慧第一的舍利弗。因为二者名字里都有“五显”两字，遂被混同起来。于佛教而言，这样可以扩大影响，广收门徒，于五显神而言，被归入佛门，就获得了地位的上升。

在民间信众看来，华光菩萨与五显神就是同一个神，所以各地的五显庙也称华光庙。《西游记》对此也有记载，师徒四人走到一处破败的华光行院前，唐僧道：“华光菩萨是火焰五光佛的徒弟，因剿除毒火鬼王，降了职，化作五显灵官。”

宋代苏州即已崇信五显神。上方山之侧有南朝人顾野王的庙。顾野王生有五子，都被封为侯，号称五侯，都被供奉在庙里。五显神的信徒一看，这可了不得，五个儿子都是侯，这不是“五显”是什么。

到了明初，苏州上方山顾野王的祠堂正式被改名为“五显灵顺庙”。这时五显神也是官方所认可的，洪武年间，朝廷曾在南京鸡鸣山建立五显灵顺庙。不过五显神后来渐渐与邪神五通混同起来，地位就尴尬了。

这淫邪的五通神，来历更为久远。唐代就有关于“五通”的记载，不过那时它们还是鬼，“牛阿房，鬼五通”，专门在阎王的指令下干收魂行刑等勾当。柳宗元曾说：“柳州旧有鬼，名五通。余始到不之信。”他对地方上的“五通”小鬼予以打击，断绝了妖邪崇信。

宋代有大量与“五通”相关的故事。这五位神祇来历各异，或是战死者的孤魂，或是各类动物草木的精怪。他们淫邪不已，不时在乡间玷污妇女，而不遵从五通神心意者，常遭到报复。宋代笔记小说中常见某人不肯祭祀五通神，结果抱病身亡的故事。五通神还有一个特殊神通，即助人发财。不信者遭殃，信者则有财运。如此，淫邪但能给人带来财运的五通神大放光芒，在江南地方上备受尊崇。

因为五显神在北宋时，封号中含有“通”字，也称“五通”，于是作为官方认可的正神的他们，竟与民间流传的五通淫神混淆了起来。

到了明代，官府对“五通”与“五显”还是能区分清楚的，可民间哪里懂得？“五通”与“五显”已然被画上了等号，原先五显正神的庙，现在也被五通邪神盘踞，苏州上方山已有成为邪神道场的趋势。

邪恶的大神往往喜欢称“圣”，故而五通邪神又称“五圣”。田间地头的称“田头五圣”，树上的称“树头五圣”，屋上的称“檐头五圣”，路上的称“路头五圣”，桥上的称“桥前五圣”，水里的称“水间五圣”。

五通神在明代受到民间信奉，因为它身上集合了民众对金钱、美色、权力的向往。

传说五通神淫邪，又能让人暴富，在淫人妻女的同时，会赐予大量钱财。五通神还能操纵疾病，既能使人患病，也能让人痊愈。五通神睚眦必报，谁在背后说它坏话，必要遭到报复。因此，对五通神，民间是既敬又畏。

据载，明代的五通神比前代更加淫邪好色。冯梦龙讲了一些与五通神有关的故事：一个美貌妇人被五通神霸占了，她的丈夫虽头戴绿帽，可看在五通神给了他丰厚馈赠的份上也就忍了。也有不甘心妻子被霸占的，如长洲县顾孝，手持兵刃与五通神格斗，结果祸及家人，妻子暴毙。

这类故事中，五通神往往化身富家公子，相貌英俊，出手大方。妇人们或家庭不睦，或丈夫远行，或年轻守寡，处于孤独之中，此时五通神便会出现，填补妇人们内心的空虚。高邮李甲之妇，未到三十即守寡，因貌美“为五郎神所据”。后来其子设计，使五郎神“与妇呜咽而别，自此杳然”。

五通神淫人妻女，照理说该为世人唾弃，不想，因为它能让人暴富，信仰者日盛。它在苏州也被称为“五路神”，即东西南北中五路之神，取“出门五路皆得财也”之意。传正月初五是五路神降临之日。

《警世通言》中记载：“正月初五，苏州风俗，是日家家户户，祭献五路大神，谓之烧利市。吃过了利市饭，方才出门做买卖。”

不过，五通神被置于矮小逼仄的庙宇之中祭祀。民间风传，五通神喜欢低矮小屋，于是，百姓就如五通神所愿，在高广不过三四尺的空间内安放他们。兄弟五人，在这个小空间内已是拥挤不堪，可信徒们还给他们每人配上一个妻子，以免他们心生杂念，出来捣乱。

由于五通神具有使人患病的能耐，巫师为人治病时，常将病因归咎于他们。他们又进一步演变为瘟神五帝，享受世人的祭祀。

“杭人最信五通神，亦曰五圣。”行走于明代杭州，在大树下，在空旷的园子中，在桥梁旁边，不时可以看到供奉五通神的矮小庙宇。杭州法力最强的五通神被供奉在西泠桥旁的神庙中，人们争相祭祀。

杭州人前往五通神庙求财时，先要用纸折好大量银锭，供奉在庙前；然后算好自己所需银两的数目，将相同数目的纸银锭带回家，这叫“借”；过一些时日，再至五通神庙，加倍补上所“借”纸银锭，这叫“还”。他们相信，经过这般操作，五通神就会向他们赐财了。

明崇祯刻本《豆香说鬼》中《说鬼图》

明初规定，塑造未得到官方认可的神像，并鸣锣击鼓、迎神赛会者，杖一百。五通神不是官方认可的神，可民间照样举办庙会，也不见有人被杖责。

五通神诞辰，江南各地都会举行隆重的迎神会，“每会出旌旗队仪、舆服歌吹，费以千计。四方观者，舟车阗隘。亲朋高会，酒食宴乐之费复以千计。”

五通神会，有的地方称“五方贤圣会”，比其他神的庙会更加隆重。因为观者如堵，常常乐极生悲。弘治七年（1494）九月，杭州举行五通神会，北新桥上挤满了人。嘈杂之中，有人被挤下桥去，有人惊呼“桥崩了”，围观者惊恐奔走，当场踩死了三十余人，落水者更多。

五通神虽不被官府认可，但民间人人推崇，有钱的在家里设庙祭拜，穷人则绘像于板祭拜。上方山石湖的五通神庙，每逢春秋佳日，游人如云，画舫相接，香火旺盛，官府也不能阻止。因五通神的淫邪本色和逐利性格与官方倡导的价值观相悖，从中央到地方，一度开展打击“淫祀”的专项行动。

弘治年间，新蔡人曹凤到苏州担任知府，看到五通神崇拜盛行，下令严禁，将庙宇神像拆毁。可曹凤去职之后，五通神崇拜再次风行起来。上方山上的五通神香火，历经多次禁绝，却总能死灰复燃，一直延续至今。

弘治元年（1488），浙江慈溪人杨子器至昆山担任知县。杨子器到昆山后，先表彰先贤祠墓，后对民间祠堂全力打击，毁淫祠百余，将塑像投入水火，禁绝各类庙会。有的祠堂被改为学校、文庙。

杨子器的行为引得地方议论纷纷，有人认为“为政者好奇立异”，有人三五成群地至官府抗议。不过，这些都不能改变杨子器的决心。

借着打击淫祠的名义，官方也将寺院中的财富收缴，充实国库。嘉靖三十五年（1556），朝廷因为要剿灭倭寇，军需告急，在东南大力打击淫祠。在这波风浪中，一些正经寺院也不能幸免，缴纳大量金银方才过关。

明代的五通神虽已堕落，但尚未现出原形；到了清代，五通神原形毕露，或为猪，或为马，或为青蛙，或为龟……因为淫邪好色，在各类小说中，五通神不时被擒。在蒲松龄老先生的笔下，屡屡可见关于阉割五通神的描写。

五通神崇拜，只是凡人心思的反映。世俗中人，所求不过是一生平安、财源滚滚。后世的人们，依然崇拜着各种类似的神祇。

玉茗堂中追梦人

回想前尘，只是蜉蝣一梦，他用尽一生去追梦。

汤显祖早年读的是孔门圣贤书，后来却受佛、道两教影响，在这两种出世的宗教中寄托心灵。他自述：学文不成，转而学道；学道不成，转而又学文。他的祖父在科场上奋斗多年，不过是个廪生，失望之下，转而学道。祖母魏氏也是道教信徒，不时诵读道家经文。后来汤显祖回忆道：“家君恒督我以儒检，大父辄要我以仙游。”在多次会试失败之后，他一度选择修道以逃避世俗。他想登仙山，寻觅仙人，修炼仙丹，“东南要麻姑，去看沧海尘”。

他少年时就接受心学，十三岁时，随罗汝芳学习。罗汝芳属泰州学派。泰州学派由王艮开创，鼓吹赤子之心，认为“顺应此心即为善”。罗汝芳的思想深刻影响了汤显祖，使他一生热爱自由，追求真情。罗汝芳援佛入儒，自称终身与僧侣为友。汤显祖曾自述：“弟一生疏脱，然幼得于明德师，壮得于可上人。”明德师，即罗汝芳；可上人，即达观。

他与佛道两家有缘。隆庆四年（1570），中举的汤显祖到南昌西南六十里外的云峰寺向主考官致谢，傍晚时分路过寺外莲池，“照影搔首，坠一莲簪”。为此汤显祖特作诗二首，题于壁上。后来达观住于此处，看到此诗，大为赞赏，认为汤显祖具有慧根，只是二人一直未曾谋面。

汤显祖十四岁进学，二十一岁中举，少年成名，极为自负，以为“颇有区区之略，可以变化天下”。隆庆五年（1571），他入京参加会试，却未考中。坊间传言，他此番落第，是因为在王锡爵家的一次宴席上，讽刺了同席的陈继儒。陈继儒记恨汤显祖，遂在王锡爵面前诽谤他。此科正由王锡爵主考，遂使汤显祖名落孙山。但这只是传说，事实上，陈继儒与汤显祖并无冲突。至于王锡爵，此时尚未拜相，官不过六品。

万历四年（1576），汤显祖到南京游历。他心向佛法，每日至长干寺阅佛经。长干寺中有琉璃塔，高耸入云，夜间光芒璀璨。面对此景，他慨叹：“裁量百年中，兰膏几辉烨。”

万历五年（1577），他再次入京应试。张居正想捧自己的儿子，又恐天下人议论，于是想让名士汤显祖和沈懋学当他儿子的陪衬，一做状元，一做榜眼，他儿子则做探花，以此堵天下人之口。结果，沈懋学答应了，汤显祖一口回绝。

说起来，张居正刚刚执掌大权时，曾想招徕罗汝芳，却被拒绝，只得将罗汝芳外放了事。后来汤显祖的江西同乡刘台弹劾张居正，汤显祖持赞同态度。刘台被革职，汤显祖颇为不满，自然不愿投入张居正门下。此年考中进士者，如屠隆、冯梦祯等，后来都成了汤显祖的好友。

屡试不第，汤显祖胸中满是不平之气。他在临川家中居住时，宅院被火焚毁。所幸有祖母魏氏陪着他在池边林下散步，祖母身上散发出的道家闲淡之气，使他的内心平和下来。

三年后，汤显祖再次入京参加会试。张居正以为，汤显祖已经吃过亏，此番定然会折节降志，又安排儿子去笼络他。不想汤显祖依旧不理睬，云：“吾不敢从处女子失身也。”汤显祖由此被官场视为异类，人们评价他：“是狂奴，不可近。”可他认为：“士有志于千秋，宁为狂狷，毋为乡愿。”

万历十年（1582），张居正去世。次年汤显祖入京，第五次参加会试，并中了三甲进士。此时首辅张四维、次辅申时行也想笼络他，又被他拒绝。汤显祖主动请求到南京礼部坐冷板凳，以避开北京的纠葛。

在南京，他闭门读书，因为对道教产生兴趣，将神乐观的道书全部读完。在此基础上，他写了一本《阴符经解》，解释道家的清虚思想。然道家思想并不能完全化解他心中的垒块。在他看来，“神州虽大局，数着亦可毕”，他有着揽辔澄清的远大志向。

万历十八年（1590）的冬季，达观与他在南京相遇。两人已神交二十年，虽未谋面，却相知极深，达观对与汤显祖的会面充满期待。相逢时，达观吟出二十年前汤显祖于南昌西山云峰寺所题之诗，又大笑道：“吾望子久矣。”此情此景，令汤显祖动容不已。

万历十九年（1591），达观在南京雨花台高座寺为汤显祖授记，取法号“寸虚”。此年，汤显祖染上疟疾，服用了包括罂粟在内的各种药物均无效，达观教他以“四大皆空”应对痛苦。病愈之后，汤显祖上疏纵论朝中弊端，得罪了很多重要人物，因此被贬到广东徐闻县，担任“典史添注”，负责缉捕之类事务。被贬之后，人人为他担忧，他却不以为然，自云平生向往各处仙山，此番被贬南方，正可一了夙愿。

汤显祖出发时带了几部佛经，一路上访各处佛教名山、道教福地。在罗浮山，他夜间小酌，留诗一首：“夜酒朱明馆，参星倚户开。梅花须放蚤，欲梦美人来。”他去澳门，看到了美丽的葡萄牙少女：“花面蛮姬十五强，蔷薇露水拂朝妆。”

在徐闻县不过六月余，汤显祖又被调到浙江遂昌，担任知县。在返回临川的途中，汤显祖在肇庆遇到两名西洋来的天主教传教士。据后世考证，其中一人是利玛窦。

遂昌山清水秀，令汤显祖何其快活！老友屠隆惹出风波，跑来看望他时，两人把酒言欢，忘却烦忧。在任上，他也有所作为，如扩建书院，灭虎，修建尊经阁、启明楼。

汤显祖认为：“世有有情之天下，有有法之天下。”为政者以情感化万民、治理天下，就能实现天下太平。在遂昌，他还有过一些惊人之举，如将监狱中的囚犯释放回家过年，让他们正月初三再返狱服刑。元宵节时，又允许犯人外出观看花灯。也许正因如此，吏部对他考察时，给了个“浮躁”的评语。

汤显祖的性格丝毫不适合官场，他没有政治头脑，更不能忍耐官场上的污浊空气，他所具有的是自由精神与浪漫情怀。

万历二十六年（1598），汤显祖辞官返乡，移居城内沙井巷，在堂前满种玉茗花。他逍遥山水，寻仙问道，炼药坐禅，仰俯自得，并着手于戏曲创作。次年秋，玉茗堂中繁花怒开，不朽名作《牡丹亭》问世。

万历二十六年（1598）十二月，应临川知县吴用先（达观俗家弟子）之邀，达观从庐山前往临川。汤显祖事先并不知达观前来，突然相见，喜悦之情可想而知。达观曾自述，此番相遇，“何殊云水相逢，两皆无心，清旷自足”。两人曾彻夜长谈。达观劝汤显祖皈依佛教，但汤显祖并未答应。达观教他“出离迷情，复归明理”，可他终究不能忘情、断情。汤显祖信佛，曾花三百文钱，为一名少年买度牒。少年剃发为僧后，汤显祖却说：“三百文钱不可怜，可怜一头头发向诸天。”

万历二十八年（1600），汤显祖寄予厚望的长子去世。而此前，他已经历过了一次丧子之痛。此后两年，他视为心灵导师的李贽自杀，达观于狱中坐化，给他带来了持续打击。汤显祖万念俱灰，一度想去庐山出家，也正是在这一时期，他创作出了《邯郸记》。

汤显祖晚年创作的《南柯记》《邯郸记》，多有佛道思想糅杂其中，更有人生无常的慨叹。但他又深受罗汝芳的影响，关注俗世，关注民众，他的作品中，不仅有宗教思想，更有对人世的关注和对美好的憧憬。《南柯记》中描述了一个美好世界："青山浓翠，绿水渊环。草树光辉，鸟兽肥润。但有人家所在，园池整洁，檐宇森齐。"淳于棼治理南柯二十载，"人间夜户不闭，狗足生毛"，俨然成为大同世界。奈何，这大同世界，只是他的文学理想。

达观死后五年，汤显祖阅读达观所作诗文，涕泪纵横。在长久的伤痛后，他沉浸于宗教。他热衷于佛教事业，帮助各处名寺化缘，款待游方僧人，作文宣扬佛法。一次他想为寺庙迎请佛像，请富贵的朋友帮忙，不想朋友没理他这个失意文人，他无奈叹息："此时世路人情，大非昔比。"他也知道，宗教只是精神的麻醉，不能解决俗世的苦痛："秀才念佛，如秦皇海上求仙，是英雄末后偶兴耳。"

他在佛教世界中找到了心灵栖息地，也找到了创作的灵感火花。佛教主张众生平等，他在戏剧中发出惊世骇俗的呐喊："人间君臣眷属，蝼蚁何殊？"佛教主张一切皆空，达观也让他出情入理，可他始终执着于情，痴迷于情，"因情成梦，因梦成戏"。

汤显祖在中国文学史上，留下了赫赫有名的"临川四梦"，即《紫钗记》《牡丹亭》《南柯记》《邯郸记》，他在四梦中寻情。临川四梦中，《紫钗记》是他退隐之前所作，其余是退隐之后的作品。四部作品都以梦为中心，在幻梦中讲述故事。《紫钗记》中有霍小玉的“鞋儿梦”，《牡丹亭》中有杜丽娘的生死情梦，《邯郸记》中有“黄粱梦”，《南柯记》中有“南柯梦”。

梦的来源是潜意识。在梦幻之中，汤显祖迸发出创作的激情，完成了一系列不朽名作。情是他的文学主线，由梦表现而出，引发各种故事。《牡丹亭》一出，世人为之疯魔，就连王锡爵也痴迷于其中。此剧给予理学以当头一击：人间儿女的刻骨深情，使生者可以死，死者可以生。

“雨尽秋天远，云空野壑深。”汤显祖一生坎坷，有志未酬，“流连风怀，感激物态”，胸中块垒难浇。他有自己的坚持，与世俗格格不入。因在仕途上不能一展拳脚，他将自己的才华完全投入文学创作。他说过：“天下文章所以有生气者，全在奇士。士奇则心灵，心灵则能飞动，能飞动则上下天地，来去古今。”他的作品中，随处可见对自由的向往与追求。

万历四十四年（1616），六十七岁的汤显祖去世。临终之际，他所念叨的，仍然是亲友之情。他自认为无愧于心的，是为父母送终；他所不能忘却的，是自己的亲人与朋友。他也很豁达，交代了后事一切从简。至于玉茗堂，却不是他所能顾及的了，“清远楼头笑一场，后辈谁开玉茗堂”。

汤显祖对真情的追求，在当时及后世引发无数非议。卫道士诅咒汤显祖死后下阿鼻地狱，永世不得超生。甚至有人造谣，汤显祖死后已为阎罗禁锢，“人间演《牡丹亭》一日，则笞二十”。

人间犹唱《牡丹亭》，将至永恒。而九泉之下的汤显祖，此时可能正在高歌欢笑。玉茗堂前，繁花盛开。

第五章

不羁的性

屠隆的二重世界

明嘉靖二十二年（1543），屠隆出生在宁波鄞县。他本名屠龙，在参加童子试时，提学官看到他的名字，笑道：“龙岂可屠耶？”他遂改名屠隆。

屠隆祖上三代都是布衣，从事商业。他的父亲屠濬，生性豪爽，中年经商失败，致使家道中落。此后屠濬不问世事，以花木自娱，种菊数百，朝夕把玩。因为担忧所种菊花被人偷走，屠濬夜间在室外看护，于嘉靖四十五年（1566）感染风寒去世。屠隆是屠濬最小的儿子，他出生时，屠濬已四十五岁。屠濬曾告诫屠隆，“勿以浮躁凋玄真之心”，这一教诲对屠隆影响很大。屠隆一生特立独行，保持真我。

屠隆兄弟六人，哥哥们在仕途上都未有突破，遂将振兴家业的希望寄托在幼弟身上。二十岁时，屠隆前往龙游设馆教学。龙游民众大半经商，发达之后的商人们，对穷酸的读书人没什么好脸色。屠隆在龙游五年，留下了很多不愉快的回忆。

屠隆的天性此时尚未得到解放。路过青楼时，姑娘们牵着屠隆的衣角百般挑逗，他竟然“恚怒而去”。可见屠隆在三十五岁之前，性生活是十分节制的。屠隆三十四岁时娶了年方十五的娇妻，对美貌贤惠的妻子，他很是爱怜，决心在科场上有所突破，好让妻子过上优裕的生活。

万历四年（1576），屠隆中举，次年要进京参加会试。可屠隆家贫，筹集路费不易，以至于腊月方才上路，沿途历尽艰辛。屠隆写诗云：

北地非吾土，萧条不见人。
日光沉马足，风色隐车轮。
尘起孤城暮，霜回独树春。
长安天不远，咫尺欲沾巾。

万历五年（1577），屠隆三十五岁时考中三甲一百一十名进士。此年四月，一名同年进士身亡，屠隆作了篇悼文，受到京师士人赏识。此后各路达官贵人纷纷约屠隆参加宴会。

屠隆终于扬名立万，一扫多年的抑郁之气。九月，屠隆外放为颍上知县。

在安徽颍上为官，对他来说是种折磨。官场上的繁琐礼节、森严等级制度，让他浑身不自在。他官位卑微，各路官员驾到，他都要跪拜逢迎，“丈夫之气，摧颓尽矣”。在给友人的信中，他叫苦不迭，“屠生苦令，令苦屠生”。

万历六年（1578），屠隆调任青浦。在青浦，他彻底摆脱了拘束，过上自己心中向往的生活。

在青浦，他与江南文人频繁交往，并拜昙阳子为师。师礼昙阳子既是因为交好王世贞的引导，也是一种主动寻求解脱的努力。经过昙阳子的点拨，屠隆对道家的修仙思想有了自己的理解，他认为修仙的要点是追求灵魂的超越，而不是肉体不朽。

万历八年（1580），昙阳子羽化，尸身被置于神龛，移入专门为她修建的昙阳观。在屠隆的眼中，昙阳子获得了真正的灵魂解脱。万历十年（1582），屠隆任满回京。途中他亲赴太仓，拜谒昙阳观。至礼部任职时，屠隆交到了一个挚友，那就是刚刚考中进士的汤显祖。

屠隆的一生充满了矛盾，既迷恋修道，又主张及时行乐。他曾说："世间乐事唯两端，第一修真悟道为神仙，第二快意当前但行乐。"

在京师，屠隆过着灵与肉矛盾的生活。一方面，他视官署若僧舍，沉水一炉、丹经一卷，好似悟透一切："风流得意之事，一过辄生悲凉。清真寂寞之乡，愈久愈增意味。"另一方面，他沉湎肉欲，招惹了无尽是非。他与西宁侯宋世恩交往，并结拜为兄弟。宋世恩是西门庆一般的人物，年轻而有精力，性格豪放，生活奢靡，热衷于聚会。屠隆参加他举办的宴席，席间男女杂坐，放浪形骸，喧闹异常。

屠隆在礼部的职务很清闲，故而终日无所事事。他迷上了戏曲，并能亲自粉墨登场。屠隆上台时，有个人默默地关注着他，那就是宋世恩的夫人。宋夫人才貌兼具，精于音律。

屠隆每次下台休息，宋夫人都会让人送上一杯香茗，以表仰慕。时日一长，屠隆与宋夫人有暧昧关系的流言传遍京师。

万历十二年（1584）九月，屠隆被人告发“淫纵”，即与宋夫人有染。告发人是刑部主政俞显卿。俞、屠二人的嫌隙是在屠隆主政青浦时结下的。当年尚未在科举上有突破的俞显卿，向屠隆投献诗文，不想屠隆态度冷淡。此后屠隆在审案时，又做出过不利于俞显卿家族的判决，让俞显卿更为愤恨。

万历十一年（1583），俞显卿考中进士，授刑部主政，此后，他一直伺机报复屠隆。虽然“淫纵”之事查无实据，可屠隆还是因为“诗酒疏狂”“放浪废职”被罢职削籍。削籍是很严重的处分，即将官员直接贬为普通老百姓。

困境之中，屠隆的灵与肉益加分离。如果说拜昙阳子为师开启的是他的第一次修道经历的话，罢官之后，屠隆又开始了第二次修道历程。此次修道，他更加投入。他邂逅了道士聂道亨，一见如故，跟着聂道士至道观修行一月。在给老师王世贞的信中，他兴奋地写道：“道民得遇方外异人，授金液玉液口诀，更得先天上药，行之颇有效。”

王世贞见屠隆一门心思学道，不由心中苦笑。屠隆先拜李海鸥为师，后来又拜李海鸥的老师金先生。金先生的一个弟子曾用所谓的神仙道术从王世贞处骗取大量钱财，又是买娈童，又是买妓女，因此王世贞对修道圈的深浅看得比较清楚，好意提醒屠隆："足下才太高，志太锐，气太扬，不要弄这些勾当，在家好好孝敬老母，勤奋写作，才是正道。"

罢官前，由于酒量有限，屠隆饮酒尚有节制；罢官之后，他彻底放开，每每"跳地仰天，大呼浮白"。

屠隆也好男风，万历十二年（1584），在给顾养谦的信中，他提到了自己所养的娈童采菱。屠隆感叹道，要笼络英雄，只需此等小童便够。

屠隆回乡后，采菱一直陪伴在他身边。万历二十一年（1593），采菱已长大，犹陪伴在屠隆身边。屠隆与胡应麟在衢州相遇时，介绍采菱道："此子知诗。"并请胡应麟作些诗赠给他。胡应麟遂作诗调侃："风情老去似徐娘，犹逐王孙负锦囊。"屠隆不时带着娈童出游，众娈童"侍身旁不少离"。屠隆得意洋洋地吹嘘："一夕可度十男女。"

万历二十五年（1597），五十五岁的屠隆去往金陵，嫖宿名妓寇文华。此番嫖妓，别有心曲。屠隆被削籍多年，此时蒙朝廷恩诏，许"冠带闲住"，不想屠隆却穿上一身官袍去狎妓，以此发泄不满。

屠隆的内心一直进行着天人交战。他蓄养娈童，狎妓，公开宣淫，可又不时自我警醒："正恐儿女情深，道心退堕，须从爱河急猛回头。"他还写了一些文章劝告世人提防淫色。他念叨："歌姬舞女非乐人，破家之鬼魅乎；颠鸾倒凤非乐事，妖媚之狐狸乎。"

明崇祯刻本《四声猿》中“狂鼓史渔阳三弄”绣像

屠隆的人格是分裂的，他被尘世欲望支配，却又孜孜不倦地追求空灵的境界，试图以灵肉分离的方式获得最终解脱。万历二十五年（1597）在金陵的“袍服狎妓”，是屠隆人生中的一次重大转折。

在这几年间，他经历了几次重大冲击，以致彻底放弃了再回官场，潜心修道。对母亲的体贴照顾，使他不敢做出违反伦常的行为；万历二十四年（1596）母亲去世，他从此再无顾忌，灵与肉彻底解放。金陵狎妓后，屠隆意犹未尽，又写出色情的《叨叨令》，从此被缙绅社会视为狂徒。屠隆彻底打破了世俗枷锁，从佯狂变成真狂，一发不可收拾。

晚年屠隆撰写出《彩毫记》《昙花记》《修文记》，毫不掩饰地了表现自己的情欲。他四处游历，自组家班，亲身参与演出，以狂生形象登场。万历三十年（1602），屠隆“出盱江，登武夷”，再抵福州参加中秋大会。

当夜屠隆裹头巾，着僧衣，奋袖出臂，登场擂鼓，鼓声一作，“山云怒飞，海水起立”。鼓罢，屠隆忍不住捏了下林茂之的手，叹道：“快哉，此夕千古矣！”

屠隆的最后岁月，是在病痛中度过的。据汤显祖说，屠隆“苦情寄之疡，筋骨毁坏，号疼不可忍”。所谓“情寄之疡”，就是梅毒。万历三十三年（1605）八月二十五日，在家人的诵经声中，屠隆逝去，享年六十有三。

谁家年少润无瑕

明人对“龙阳之好”的隐称颇多，徽州称“塌豆腐”，江西称“铸火盆”，宁波称“善善”，龙游称“弄苦葱”，慈溪称“戏虾蟆”，苏州称“竭先生”等等。北方常称“炒茹茹”，南方多称“打蓬蓬”。《绣榻野史》中说到一个京师小唱余桃，男主人公东门生见他生得好，“新讨在家炒茹茹”。有诗云：“近来世道尚男风，奇丑村男赛老翁。油腻嘴头三寸厚，赌钱场里打蓬蓬。”

在明代艳情小说中，“烧饼”常被用作男同性关系的隐称，有“翻烧饼”“翻饼儿”“做个烧饼会”等等说法。《金瓶梅》中，陈经济被吴月娘赶出西门庆家后，流落街头，靠卖身维持生计。他“钻入冷铺内存身，花子见他是个富家勤儿，生得清俊，叫他在热炕上睡，与他烧饼儿吃”。《龙阳逸史》中写道：“专道近来一等小官，自家门户不曾脱得干净，又要思量到别人身上，见了个略小岁把年纪的……就和他翻个饼儿。”其中，“与他烧饼儿吃”“就和他翻个饼儿”都是用“烧饼”喻指男同性关系的例子。

明代士人狎玩的同性对象有两种：一是具有人身依附性质、作为仆役的娈童，二是只有交易关系的“小官”“小唱”。

富家僮仆，若是长得眉清目秀，又碰上喜好男风的主子，苦日子就开始了。他们一方面要承受男主人的压迫，另一方面要面对女主人的欺凌。丈夫的这一嗜好必会影响家庭生活，引起妻子的妒意。冯梦龙《挂枝儿·男风》就描述了一个妻子对迷恋“小官”的丈夫的怨恨：“痴心的，悔当初错将你嫁，却原来整夜里搂着个小官家。毒手儿重重地打你一下。他有的我也有，我有的强似他。你再枉费些精神也，我凭你两路儿都下马。”

《金瓶梅》中，潘金莲发现西门庆与书童的私密关系后，指责他们是“没廉耻的货”。西门庆则掩饰道：“你信小油嘴儿胡说，我那里有此勾当？我看着他写礼帖儿来，我便歪在床上。”《龙阳逸史》中，马天姿被卖到陈员外家后，因为与陈员外关系密切，被陈夫人灌醉，装进袋里，投入河中，后来侥幸被救，也不敢去官府告发。

私家戏班中的旦角多为貌美男子。冒辟疆在如皋水绘园中，蓄养了多名风流俊美的歌童，吸引着诸多同好。词人陈维崧在水绘园见到歌童徐紫云，顿生惊艳之感：“阿云年十五，姣好立屏际。笑问客何方，横波漾清丽。”

徐紫云，扬州人，儇巧善歌，善于逢迎，陈维崧对他一见倾心。二人徘徊于暗香疏影之间，冒辟疆见后佯怒，要杖责紫云，陈维崧慌忙长跪求情，冒辟疆遂开出条件：“必得先生咏梅绝句百首，成于今夕，仍送云郎侍左右也。”

陈维崧闻言大喜，通宵拟就绝句百首，冒辟疆读后十分满意，遂“笑遣云郎”。此后陈维崧与徐紫云厮守十七年，直至紫云去世。

至于小唱，也不是新鲜事物，早在宋代就已出现。明代官方规定，“凡官吏宿娼者杖六十”。妓女是“贱民”，高贵的父母官如何能在她们面前袒露隐私，一起淫乐？再者，若是父母官不小心沾染上了花柳病，岂不是大失体统？

起初朝廷虽禁止官吏宿娼，却不禁携官妓饮酒，后来又规定挟妓饮酒罪同宿娼，陪酒的职能遂由小唱承当。陪酒时，小唱内穿女装，外罩男衣，“酒后留宿，便去了罩服，内衣红紫，一如妓女也”。京师之中，小唱最多，官员们每每饮酒，都要争夺其中姿色最出众者作陪以取乐。小唱们起初还唱唱曲，后来干脆专门侍酒，出卖色相了。

小唱出自乐户，籍贯多为浙江。京师中正宗浙江小唱人数有限，难以满足士人的需求，京郊许多男子便冒充浙江乐户，从事性交易。只是这些冒牌乐户，碰到浙江籍的官员，就难免会露馅。京师小唱让士人迷醉，如严世蕃宠幸小唱金凤，到了“昼非金不食，夜非金不寝”的地步。

明代从事男色行业者统称“小官”，出现了专门出卖男色的“南院”“榻坊”。小官的价格不等，有三钱一夜，有五钱一夜，有一两一夜，他们的来源主要是穷苦人家长相清秀的男孩。因为行业繁荣，小官供不应求，拐卖现象时有出现。

小官的职业生命短暂，十三四岁始，十七八岁止。明代艳情小说中，他们一到戴“网巾”的年龄，就要转行了。

小官有供奉的祖师，明代称“小官精”或“兔儿神”。《龙阳逸史》中记载，本地的小官，每年都要出五分银子，供奉小官精。小官精“头如巴斗，身似木墩，卷罗发披在两边，大鼻头长来三寸”。

士人对小唱、小官可以肆意占有，小唱、小官则凭借色相获取钱财。双方各取所需，正如沈德符所言：“宇内男色，有出于不得已者数家。”

小官生意太好，使得妓女们眼红，招惹出官司。《龙阳逸史》中写道，妓女们的生意被小官弄得“断根绝命”，便写了揭帖“把那小官说得腌腌臜臜，各处乱贴”，小官们“怕坏了名头，弄得不值钱”，就将妓女告到县衙。不想官司打到一名不好男风的官吏手里，小官被判败诉。官府贴出告示，严禁男色，小官们生意萧条，最终关门歇业。明代妓女归教坊司管辖，不仅承担官府的各类娱乐活动，还是诚实的纳税人，定期缴纳“脂粉钱”。官府自然倾向于维护妓女的利益。

晚明士人中同性恋风气盛行，“从吴越至燕云，未有不知好此者”。士人普遍将同性恋爱和真气深情联系起来。某位士人读《汉书·佞幸传》，读到断袖之类的同性恋故事，顿被触动心弦，恨不得立刻找个貌美才子双宿双栖。屠隆深好男色，认为这是风流才子必行之事，“古来才子多娇纵，直取歌篇足弹诵”。

同性恋在士人阶层中流行的原因很多。比如，士人游学途中，会产生性需求，而他们身边未携女眷，又不能随时随地去嫖娼，于是将贴身男仆当作泄欲对象。袁中道云，自己之有“分桃断袖”癖，皆因远游。他的二兄袁宏道，足迹所至，几半天下，长途旅行中，少不得要结交各地名妓，可当旅途漫漫，只有主仆相对时，只能聊将男仆当艳妇了。《金瓶梅》中，西门庆带了小厮王经进京。夜宿无聊，西门庆就将王经叫上床，搂在被窝内解馋。

至于官员，由于朝廷禁止宿娼，更是纷纷转以小官暖床。崇祯年刊行的《型世言》中记载，有位朝廷要员到无锡巡视，无锡县令下足本钱，将自己的男宠送来伺候。要员一看来者如此标致，心中大喜，晚间就将他留在房中享用了。无锡县令在此轮巡视中自然轻松过关。诸暨县令谢与思，平时温柔若处子，可看到美少年，就显露出强横的一面，“无论富家士人子，必欲强得之”。

有些本来不喜男风的士人，在尝到甜头之后，也改变了态度。昆山人周用斋颇有文名，久试不第，就到南浔董家坐馆教书。到了南浔后，周用斋寂寞无聊，没几日就想归乡。主人再三挽留，料想他耐不住寂寞，就打算给他安排几个男仆。周用斋一听大怒，斥责此为禽兽行径。主人也不分辩，将周先生灌醉，到了半夜，令几个老于此道的男仆去服侍，周先生梦里不胜欢愉，惊醒之后，男仆更加殷勤，使他“益畅快舒适”。事后周先生带着一脸满足的表情询问男仆从何而来，得知是主人差遣，不禁连呼“主人真圣人”。

崇祯年间，涌现出多部以龙阳关系为题材的短篇小说，如《龙阳逸史》《宜春香质》《弁而钗》等。从这些小说看，饮醇酒、狎男风已成为晚明的社会潮流。士人将狎玩小唱视为风流韵事，富豪将蓄养男仆当成身份标志。

京师男风之盛，让老外利玛窦目瞪口呆。他描述了北京街头的场景：“公共场所充满刻意打扮、妖艳模样的男人。一些人买回这些男人，教会他们弹琴、唱曲和舞蹈。然后这些可怜的男人浓妆靓饰，涂脂抹粉，恍若美女，正式开始了可怕的卖淫活动。”

沈德符说男风兴起于南方，渐传至中原，所以明人也称男风为“南风”。

杭州男风盛行，《金瓶梅》第三十六回：“原来安进士杭州人，喜尚男风。”《龙阳逸史》中载，杭州小官风行，土豪们在街上，只要看到未戴网巾、像模像样的，“走去就是一把现钞”。南京城内，“世情颠倒，人都好了小官”。娈童狎客、杂伎名优，献媚争妍，络绎奔走。苏州娈童以外貌俊美、举止柔媚、才艺出众称冠江南。状元与娈童并称苏州特产。

男风最盛之地当为福建：“闽人酷重男色，无论贵贱妍媸，各以其类相结。”男风最盛之时，漳州地方上的诉讼案件，十有八九是因为鸡奸。福建的同性恋人中，主动的一方称“契兄”，被动的一方谓“契弟”。只要是眉清目秀的男子，就会有“契兄”过来下聘，“三茶不缺，六礼兼行，一样的明婚正娶”。

聘礼下过后，“契兄”就住到“契弟”家，“契弟”的父母会将他如女婿一般看待。“契兄”也需承担一定的责任，如包办“契弟”成人后的结婚费用等。感情最深的“契兄弟”，即使各自娶了妻，有了家庭，也仍如伉俪一般同住同吃。

福建人好男风，与海洋经济有关。明代福建去菲律宾、日本等地经商者很多，因为风俗的关系女子不能上船，在海洋上漂荡的男人，在寂寞之中、压力之下，容易转以同性为性爱对象。

龙阳风气的流行，引起了当时一些正人君子的警惕。万历年间，江阴李翊制定家训，要求“家无俊仆”“家童无鲜衣恶习”；陈龙正明令家人“勿蓄优伶”；刘宗周则声称，家中的俊俏男仆会导致“淫罪多端”。

虽然晚明男风盛行，但在整个社会之中，好男色者仍属少数。在这一群体中，性行为的主动方大多是具有一定社会地位者，而被动方通常是身份低微者。在明代，只有上层士大夫才有财力和“雅兴”养家僮，狎小官。他们妻妾成群，又不满足于此，通过“近男风”来寻求新鲜刺激。

然而，充当被动角色者的命运常常很悲惨。他们早年或被卖入豪门，或被迫投身“南院”，被强权剥夺了本身的性别符号，强加以女性特质，以声色取悦主人。他们的青春岁月是黑暗的，连最基本的生命安全也得不到保障。他们只是富豪、官僚们眼中的玩物，随时可能被丢弃，或被当成礼物送人。

明代的士人，通过“近男风”的方式对抗皇权横加于他们情爱生活的干涉，或为后人眼中的文人佳话，可在这一过程中，那些被强行扭转性取向的男子们的人身权益，却被损害和忽视了。

举世魂销媚金莲

王婆的一句“潘驴邓小闲”，惹得许多人以“邓小闲”自诩，可真正能称得上“邓小闲”的又有几人？

自然，《金瓶梅》的男主角西门庆，符合王婆心目中极品男人的标准：他相貌英俊，可比潘安，让女子一见倾心；他身强体壮，精通房中术，也符合“驴”要求；他家财万贯，堪比汉代富豪邓通，又出手大方，有着纵情风月场的足够资本；他对自己所追求的目标，总是小心翼翼，千方百计献殷勤；他是武官，闲居于家，有的是时间。

《金瓶梅》传到西方后，译名为“中国的唐璜”，其实西门庆胜过唐璜何止百倍。西门庆有一妻五妾，与他发生过性关系的女人有十多个。他在宅中倚香偎玉，让女人们围绕着他打转，争风吃醋。女人们对西门庆心悦诚服。孟玉楼在前夫死后，本可改嫁给尚举人做继室，可她却坚决要给西门庆做妾，并声称绝不计较西门庆的“打妇熬妻”“眠花宿柳”。

女子们对他付出真心，不顾一切地要和他在一起，既为了性，也为了情。可浪子的心，却不会被哪一个女子牢牢拴住。风流放浪如西门庆者，总在不断地寻求新鲜，追求刺激，以满足自己无边的欲望。为了讨好他，迎合他，得到他的宠爱，女人们也使尽浑身解数。

西门庆足以代表明代的恋足男，三寸金莲对他具有无与伦比的“杀伤力”。深好此道的他，只要看到穿红色绣花鞋的小脚，就浑身颤抖，美其名曰“举世魂销媚金莲”。

潘金莲，光听名字就足以让恋足的男人们心神荡漾。三寸金莲，摇曳之间，成就了一段孽缘。

明崇祯《新刻绣像批评金瓶梅》中“老王婆茶坊说技”绣像

《金瓶梅》第一回中，潘金莲在家无事，躲在帘子后面嗑瓜子，将一双小脚露出来，勾引得浪子们在门前徘徊，寻找一亲芳泽的机会。

饭局上，西门庆借着筷子掉落的机会，在潘金莲的绣花鞋头上轻轻地捏了一捏，“那妇人笑将起来”。一捏、一笑，胜过千言万语。

小脚让人心动，绣花鞋更催情夺命。

西门庆对红色绣花鞋极爱，将潘金莲纳入房中后，他道：“我的儿，你到明日做一双儿穿在脚上。你不知，我达一心只喜欢穿红鞋儿，看着心里爱。”

当西门庆外出狎游，终日不归时，为了加强自己在西门庆心中的地位，潘金莲使出杀手锏——红色绣花鞋。一日白天，二人在葡萄架下调情，借着西门庆出去片刻的机会，潘金莲“脱的上下没条丝，仰卧于衽席之上，脚下穿着大红鞋儿，手弄白纱扇儿摇凉”。西门庆走来看见，怎不色心大动？潘金莲遂与西门庆在葡萄架下宣淫，一时激情过度，丢了只绣花鞋。

潘金莲决定再做一双红绣花鞋，孟玉楼对此不解，问她：“六姐，你平白又做平底子红鞋做甚么？不如高底鞋好着。”孟玉楼有着一双不输给潘金莲的小脚，初出场时，“裙下映一对金莲小脚，果然周正堪怜”。西门庆见她穿了双大红遍地金云头白绫高底鞋儿，顿时丢了魂似的，爱恋不已。出于对孟玉楼夺宠的警惕，潘金莲自然要隐瞒西门庆对红绣花鞋的嗜好，只含糊道：“不是穿的鞋，是睡鞋。”穿上“新做的两只大红睡鞋”，潘金莲全身“搽得白腻光滑，异香可掬”，自然俘获了西门庆的浪子之心。

三寸金莲、红色绣花鞋，有着勾魂的魅力。正如文人雅士们品茶前要焚香渲染气氛，西门庆之流的性事通常是从把玩小脚开始的。

小脚为何得名“金莲”，史上众说纷纭。有云南朝齐东昏侯萧宝卷的潘妃，赤足走在金箔剪成的莲花之上，“步步生莲”；也有人认为小脚裹成之后，形同莲花。

可小脚裹成后通常为弯弓状，与莲花并不相似。对小脚研究颇深的李渔就认为，最小的莲瓣也不止三寸，如果真成了莲花之形，则脚应当又阔又大才对。他由此发出“此‘金莲’之义之不可解也”的感叹。

“金莲”名之由来，大约是与佛教中的鹿女故事相关。传说鹿女足迹所到之处，皆有莲花生出，后世遂将莲与女子之足联系起来。齐东昏侯的潘妃赤足走金莲，即模仿鹿女的行为。

在缠足风习出现之前，人们只是以“金莲”为女子足的代称。小脚出现后，人们方以小脚为金贵，以大脚为粗贱，“金莲”也转而为小脚的专属称呼。

小脚爱好者们，称三寸之内的脚为“金莲”，大于三寸小于四寸的为“银莲”，大于四寸的为“铁莲”。又将小脚弯折如弓的称为“新月”，瘦且长的称为“竹萌”，形似菱角的称为“红菱”。

文人们使尽招数，鼓吹小脚之妙，个中高手唐寅写道：“第一娇娃，金莲最佳，看风头一对堪夸。”

小脚在文人们的大力鼓吹之下，似乎成了世间最雅致可人之物：小脚窄是寒梅瘦影，小脚轻是莲瓣无声，小脚弯是弦月初生，小脚软是玉笋纤嫩……

经过锦绣文章的包装，女子裹小脚这种丑陋畸形文化，堂而皇之地流行开来，成为社会主流。甚至让人产生古今美人莫不是小脚的错觉。

可汉唐时节，女性尚未缠足。一些女子跳舞时，穿上相当于后世高跟鞋的“利屣”，不过是为了让舞姿更加轻盈。五代南唐后主始令嫔妃窅娘“以帛缠脚”，在金莲上起舞，因此，窅娘可视为缠脚的开山祖师。宋徽宗宣和年间，汴梁出现了缠足专用鞋“错到底”。南宋临安妇女以缠足为时尚，有“杭州脚”之说。入元后，中原地区的缠足之风照常兴盛。

在明代，缠足技术更是获得了充分发展，出现了一些缠足领先地区。山西大同、宣德一带的缠足女子，为各地小脚爱好者们所追慕，前来挑选“最美金莲”的人络绎不绝。从正德年间开始，大同就有“赛脚会”，每年六月初六庙会时举行。大同有十二大寺庙，“赛脚会”各庙轮流承办，十二年一个轮回。

比赛开始前，自认为小脚可人的女子，沐浴熏香，浓妆淡抹，然后至庙会现场，端坐于帘后，将小脚伸出，供爱好者鉴赏。经过两轮评选，决出优胜者，第一名称王，第二名称霸，第三名称后。优胜者的“亲友团”欢欣鼓舞，认为此女子今后定能嫁入好人家。赛脚会上，女子的小脚是人人可以观摩的，但芳容不能窥视，违规者会被逐出。

更令人惊叹的是，明代出现了长不满二寸的金莲。宜兴周延儒耗费千金，买了名脚似婴儿的美人。美人因为脚太小，寸步难行，每次出行都要人抱着，得外号“抱小姐”。

裹小脚成为高贵身份的象征，是大家闺秀的必备条件。女子若是不裹小脚，哪怕才华出众、容貌艳丽，身价也会大打折扣，落得个“半截美人”的恶名。媒婆说媒时，一提起姑娘脚大，胆气就弱了几分。而小脚裹得好，能遮三分丑，哪怕长相一般，也能嫁个好人家。

地位卑微者，连裹脚的资格也没有。曾经与朱元璋对抗的张士诚旧部，被朱元璋编为丐户，受到各种歧视，“男不许读书，女不许裹足”。不过丐户不论男女，每日里为了生计奔波，本来就没有心思裹小脚。

在明代，缠脚、绣花鞋，被发展成为一种隐秘的文化。女人的脚要瘦，要小，要尖，要弯，要香，要软，要正。男人在品鉴小脚时，可以看，分辨它的形状；可以闻，品味它的气息；可以把玩，感受它所谓的柔若无骨；还可以欣赏小脚女人如风中弱柳的走路姿态。

把玩小脚的步骤，分解缠、行缠、濯足、制履、行步等；欣赏角度可以分为俯视、侧视、平视；更有情趣的，是对着名花赏其艳丽，对着新月赏其妍媚，对着雪景赏其幽静；情到深处可以用嘴吮、舐、啮、咬、吞、食，用脚提、搔、挟、舞。

小脚之幽秘使得绣花鞋被视为女子最私密的物件之一，而它们越是隐蔽，就越能激起异性的渴望。若是绣花鞋被人偷走，小脚被人摸了一把，女子就好像失去贞操一般。对绣花鞋、袜子、缠脚布，乃至鞋上的饰物，女子都看护得极其严密，不许丈夫以外的男子窥探。

在艳情小说中，绣花鞋是私定终身的最好信物。对金莲的碰触是男女传情的最佳方式。西门庆故意从桌子上拂落一只筷子，借着捡筷子的机会，在潘金莲的绣花鞋上捏了一把，潘金莲便笑了起来。这一捏、一笑，就完成了心意的传递。

绣花鞋因为隐秘，被女子们当作预测丈夫归期的卜具。她们占卜时将绣花鞋扔在地上，然后根据鞋的俯仰情况判断吉凶。因为西门庆一个多月未去看她，潘金莲骂了几句负心贼，就脱下两只红绣鞋来，打了一个“相思卦”。

绣花鞋甚至被爱好者们当成了酒器，有“金莲杯”“双凫杯”之说。明初诗人杨维桢对此极为热衷，每当在酒席上看到双脚纤细的舞女，就让她们脱下鞋子，“载盏以行酒”。

何良俊在苏州遇到老友王世贞，两人夜宴欢歌。酒酣之后，何良俊取出一只从名妓王赛玉处偷来的绣花鞋，提议用鞋盛酒，一时满座欢腾。王赛玉以脚小闻名，“粉丝”无数。王世贞一见此鞋，顿时大乐，作诗纪念：“手持此物行客酒，欲客齿颊生莲花。”何良俊随身携带这只偷来的“金莲杯”，每至重要场合都要拿出来炫耀，“座中多因之酩酊”。

明代还出现了一位庇佑天下裹脚女性的神祇。传说明末有位相国生前雅爱小脚，每当妻妾小脚疼痛，他都有应对办法，死后竟被奉为“小脚神”。相国墓前，前来烧香礼拜的裹脚女子络绎不绝，“痂症累累，迎刃而解”。

虽有小脚神的庇护，可裹脚的过程，毕竟是漫长而痛苦的。一些地方，女孩三四岁时，就要穿上狭小的尖头鞋，以限制脚部发育。到了缠足年龄，再用布帛将脚重重包裹，使其扭曲变形。为了防止刚刚缠脚的女孩忍受不了痛苦，偷偷将布解开，人们常用针线将裹脚布牢牢缝住。

缠脚也需循序渐进，第一步是求尖小，第二步是求弓弯，最后是求一种特定形状。有句俗语叫“不烂不小，越烂越好”，因为肌肤糜烂之后小脚才更容易裹成。人们往往故意在裹脚布中放入碎石、瓷屑，以划破肌肤；更有人将肌肤划开，放入各种虫子，以造成伤口感染，加速糜烂。

缠脚布在当时的社会生活中，还有一个特别用途，即助女子自尽。《金瓶梅》中，李瓶儿曾经用缠脚布悬梁自尽，所幸被人救了下来。宋惠莲则成功地用缠脚布自缢身死。

明代男子也有个别缠脚的。

成化年间，京师有个漂亮寡妇，两足纤细，不盈四寸，擅长女红，常至富贵人家中传授针线活。她因脚小，一时被京师小脚爱好者们追捧。此女子性情刚烈，从不理睬男子的搭讪，传授女红时，只肯与跟她学习的女子共眠。有名庠生，见了这女子的小脚，心痒难耐，遂诡称妻子是自己的妹妹，请她来授课。

庠生嘱咐妻子，临睡之际假装出去上厕所。当夜，庠生妻子借口上厕所，将门打开，庠生乘机钻入房间，准备来个“霸王硬上弓”。寡妇大惊失色，拼命抵抗，却被压服。不想庠生扯下寡妇裤子后发现，这竟然是个男子。次日，庠生将其送交官府，经查，此人名叫桑翀，年二十四，缠足扮为女性，是为借传授女红之机玩弄女性。

万历年间，面对蒙古人的频繁入侵，小脚竟也被当作抵抗外敌的武器。小脚爱好者瞿九思发表高见：蒙古人之所以一再入侵，是因为草原上缺乏美女。要将这些“蛮子”控制住，只有诱使他们沉迷于美色。说到美女，自然需要具备一双小脚。因此需要派专人赴蒙古传授缠足之术。待蒙古女子呈现出柳腰莲步、娇弱可怜之态，蒙古人“惑于美人，必失其凶悍之性”。奈何喜好小脚的朝廷上下，并无一人主动去塞外传播缠足秘诀。

缠足是男权社会的产物。女子不会生来就愿意缠足，是在男性的压迫之下，才不得不虐待自己。三寸金莲成为社会普遍癖好，是男性将自己的快乐建筑在女性痛苦之上的表现之一。

青楼艳事难穷尽

袁宏道谈到过人生有五种真乐，其中之一就是“千金买一舟，舟中置鼓吹一部、妓妾数人、游闲数人，泛家浮宅，不知老之将至”。明代中晚期，娼妓业之繁盛超越往代。

明初对娼妓业一度严加控制。洪武七年（1374），新修的《大明律》颁布，一些风雅自命的官员暗自叫苦，因为这次修订的条款中出现了惩戒官员宿娼的内容。这在明前期对娼妓业造成了一定的影响。明中期以后，青楼的生意日渐兴隆，官员们也开始摆脱束缚，与富豪一起出没于青楼。

娼妓业繁荣之时，青楼遍天下，大都市中自然数以千计，穷乡僻壤间也为数不少。官府经营的教坊，按时纳税，谓“脂粉钱”；而民间的“土妓”，官府无法统计，更无法管理。

娼妓业最为发达之地，当属南北两京。

北京城中，处处笙歌。皇亲国戚、文武官员、土豪富商，自有燕赵胭脂、苏杭金粉供他们享乐。普通人也能去所谓的“小教坊”中寻欢作乐。不过与金陵比起来，北京还是稍逊一筹。

金陵的娱乐业无比发达，引领全国潮流。秦淮河两岸青楼鳞次栉比。白日里，纨绔浪子、潇洒词人云集，车水马龙，热闹非凡；夜间又是另一番光景，秦淮河上，游船如织，丝竹管弦之声，撩人心弦。

秦淮河两岸屋宇精美，繁花似锦，寻香访艳之人且行且观。到了妓楼门前，轻扣铜环，只见朱门洞开，珠帘低垂，老鸨热情招呼，香茶伺候。坐定之后，丫鬟将艳丽名妓搀扶而出，歌舞销魂，酒席丰盛。风流子弟至此“无不魂迷色阵”。

秦淮青楼，独门独院，自成天地。为了营造出高雅意境，青楼在房舍建造、内部陈设上费尽心思。名妓李湘真“所居曲房密室，帷帐尊彝，楚楚有致。中构长轩，轩左种老梅一树，花时香雪霏拂几榻；轩右种梧桐二株、巨竹十数竿。晨夕洗桐拭竹，翠色可餐。入其室者，疑非尘境”。

青楼女子隶属乐籍，曲艺是她们的基本功。入夜之后，各家笙歌齐奏，响彻九霄。

在明代文人看来，女人能识字，便已难能可贵，若是能阅书画，更是闺中学问家了。名妓们也有意识地追随名师，学习文化知识。徐翩翩十六岁时尚无名气，在追随名师学了一阵子书法、琴曲后，名气暴涨，挤入一线名妓行列。秦淮名妓中才女如云，卞玉京知书，工小楷，善画兰、鼓琴；卞玉京的妹妹卞敏善绘兰竹；寇白门精于音律，工画兰，能吟诗；顾眉才色俱丰，通晓音律，尤善兰竹。

与名妓们的才华气质相适的，是她们日常所用的器具。家具有天然几、藤床、小榻、醉翁床、禅椅、小墩、香几之类，小物件有笔、砚、彩笺、酒器、茶具、花樽、镜台、妆盒、绣具、琴、箫、棋枰等等，无不精美。

进入青楼，会感受到一种刻意营造的高雅意境。

墙上挂着一幅名人山水，香几上的博山炉中点着龙涎香，花瓶内插着几枝海棠，案上摆着几卷古书，门上悬着锦囊古琴，连宠物也是通人性的鹦鹉。

秦淮青楼的开支不输大户人家，但有投资就有回报。装就金屋，养就佳人，是为了吸引豪客前来一掷千金。

文人们为博红颜一笑，有将家业败光者。风月场中机关重重，以致坊间出现了《嫖经》，专门总结嫖娼经验，作为狎游指南。《嫖经》共有一百三十余章、一万多字，将青楼中的机关一一列出。

青楼女子的感情，作者认为“其趣在欲合未合之际，既合则已；其情在要嫁不嫁之时，既嫁则休”。青楼女子所用的手段，作者归纳为“走”“死”“哭”“嫁”“守”“抓”“打”“剪”“刺”“烧”。其中“剪”，指青楼女子用剪头发的方式威胁；烧，即以香烙皮肤；抓，即留指痕于嫖客脸上，使嫖客家人一眼看出。

要俘获青楼女子之心，最要紧的，一是舍得花钱，二是舍得花工夫。有才气情趣者，更容易俘获佳人芳心。为此，嫖客也需要能喝点酒，懂点音乐，写几句诗词。

青楼产业的发达，催生了一个帮闲蔑片群体。他们通常是无业游民，常年在青楼厮混，对行业内幕有较深了解，对青楼女子品性、风姿了如指掌。他们游走在青楼与嫖客之间，牵线搭桥。帮闲初时以地痞无赖居多，后来一些精通文墨、了解青楼行情的士人也加入了进来。

文人帮闲之中，最出色的是王穉登。王穉登出身于富豪家庭，从小鲜衣怒马，在青楼厮混几十年，结交了大批名妓。他帮助很多士人物色到了中意的名妓，自己也赚得囊中满满。

秦淮河畔的青楼，以虚拟家庭的方式经营，妓女称老鸨为娘，称嫖客为姐夫；嫖客则称老鸨为外婆。尽管如此，这一行业中人并无多少亲情。老鸨培养妓女，是为了赚钱，对不听话者，绝不会手下留情。青楼中的保镖，时刻监视着妓女，防止她们出逃。被困在牢笼中的女子们，改变命运的途径就是苦学才艺，赚足本钱，以求赎身。

青楼女子有举办“盒子会”的习俗。她们结为金兰姐妹，在清明时节，选定一天，用食盒携带佳肴相聚，争奇斗宝，输者罚酒。《桃花扇》对盒子会也有描写，文人看中哪个名妓，就将礼物抛上楼去助阵，楼上则抛下果子作为答谢。

明代青楼供奉白眉神。白眉神丰姿伟貌，骑马持刀，与关羽类似，只是眉毛雪白，眼睛赤红。因“白眉赤眼”是妓女所供奉的神，京师中人吵架时，常用“白眉赤眼”一词对人进行羞辱。

妓女初次进行交易时，要与嫖客一起在白眉神前跪拜以定情。生意清淡时，妓女们会脱得赤条条的，朝着白眉神祈祷一番，用筷子在碗上连敲几下，然后将神像藏在床头，认为这样做生意就会转好。

据传，白眉神还有一个神奇法力。每逢农历十五，妓女们就将手帕捆在白眉神头上，然后祈祷。此后，妓女若是看中哪个子弟，就用这手帕在他面前一晃，“子弟之心，自然欢悦相从，留恋不已”。除夕夜，妓女要备上鸡鸭鱼肉、一碗米饭、三杯酒，装在盆子里供奉白眉神。然后将平日所用的马桶洗干净，把装酒菜的盆子放入。到次日，有相好的嫖客来，就取出来给他吃。妓女们认为，如此这般，这人便会时刻思念她。所以当时人云，正月初二、初三不能去青楼，以免吃了这马桶里的菜肴，迷乱了心性。

至于白眉神的原型，一说是洪崖先生，一说是盗跖。洪崖先生是上古时期的乐人，而青楼娼妓属乐籍，将他视为保护神，似乎合情合理。至于盗跖，传说他因打劫所得财物死后无法带到阴间而饥寒难耐，阎罗王怕他再做盗贼害人，不许他转世，连做畜生也不许，盗跖无奈，就费尽心思，请青楼替他修了座矮小庙宇，好混些酒食解馋。《斩鬼传》中，白眉神现身道：“俺自春秋以来，至于今日，娼妇人家，家家钦敬，大小奉祀，竟如祖宗一般。”

文人们在青楼中谈诗论画，将高雅的文化生活与青楼的欢愉氛围相融合，以摆脱八股文的羁绊，释放来自科场的巨大压力；妓女们也期待投入名士的怀抱，脱籍从良，摆脱烟花之地。晚明时节，青楼女子嫁给名士，已成为一种风气。

江夏营妓呼文如与湖北文士丘谦之一见钟情，定下婚约。丘谦之父亲对此极力阻止，丘谦之无奈，修书解约。呼文如大恸，刺血写诗："岂是黄金能买客，相如曾见白头吟。"数年之后，二人再见于武昌，饮茶于石榴树下。呼文如问及婚事，丘谦之答："以官为期。"文如笑道："看你性格，不能长久于官场。你散发，我结发。"呼文如等候经年，最终感动了丘谦之。万历十年（1582），丘谦之不顾一切，冲破阻力，将呼文如娶进家门。此后，他二人畅游天下，寄情山水。

这个故事垂范后世，钱谦益与柳如是、冒辟疆与董小宛、龚鼎孳与顾媚，演绎出一个个千古佳话。

青楼中人亦有高低贵贱之分。

张岱就记载了扬州风月场中的情景。在高级妓院，富有财力的嫖客们需向导引路，才能一亲芳泽。高等妓女们自然无生计之忧，可一些底层妓女，连栖身之所也没有，只能成群结队至茶楼酒肆展露色相，招徕生意。

被客人挑走的妓女兴高采烈。白天未得生意者，只能凑些钱，买几根蜡烛，在酒馆中哼唱小曲，展露媚态，希望生意降临。如若一天都没开张，轻则晚上没有食物，重则被老鸨责罚。

贩夫走卒、乞丐苦力，收入不多，吃了上顿没下顿，老婆也娶不起，但他们如明代小说《玉闺红》中所说，“一般肉长的身子，一样也要闹色”。手头拮据，即使逛私娼小教坊，也得存上半个月的钱。于是，一些有生意头脑的人发现了其中的商机，发明了一种面向底层民众的“窑子”。

在穷人聚集的外城，寻找到几处破窑，就可以开张营业。窑子的经营者，挑选稍有姿色的丐女，给她们买点胭脂头油，稍微打扮一下，教唱几句俚词歪曲，便能拓揽主顾。至于本该添置的服装，干脆省了，丐女们一丝不挂地上阵。

窑子破败不堪，连屋顶也没有，四面无窗，只在面向大路的墙壁上挖几个小洞。丐女裸体坐于其中，口中吟唱小曲，摆出各种姿态。路过的人可从小洞窥探，看得春心荡漾，不能自已，投钱七文，便可携手登床。

窑子本是几个泼皮无赖想出来的生财之道，不想开业之后，生意火爆异常。在窑子里“上班”的丐女们忙得连上厕所的工夫也没有，经营者遂招募新人，继续增加营业点。看到窑子生意火爆，内城“低档会所”的姑娘们也眼热，纷纷投身于窑子。不多久，外城的窑子不计其数，将内城“低档会所”的生意全部抢走。

不过一到冬日，窑子的好时光就结束了，窑里的姑娘们没法裸体招徕顾客。再者，窑子四处钻风，寒冷彻骨，姑娘们不多久就生起病来。窑子的经营者必须寻找几个有屋顶的民房，但墙壁上留有小洞的做法，还继续保留。

不论是高级妓女，还是低级妓女，终究只是玩物。她们日夜渴望脱离这苦海，哪怕嫁与他人为妾，也是命运的巨大改变。可从良之路，谈何容易？她们得面对老鸨的阻挠，得找到愿出赎金的人，得遇到肯接纳她们的家庭。即使成功从良了，她们在家中的地位也极其低下。许多不能从良的妓女，年老色衰后，只能贫困度日，甚至冻饿而死。

青楼女子们长吟："莫攀我，攀我太心偏。我是曲江临池柳，这人折了那人攀，恩爱一时间。"

红丸、广东人事及缅铃

明代前期，在朱元璋高压政策的持续影响下，社会生活整体保守，明中后期却出现了纵欲的潮流。社会风气的演变，好色皇帝如成化帝、嘉靖帝起了推波助澜的作用。

明宪宗成化年间，有人因为献房中术而登上高位，此事标志着方士们的春天到来。嘉靖年间，道士陶仲文献上红铅，被嘉靖帝宠幸，此后一路高升，入则与皇帝同坐，出则群臣相送。陶仲文八十一岁去世，赐四字谥，荣耀无匹。

一名方士能得如此宠遇，自然有过人之处。身处皇宫之中，皇帝目光所及，都是红粉佳人。这些佳人都期待着皇帝的临幸，天长日久，皇帝精疲力尽，只能指望方士们进献的红铅，帮自己重振雄风。

红铅的原料是少女的月经物，且以初次月经所留的为最可贵，第二次、第三次的品质递减。制作红铅，还要求贡献月经物的少女身材匀称、面部姣好、肌肤细腻，“樱桃小口石榴牙，目秀眉清肤似雪”。如果少女月经没有按时到来，就会被迫服用对人体有害的催经汤药，她们的健康完全不会被顾及。

月经物被专门工具收集后，通过繁杂的工序，制成红色小药丸。制作者先选用极细极白的茯苓末，用热水漂洗去木渣，沉淀晒干；再将红铅放入，如同和面一般揉在一起，打成薄饼之后阴干。在制作、保存时，切忌使用铁器。然后以麻黄浓膏、朱砂，配合红铅一起熬制。

红丸被称为“接命上品之药”，据说人服食之后，会立刻精神焕发。但红丸不可多服，一年最多只能服食两三次。服用红丸前，要素食，焚香祷告；服用红丸后，要饮人乳以解除热性。《金瓶梅》中描述，西门庆身体较虚，有人送了他一罐百补延龄丹，说这本是道士修炼了给皇帝吃的，并嘱咐他清晨饮用人乳以解热性。这样看来，百补延龄丹可能是红丸的一种。

陶仲文得宠之后，将一名唤作盛希道的方士推荐给了嘉靖帝。盛希道同样得到了皇帝宠幸，先后担任工部尚书、礼部尚书等要职。盛希道的功劳是进献了秋石方，所谓秋石，是一种从童男小便中炼取的补药。

这些药物收集、炼制费力，而社会上对提振男人雄风的药物有着巨大的需求。依照吃啥补啥的理念，生殖力强大的雄性动物身上的器官，也被明代男性视为壮阳神品。

“海狗以一牡管百牝，鬻之助房中之术。”“雄海狗性燥急，日交数百雌者不倦。”海狗有如此神通，怎不让男人们为之心动？张居正妻妾成群，房事频繁，为了振起雄风，不时服用药物。戚继光为了引张居正为奥援，送了他不少海狗肾。海狗肾虽好，可不能多吃，张居正的一命呜呼，据说就与此物吃得太多有关。失去大树的庇护，戚继光也跟着丢了官。海狗产于山东半岛的海中，因为市场需求旺盛，而真品不易得，一些猎户就割取狗肾冒充。

海狗肾这类珍稀物品，一般人无缘问津。社会上无数浪荡公子、财主富商对房中术的需求，只能靠江湖奇人满足。

万历年间，松江有个吴三娘，为人豪放，行走江湖。她学有异术，帮富豪子弟制作“淫具淫药，纵酒恣欢”，由此发家，“足迹所至，家为至宝”。

许多男性将壮阳药与酒一起服用，认为这样效果最佳，如固本壮阳丹与麝香酒同服，据信“有奇效”。也有将壮阳药材浸泡于酒中的，此风盛行至今。

一些欢场老手，已不满足于内服壮阳药物，开始借助外用淫器。

晚明放纵的风气让性用品市场极大繁荣，各大城市都出现了公开售卖性用品的店铺。对这些性用品，小说中多有描写。《醒世姻缘传》中，小偷打开抽斗，发现暗藏香艳：“里面两三根‘角里先生’，又有两三根‘广东人事’、两块‘陈妈妈’，一个白绫合包，扯开里面盛着一个大指顶样的缅铃。”

这些都是明代流行的性用品。“角里先生”本是汉初隐士之名，这里则被用作“角先生”的戏称。此物在明、清两代名气最响，各类小说中屡见不鲜。《型世言》中，王氏与余氏在灯市上闲玩，看到角先生，王氏惊呼：“这等怪丑的。”余氏倒是识货，介绍道：“奶奶，这是夜间消闷的物儿。”明代福建、广东海运发达，很多人出海谋生，一去几年。独守空房的妻子，寂寞难耐，就去购买性用品。交易时，女子戴着斗笠去店里，将斗笠摘下放在柜台上，斗笠下罩着钱，然后转身离店，过一会后再回来取斗笠，此时斗笠下的钱已被店家拿走，商品则被悄悄地放在下面。

“广东人事”“景东人事”之类也是自慰器，遇热会膨胀。此类性用品是从缅甸经由广东、云南等地传入的，因此得名。《金瓶梅》中，蒋竹山为了讨好李瓶儿，“买了些甚么景东人事、美女相思套之类，实指望打动妇人的心”。

“广东人事”用树胶制成，遇热水会膨胀变粗；“角先生”则是用角、玉制成的，没有“广东人事”灵活。

缅铃从名字即可看出，是从缅甸传入的。《醒世恒言》中，贵哥说：“除了西洋国出的走盘珠、缅甸国出的缅铃，只有人才是活宝。”《瀛涯胜览》中记载，缅甸男子二十岁时，用细如柳叶的刀在敏感部位嵌入十多颗锡珠，再用药封护，待疮口好后，才出去行走。缅甸国的大头目、富人则使用金珠，珠内放入砂粒，行走时有铃声发出，以此为美。《万历野获编》介绍缅铃：“为媚药中第一种，其最上者值至数百金，中国珍为异宝。”万历年间，缅甸华人岳凤领缅军侵入云南，战败被俘，被送至京师行刑。岳凤“阳道亦嵌数缅铃于首，为行刑者割去，以重价售于功勋臣家”。

缅铃有男用、女用之别。《金瓶梅》第十六回中，西门庆拿出个新鲜玩意给潘金莲，潘金莲“认了半日，竟不知什么东西”。西门庆介绍道：“名唤做勉铃，南方勉甸国出产的，好的也值四五两银子。”此物是花太监得自宫中的，他转手送给侄媳李瓶儿，李瓶儿又将它送给了西门庆。

《五杂俎》对缅铃也有介绍：缅铃大若龙眼核，有热气时会自己颤动。它别名颇多，有水银球、赛卵头等等。《绣榻野史》介绍了缅铃的制作方式：缅铃呈圆球状，内部放入水银，外层用金子包裹，然后烧焊；再放水银，再包金子，再烧焊，前后共用了七层金子。随着重心转移，各层水银流动，缅铃四下翻滚。女性用的缅铃上还有个鼻纽，用来系住绳子。缅铃放入体内后，在绳索的牵引下不停滚动，可以起到刺激作用。

缅铃在明代传入中国后，云南有仿制者，但仿品质量比不上缅甸原产的。“真正缅铃”价格高昂，在上层社会中颇为流行。今日泰国仍有镶嵌缅铃的习俗。

施蛰存先生对《金瓶梅》的淫秽描写嗤之以鼻，认为作者“淫学知识也肤浅得很，所写男女交欢没什么新的把式。葡萄架一段，要算是他的大发明了。……作者的黔驴之技，也只是止于此耳”。施蛰存先生是高人，自有高见。不过，《金瓶梅》对明代性用品的描写相当逼真，书中罗列了西门庆的八种性器具：银托子、相思套、硫磺圈、药煮的白绫带子、悬玉环、封脐膏、缅铃、景东人事。银托子是环形器具，用玉或者银打造，使用时套上，可延长性事时间。西门庆对此物很是喜欢，不时使用。但银托子过于生硬，使女性不快，潘金莲就抱怨道："这托子硬硬的，格的人疼。"

在晚明社会生活中，性器具与性文化已处于泛滥状态，虽然道学先生们对此深恶痛绝，可普通民众乐此不疲。明代官方用礼法对性设置了重重禁锢，可人们对身体自由的渴望，却如同地底的岩浆一般炽热翻滚，随时可能喷薄而出。明代中期以后，人们的性观念显现出放纵的趋势。这是一种必然，因为再坚固的牢笼，天长日久，也会出现裂痕，人们对制度牢笼的反抗，常常是从身体开始的。

纳妾与扬州瘦马

利玛窦来到中国传教后，将传教目标定位在士大夫阶层，希望通过在士人中发展教徒，打开传教的局面。

可在发展教徒时，利玛窦面临的难题之一，就是中国社会中普遍存在的纳妾现象。基督教主张一夫一妻，与中国的风土人情相抵触。

纳妾制度在中国有着悠久的历史，人们纳妾的主要目的是繁衍后代。古人认为，人生最重要的事是传承香火，“不孝有三，无后为大”。既然婚姻的意义在于繁衍后代、维系家族，没有子嗣自然会被视为“大不孝”。

没有性爱，婚姻照样可以存续；但没有生育，婚姻的本质就不能实现。如果一个女人结了婚之后不能生育，就会通过给丈夫纳妾的方式做出弥补。这些小妾不会危胁正房的地位，因为“夫为日，妻为月，妾为小星”是社会的普遍认知。

妾有很多别称，如小老婆、小星、小妇人、侧室、偏房、属妇、副房等，地位虽然低于妻，但具有良民身份，与婢、奴有明显区别。

妻与妾在身份地位、吃穿用度上有很大差别。朝廷封诰官员妻子，只能是正房受封，妾无资格领封号和穿命妇礼服。

当然了，事实上也有胆大官员以妾充妻，骗取封号的例子。不过，若是妾生的儿子争气，飞黄腾达，妾也可以借儿子之光合法地获得封赐。

妻妾不但生前地位悬殊，死后待遇也不侔。原配死后，应与丈夫合葬；继室属于妻子，也可与丈夫合葬；但妾不得与丈夫合葬。顾炎武父亲的小妾对顾炎武有养育之恩，但她去世后，顾炎武为了捍卫礼法，坚持不让她与父亲合葬。

《大明律》规定：凡以妻为妾者，杖一百。妻在，以妾为妻者，杖九十，并责令改正。有妻，又再娶妻者，杖九十，责令离异。

李瓶儿去世后，西门庆伤心欲绝，要求温秀才在孝贴上写上“荆妇奄逝”。但这是“以妾为妻”，明显违背了法律，温秀才很是为难，就悄悄与应伯爵商量，应伯爵对此也持反对意见，最后此事不了了之。

随后在题旗幡时，西门庆要求写上“诏封锦衣西门恭人李氏柩”。明代只有四品官员的母亲与妻子才可封恭人，西门庆只是从五品，李瓶儿又是妾，这样写又是违法，应伯爵再次反对，最后写的是“室人”这个模糊的称呼。室人，是古人对妻妾的泛称。

妻妾的地位差异，在生活中的方方面面都有体现。

《金瓶梅》中，正妻吴月娘的衣装是“两套大红通袖遍地锦袍儿、四套妆花衣服”，众妾“每人做件妆花通袖袍儿、一套遍地锦衣服”。西门庆开宴席时，西门庆与吴月娘占了上座，李娇儿、孟玉楼、孙雪娥、潘金莲等小妾都只能坐在两旁。

“正房”所居，自然是宅院的正中；妾既称“侧室”，只能居于偏隅。西门庆说：“唯有我第五个小妾潘氏，在这前边花园内独自一所楼房居住。”正是这一制度的写照。

不过若是正房妻子彪悍，丈夫往往需要另外购置住宅以安置小妾。这样，妾反而因祸得福，享受到了部分正房妻子待遇。这种情况被称为“两头做大”。

妾之于夫主是人身依附关系，可以被随意买卖或转嫁。一旦丈夫死去，正妻也有权利将妾转手。对妾的处置，好一点的是“聘嫁”，即将她再嫁他人。孟玉楼再嫁时，可以携带自己的房中物品，乘坐大轿出门，这就是“聘嫁”。

差一点的则是“打发”，即给小妾一些物品，将她逐出家门，任其自谋生路。潘金莲被吴月娘赶出家门，只拿到了“两个箱子、一张抽屉桌儿、四套衣服、几件钗梳簪环、一床被褥”。正妻外，儿辈也可在父亲死后，将父妾打发或聘嫁。

纳妾也会引发家庭纠纷，宰辅焦芳的儿子焦黄中，曾为了一名姬妾与老父大打出手。大清官海瑞六十多岁时纳了两个妾，后来由于家庭矛盾，两妾同日上吊自杀。嘉靖中叶，山西保德十四岁少年崔鉴，看到父亲宠幸小妾魏氏，不时呵斥生母，愤懑之下手刃魏氏。

弘治十一年（1498），泗州知府许弼的妻子孙氏，嫉妒妾朱氏有了身孕，加害于她。先下毒，没有毒死；又用铁锥击其脑，仍不死；再用石头压其腹，用羊毛塞其口鼻，总算将朱氏杀死了。不想朱氏被装到棺材里后又神奇复活。此事暴露后，皇帝也被孙氏的狠辣震惊，下令杖孙氏八十，并责令离异。依照法律，命妇将妾殴打致死，纳赎即可；处以杖刑，已是皇帝盛怒之下的法外施威了。

明代法律明文规定“民年四十以上无子者，方听娶妾”，违者笞四十。可在现实中，这一法规从未得到严格遵守，很多官员不符合条件也照样纳妾，并未受到任何处分。

聂洪二十九岁出任丹徒知县，其妻张氏早已生下一子，按照法律，他没纳妾资格，可他接连纳妾，过着妻妾成群的生活。

古人已有子息还广纳姬妾的原因很多，比如当时医疗条件不理想，担心仅有的儿子不能健康成长，所以希望多生几个，加几道保险。纳妾的成本比娶妻低，且妾可以作为候补妻子。当时妇女分娩死亡的概率较高，一些士人在妻子去世后，觉得再娶正房开销太大，于是干脆将小妾扶正，省去一大笔费用。

明代男子纳妾时，往往已接近四十岁，妾的年龄则多在十五至十九岁之间。高龄纳妾的现象也很常见，山人沈飞霞年近七十，依然打着“添丁”的旗号买了一个妙龄婢女为妾，袁中道得悉后，写诗调侃云："闲当更为图枯木，付之荷叶待添丁。"

官场中，新科进士们纳妾的愿望最强烈。士人一旦高中，最急于做两件事：一是纳妾，二是改别号。他们纳妾首选京师女子。

考中进士意味着家族地位上升，为了进一步巩固家业，多生儿子以壮大家门，成为进士们的普遍追求。此外，进士们进入官场后要宦游四方，妻子需留在家中孝敬父母，他们便需要一个美妾在身边，消除长夜寂寞，照看饮食起居。

明人关于纳妾的禁忌很多，如居父母丧不得娶妾、祖父母或父母被囚禁时不得娶妾、同姓者不得娶为妾、亲属旧妻妾不得娶为妾、逃亡妇女不得娶为妾、奴婢不得私自嫁与他人为妾、品官不得娶娼妓为妾、大臣出使途中不得娶妾等。虽然法律规定"凡官吏娶乐人为妻妾者，杖六十，并离异。若官员子孙娶者，罪亦如之"，可在现实中，官员纳青楼女子为妾的很多，没有谁真被处罚。

至于纳妾人数，礼法也有明确规定。据《明会典》，亲王可纳十人，郡王可纳四人，镇国将军可纳三人，镇国中尉可纳二人，普通官员与庶民只能纳一人。不过在现实中，纳妾多少完全取决于个人财力。利玛窦道："另外再娶一个、两个，多少都可以，没有任何限制，只要有能力供养。因而许多人有十个、二十个、三十个妻妾，皇帝及皇子皇孙则有成百上千的妻妾。”

纳三五个妾，在高官之中稀松平常，纳数十的也所在多有。明初开国大将汤和“家蓄妾媵百余”。正统年间的工部尚书吴中有宠妾数十。张居正纳妾过多，一时应付不过来，只得靠壮阳药助战。有些时候，纳妾问题还被上升到政治高度。清军到了扬州城下，史可法膝下无子，妻子劝他赶紧纳妾，以免断了香火。古板清高的于谦一生未纳妾，自然是德行高远的典型，备受世人赞叹。

纳妾也须订立婚契，以确认该女子是其家亲生自养，自愿给他人为妾，她的家庭已收受聘礼，如女子逃亡，男方负责追还等。因为纳妾相当于买卖，故而所订文书称“婚契”，而不称“婚书”。

迎娶正妻，讲究明媒正娶、门当户对，纳妾则无此考虑。贫寒家庭通过嫁女为妾，可以攀附富贵亲戚，进而改变家族命运。若是小妾命好，碰上正房去世，还有可能被扶正。

纳妾需求的旺盛，使得培养知书达理、才艺双全的妾，成为一门投资回报极高的生意，催生了与妾相关的产业一条龙。这一产业在扬州最盛，“维扬居天地之中，川泽秀媚，故女子多美丽，而性情温柔，举止婉慧”，是著名的声色征逐之地。

扬州地方上，将收养女子再转卖给他人为妾的生意称为“养瘦马”，这个词出自白居易的诗句“莫养瘦马驹，莫教小妓女”。

“养瘦马”的人家，被称为“瘦马家”。“瘦马家”中，通常有一老妪主持事务，与“瘦马”们母女相称。“养瘦马”是高回报的投资，“鬻女例一岁值一金，稍稍有姿容，辄昂其值”。“瘦马”卖出后，若是在夫主家得到宠爱，还能给“瘦马家”带来更多回报。

扬州地方，上至豪门贵族，下至一般人家，都喜欢“养瘦马”，所养少则几人，多则数十。当然，这一风气不单单扬州有，南京、苏州也很盛行，名妓陈圆圆就出自苏州“瘦马家”。

“养瘦马”要选择相貌姣好的女童，买来后进行“娇养”，为了日后能卖出好价钱，还要教她们文化和各种技艺。更重要的是，要教她们礼法，确保她们将来到了夫家，知道进退，与主妇和睦相处，不让夫主费心。

每有“瘦马”到了该出嫁的年龄，“瘦马家”就媒婆盈门，不时有富人带着仆从前来挑选。

交易的中间人被称为“白蚂蚁”，因为他们像白蚁一样无缝不钻。“瘦马”交易时，买主首重姿色，次及才艺，“瘦马”要将手、脚、颈一一展示，来回走动，让买主鉴赏。买主常常需要货比三家之后再做决定，看不中某家“瘦马”也没有关系，只要出些茶钱就可以。

买主一旦看中了某个“瘦马”，就要下“插戴”，即用簪、钗插在女子的发髻之上，表示定亲。随后，“瘦马家”拿出红本，上面写明聘礼，如绸缎若干、彩礼若干、金花若干等等。若是买主同意，则达成交易。通常买主还未到家，“瘦马家”送的花红羊酒已至，这样买主就不可反悔了。

“瘦马们”展示才艺时，往往显得棋琴书画无所不通。可到手后，买主却很容易发现：瘦马能弹琴，但只会弹奏一段；能画画，但仅限于几笔兰竹；能下棋，不过开局几步；能写字，不过有限的几个而已。挑选时，买主被女色所迷，对其才艺未曾深入考察，因而中了圈套。说到底，“养瘦马”是门生意，舍得长期投资、费心培养的“瘦马家”没有多少，大多数情况下，只是偷工减料的速成而已。

虽然古代中国在名义上是一妻制，但因为纳妾制度的长期存在，古人所行的是事实上的多妻制。为了维护礼法、避免纠纷，只能对妾从衣食住行到人格地位进行全方位的压制。限制男子纳妾的法律不过是一纸空文，而涉及压制、贬低妾的法律条文，却始终具有效力，以捍卫所谓的礼法。

不管是放荡不羁、悠闲自得的山人，还是科举高中、意气风发的士人，在或明或暗地追求个人自由，反抗官方约束的同时，很少会尊重女子的人格与自由。在他们眼里，妾只是玩物和传宗接代的工具而已。

贞操：束缚与叛逆之间

在明代，贞操观念被强调到了极致。有女子被陌生男子拉了下手，就毅然断臂；还有的女子身体某部位患病，却不肯露出来给医生看视，最终贻误病情而死。崇祯年间，某地发大水，两姐妹被水围困，看到有男子裸着上身来救，自觉受到玷污，就投水自杀。旁观者则大呼："死得其所，死得其所！"

明代皇宫之中有专人帮助皇帝检查入宫女子的处女膜。在民间，青年男女订婚之后，照例也要由男方女性亲属或媒婆检视女方贞操。当然，这只是初检，最重要的考验在结婚之夜，女方的贞洁需要印证在一条白巾之上。考验通过与否关系到婚姻能否持续。

《喻世明言》中记载了一种近乎荒唐的检验处女方法。有一黄姓女子，女扮男装，与男子同行，在外做生意多年。返乡之后，姐姐怀疑她已失贞，决定进行检验。检验的方法是，将细干灰铺在便桶内，让其脱了裤子坐在桶上，再将棉纸条放入她鼻中，令她打喷嚏。如果她失贞了，上气泄，下气亦泄，干灰必被吹动；若是童身，则干灰不动如初。经过检验，人们相信了这名女子的贞操。

明万历金陵富春堂刻《十义记》中“毁容不辱”绣像

《易·渐卦》云：“渐，女归吉，利贞。”意思是女子出嫁时，必须符合婚嫁的礼仪，循序渐进，婚礼按照既定程序，最后一个环节就是检验女性贞操。

《醒世姻缘传》中，狄希陈迎娶悍妇薛素姐后，素姐连续两天拒绝与他同房。狄大娘大骂儿子无能，又怀疑儿媳不是处女。狄大娘安排薛素姐娘家的仆人薛三省的娘子去查探情况，又令儿子“霸王硬上弓”。

到了第四天早上，捷报传来，薛三省的娘子将被“元红”沾污的被子展示出来。狄大娘大喜过望，“赏了薛三省娘子合老田每人二百钱、三尺红布、一条五柳堂织的大手巾”。汤显祖《邯郸梦》中“今宵同睡碧窗纱，明朝看取香罗帕”之句，说的也是此类验红之法。

贞操是古代女子最重要的嫁妆，在新婚之夜，准备一条被称为“喜帕”的白巾，是女方的义务。若是当夜白巾沾上了“元红”，则男女双方都放下心来，这种测试方法，叫做“取喜”。

“取喜”是件庄严的大事，当新娘被证明为处女后，男方要奔走相告，并给予报喜人赏钱。男方还要派人敲锣打鼓地去女方家，送上书有“闺门有训，淑女可亲”的报喜帖子。而那条“取喜”成功的白巾，还要一并加以展示。

如果白巾无“元红”，则女方一家免不了唉声叹气，蒙受奇耻大辱;男方则会急着策划离婚,追回彩礼。没有见到“喜帕”挂出，亲朋好友也不敢登门祝贺，生怕刺激双方神经。

《醒世姻缘传》中，程大姐出嫁时已不是处子之身，自然忧虑不已。程大姐的母亲孙氏是个老江湖，取了条白巾，抓了只硕大的雄鸡，用针在鸡冠上刺出血来，滴在白巾上，让程大姐将巾藏在身边，嘱其头两夜不可与丈夫魏三封同房，到第三夜将丈夫灌醉之后再行房事。

不想此事被魏三封发现，恼羞成怒之下“拳撞脚踢，口咬牙嘶，把个程大姐打得像杀猪相似的叫唤”。随后魏三封又打开程大姐的箱柜，凡是魏家的东西全部留下，凡是陪嫁来的东西一件不留，全部打包送回。

到了五更时，魏三封又将程大姐“带上系了那块鸡冠血染的白绢，反绑了手”，拿根棍子，走一步打一下，将程大姐一路打回娘家。

程大姐的母亲孙氏也是个泼辣异常的人物，当场为程大姐辩护。可是围观者都不支持她，认为“孙氏昧了心”。魏三封占了理，撒起泼来，众目睽睽之下，一拳将孙氏打翻在地，照着她私处乱踢。之后，在地方调解之下，女方承认过错，接受了魏三封的休妻要求。

《明会典》规定，发现新婚女子非处女，男方可以离婚，并追索彩礼。对于很多女子来说，在日常生活中不小心弄破处女膜，会招致日后无辜被休的不幸命运。《金瓶梅》中，周小姐荡秋千跌落，“把身上喜抓去了，落后嫁与人家，被人家说不是女儿，休逐来家”。

不但良家妇女重视贞操，就是青楼女子，对第一次接客也颇为看重。妓女第一次接客，自然要卖出高价，接客之后验红的过程称为“梳笼”。

《续金瓶梅》中对“梳笼”有详细描写。妓女银瓶早已不是处子，可老鸨为了骗取翟员外的钱财，就教她将鸡冠血染在白巾上面，然后去诱惑翟员外“梳笼”。

“梳笼”当日，翟员外打扮一新，坐着轿子，在鼓乐喧天中，带了一堆帮闲过来。众人闹腾到天黑，翟员外才扶着银瓶入房。第二日，帮闲们拥挤到门外，大喊着要喜酒吃，银瓶手中的汗巾则被人笑着夺走。酒过三巡之后，“喜帕”被放在螺钿漆盘上端了出来，交由翟员外当众“验红”。“验红”完毕，翟员外打赏了二两银子，又喝了几杯酒。

清康熙文喜堂刻本《秦楼月》中绣像

处女情结、贞操意识，最初发端时，是为了保证后代血统的纯正。在后来的历史中，这种观念又与男子的占有欲相结合，在男子心目中，只有占有了一个女子的“第一次”，才意味着完全拥有了她。

《型世言》中，蒋日休与文姬私奔，行男女之事后，文姬叹息道：“我一念不坚，此身失于郎手了。只是念我是个处子，莫要轻狂。”蒋日休得手后，送走文姬，“回到房中，只见新红犹在，好不自喜得计”。

所谓“水不厌清，女不厌洁”，中国古代社会有种流行观念，童子之身是最洁净、最神圣的，有“吾爱童子身，莲花不染尘”之说。

明代吕坤认为，“严于妇人之守贞，而疏于男子之纵欲”是“圣人之偏”。在男权社会，童贞是仅就女子而言的，人们要求一个女子在结婚之前不得与任何男子发生性接触。一方面是男子纵情声色，另一方面是女子被用贞操观念严格束缚。

不过，明代社会现实的另一面却是，很多女子反叛了贞操观念。在冯梦龙所收集的反映民间生活的民歌中，有着大量未婚男女偷尝禁果的内容。

《挂枝儿·调情》：

> 大着胆，上前亲个嘴，谢天谢地。他也不推辞。早知你不推辞也，何待今日方如此。《挂枝儿·喜鹊》：喜鹊儿不住地喳喳叫，急慌忙开了门往外瞧。甚风儿吹得我乖亲到。携手归房内，双双搂抱着。你虽有千期万约的书儿也，不如喜鹊儿报得好。

冯梦龙评价这几首民歌“情胆大如天”，“是天地间自然之文，何必胭脂涂牡丹也”。从这些民歌中，可以看到一些大胆追求真爱的女子，并不在乎什么礼法限制，她们放纵于性爱，追求肉体的自由。

第六章

香料与美味

从蔷薇水到阿刺吉

蔷薇水是舶来品。叶庭珪云："大食国花露也。"故蔷薇水也称"大食水"。《蔷薇》一诗云："我闻蔷薇露，来自大食国。贮以琉璃瓶，香艳作红色。"大食是唐宋时人对阿拉伯地区的称呼。阿拉伯地区盛产香料，据古典历史学家希罗多德记载："整个阿拉比亚，都散发着极佳美的芬芳，那个地方是乳香、没药、肉桂、桂皮等的唯一产地。"阿拉伯人通过蒸馏技术以特产香料中提取的香水，传入中土后即被称为蔷薇水。

早在唐代，已有蔷薇水进入中土，并被广泛使用。柳宗元收到韩愈寄来的诗，以蔷薇水洗手毕，方才拆读。后来这一雅事无数文人效法，只是大雅之文易得，蔷薇水难得。

"阏氏亦有蔷薇水，诸国年年进上方"，在此后的岁月里，通过海上贸易、进贡等途径，中国持续不断地获得蔷薇水。明洪武六年（1373）二月，海外商人来献蔷薇水。朱元璋素来不喜奢侈品，很多海外贡物都被他打回。蔷薇水除了可以治疗心悸外，还可以调粉，作为女性化妆品。朱元璋却道："中国药物可疗疾者甚多，此特为容饰之资，徒启奢靡耳。"因为朱元璋不肯接受，蔷薇水最终被划入"贱货"行列。

虽然朱元璋不喜欢奢侈品，可他的后世子孙，没有几个能像他这样抵挡得住诱惑。明代皇帝多喜奢华香料，如龙涎香、苏合油、蔷薇水之类，有着大量需求。这些香料，或是从东南亚进口，或是由各国进献。尤其是大古喇国，时常进贡蔷薇水等香料。嘉靖朝中期，大古喇国被缅甸吞并，遂断绝进贡。不过对于大明皇帝而言，弄到蔷薇水，丝毫不是难事。

明代虽然颁布了禁海令，可实际上并不是完全闭关锁国。皇帝日常用的香料，离不开进口贸易。明代通常从三佛齐进口优质沉香，从占城进口蔷薇水。据载，五代时，占城曾进贡过蔷薇水，云得自西域。经过几百年时间，爱用蔷薇水的占城地区，掌握了蔷薇水的制作技术，进而出口到中土。

榜葛剌国（今孟加拉国），距苏门答剌顺风二十昼夜的水程。永乐十三年（1415），永乐帝命少监侯显等带领水师，前去赏赐榜葛剌国国王及诸头目，同时进行贸易。此国国王得知大明皇帝派遣的使者将要抵达，派出千余人马至港口迎接。迎到使者后，设宴款待，席上燔炙牛羊，礼遇隆重。榜葛剌国信伊斯兰教，不饮酒，为了款待大明使团，以蔷薇水与蜜水相合，作为替代品。宴席完毕，又赠以厚礼。

在明代，随着蒸馏技术的普及，西域也开始制蔷薇水。陈诚先后五次出使西域，遍历各国，行程两万里。他在西域期间，对各地的风土人情有详细记载。永乐十五年（1417）四月，陈诚第三次出使，至哈烈（一名黑鲁，在撒马儿罕西南三千里），正值蔷薇盛开，富家巨室的花园中开满蔷薇，花色鲜红，香气浓郁。人们将蔷薇采下后，如作烧酒之法，蒸出花汁，以瓷瓯贮藏。

明正统年间，钱溥考中进士，英宗御文华殿召试，让他以“蔷薇水”为题，赋诗一首。钱溥用过蔷薇水没有，已不可考，不过这首诗让皇帝很是满意，当日即授翰林院检讨，在内书馆教太监读书。其所教太监，后多有富贵者，钱溥也由此发达起来。

嘉靖四十四年（1565），权相严嵩倒台，家产被查抄。他在江西的祖宅也被抄，其中搜出了大量蔷薇水，被视为贪腐之标志。与此同时，在一些记载中，受到迫害的清高之士，远行边疆时，路人也纷纷以蔷薇水洒其衣裳，为其送行。可见不管是贪官还是清官，都将蔷薇水当成生活点缀。

蔷薇水的制作，需要用到蒸馏技术，这就与蒸馏酒很相似。中国古人所饮主要是发酵酒。蒸馏酒，也即今日所称“白酒”，在中国何时开始出现，众说纷纭，有唐代说、宋代说、元代说等。当代学者认为，唐宋的炼丹家，已经开始使用相当复杂精巧的蒸馏器；但唐宋的文献中，却无炼丹家制作蒸馏酒的记载。从出土文物看，宋代已经使用蒸馏器制取花露，却未见其时已有蒸馏酒的证据。

元明两代，白酒被称为阿剌吉、阿尔奇、哈剌吉等。元代《居家必用事类全集》一书，记载了完整的蒸馏酒工艺。

元代太医忽思慧所著《饮膳正要》有“用好酒蒸熬，取露成阿剌吉”的记载。至于白酒的功效，此时人也有了明确认知，阿剌吉酒“味甘辣，大热，有大毒，主消冷坚积、去寒气”。至今中东及东南亚国家仍称蒸馏酒为arack或araki，满语读arcan，蒙古语读araca，藏语读aracapo。

元人也称蒸馏酒为“汗酒”，因为蒸馏酒酿造时蒸气凝聚如汗滴。元代卞思义《汗酒》诗云：“水火谁传既济方，满铛香汁滴琼浆。开尊错认蔷薇露，溜齿微沾菡萏香。”此处提到了“汗酒”的形态与蔷薇水相似，因此被错认为蔷薇水。元代许有壬云：“其法出西域，由尚方达贵家，今汗漫天下矣，译曰阿尔奇云。”此段话，一来说明，蒸馏酒技术来自西域；二来说明，元代蒸馏酒已“汗漫天下”；三来说明，蒸馏酒在元代是显贵之家才有的。

许有壬是元代受到重用的汉人之一，致仕后给俸终身，卒谥文忠。曾有人赠送葡萄酿的阿剌吉酒给许有壬。此酒在当日名贵无比，许有壬感动不已，作诗云：“西酝葡萄贵莫名，炼蒸成露更通灵。”

元代张光弼《塞上谣》云：“妖姬二八貌如花，留宿不问东西家。醉来拍手趁人舞，口中合唱阿剌剌。”胡姬饮阿剌吉酒大醉，一边跳舞一边唱“阿剌剌”。文天祥被俘虏后，闻蒙古军高歌“阿剌来”，惊问：“此何声也？”蒙古军答道：“起于朔方，乃我朝之歌。”文天祥曰：“此正黄钟之音，南人不复兴矣。”此歌音乐风格雄伟壮丽，象征着蒙古将取得正统地位，故使文天祥大惊。

阿剌吉酒传入后，因度数高、香味浓郁，吸引了一批文人爱好者，得到了许多吟咏。《江头绝句》：“金杯阿剌吉，银筒速鲁麻。江楼日日醉，忘却在天涯。”速鲁麻又称速儿麻，“又名拨糟，味微甘辣，主益气止渴，多饮令人膨胀生疾”。《元典章》：“酿造私酒速鲁麻并葡萄酒，犯人七十七下，追中统钞一百贯。”此酒在云南地区称“咂鲁麻”，以小竹或藤插入瓮中，主客环坐，吸而饮之。至今在西南地区，仍可见此酒及传统饮法。

明代也一度称蒸馏酒为阿剌吉，《咏烧酒》云：

> 酒变酒十中取一，醇选醇百以为十。饮一杯胜抵十杯醉。醍醐怎比，琥珀难及。香甜爽美，滑萃清奇。胜佛家善果菩提，压番邦甘露蔷薇。香喷喷香赛龙浆，甜甘甘甜如蜜脾，萃浸浸萃似姜汁。若赍，到席，黄封御酝都回避。鞑靼家呼为阿剌吉，声播华夷。

明代蒸馏酒也称“烧酒”或者“火酒”，使用大麦、高粱等原料，蒸馏而得，“其清如水，味极浓烈”。烧酒的优点是能长久储存，在一些酿酒业不发达的地区，可以大量采购，以备不时之需。由于具有口味和耐藏性上的优势，烧酒的地位迅速上升。

元人多用葡萄等果类酿酒。熊梦祥《析津志》记载："葡萄酒……复有取此酒烧作哈剌吉，尤毒人。"又渭："枣酒，京南真定为之，仍用些少曲蘖，烧作哈剌吉。"

随着时间的推移，各地渐渐采用本土常见原料，如高粱、稻谷等酿酒。北方地区流行用高粱酿制烧酒。高粱作为食物，口感较差，但适宜酿酒。京师出产的烧酒尤其辛辣，"不啻无刃之斧斤"，被好酒之徒称为"烧刀"。京师一带制作烧酒的作坊称"烧锅"，即今"二锅头"得名的由来。至于南方，则使用大麦、糯米酿酒，口味较醇和。广东等地还流行用薯

明崇祯刻本《咏怀堂新编十错认春灯谜记》中饮酒情景

明刻《玉茗堂批评红梅记》中饮酒情景

类酿酒。

一些内迁的游牧部落，在酿制、饮用阿剌吉酒上，比汉人更加积极。静宁州在陇山之阴，山川绵旷，水草丰美。很多西域商人在此居住，从事各种生计。顾炎武《肇域志》中载，这些西域人“善养马，便骑射，尚气力，亦好音乐歌谣”。他们最喜饮阿剌吉烧酒。

随着时间的推移，汉地蒸馏白酒已进入千家万户，“阿剌吉”之名，渐渐被人遗忘。明代方以智《物理小识》云：“烧酒，元时始创其法，名阿剌吉，稻黍杂粮皆可烧。按今烧酒盛行，然莫知其所自始，阿剌吉之名亦不传矣。”

修仙道具降真香

道教自张道陵开创以来，产生了一系列理论，也发展出一系列修仙之术，指导凡人通过修炼，进入仙道，得享永生。在修仙之路上，香料是不可或缺的重要道具。道教还罗列了十大名香，认为可供“斋醮”之需。斋，即从饮食上下功夫，以求身体洁净，一些口味较重的食物被修道者摒弃。醮，指的是供奉祭祀神仙。在各种宗教仪式中，香料被大量使用，而降真香尤为道教所重，被视为通神之物。道教很早就在各种仪式中使用香料，汉时就以沉香、檀香等，置入灯油中，使灯燃烧时散发出香气。

降真香又名紫藤香、鸡骨香，产地颇多，包括华南的广东、贵州、海南等，而海外的东南亚各地，出产尤盛。中国海南自古即出降真香，常被人误认为黄花梨。降真香的前身香藤是一种木质藤本植物，受到创伤之后，会分泌胶液，在真菌作用下，就生成了降真香。此过程较为缓慢，常耗时半个世纪，所以降真香珍贵无比。降真香以紫而润者为优，在山中人迹罕至之处，香藤皮肉枯烂之后，内部“赤心如铁”，即降真香。

在历史上，降真香一直是东南亚各国的重要贡品。唐宋时期，东南亚、印度洋沿岸国家、伊朗、阿拉伯地区等被统称为“南海诸国”。各种香料，是南海诸国对华贸易的重点。

降真香因其独特的功效，很受道教重视，被广泛用于各种宗教活动。在修仙故事中，仙鹤是不可或缺的存在。仙人飞来飞去，所乘非龙即鹤。如《淮南子》云：“鹤寿千岁，以极其游。”驾鹤飞升的形象，在汉魏墓室壁画中就已出现。鹤羽毛洁白，腿脚细长，翅膀硕大，天生一副飘飘欲仙的模样，是仙人搭乘的理想工具。《列仙传》中有仙人王子乔，得道后乘鹤飞升。《崔生》中主人公娶仙人之女为妻，他的岳父，每逢初一、十五，乘鹤飞升，到天廷朝拜。

神仙骑鹤而来的故事屡见不鲜，而修真者们认为，焚烧降真香，使烟气直上九天，可以吸引仙鹤降临。仙鹤的背上，是那得道真仙，如此，降真香的功能，就是沟通仙凡。降真香在道教中的应用，除了吸引仙鹤之外，还有醮星辰。醮星辰，其实就是占星术，是一种重要的道教仪式，可以推演未来。

降真香一传入中土，就被修仙者们重视。南北朝时期，降真香就已经出现，并被用到修炼中。唐代白居易在《赠朱道士》一诗中，描绘了一名松形鹤骨的道人。道人仪容白皙，如同天上仙郎。因为不时服用仙药，所到之处，有阵阵仙风袭来。至于饮食，道人常年苦修，三尸饿死，已可断粮。白居易写道：“尽日窗间更无事，唯烧一炷降真香。”

山中隐士在清修之时，少不得燃一炉降真香："殿前松柏晦苍苍，杏绕仙坛水绕廊。垂露额题精思院，博山炉袅降真香。"修仙之人，别无所好，终日静坐，唯焚一香。通过焚香、炼丹、服食等方式，道教的修炼者们，进入了一种神性的世界。

"降真香一炷，欲老悟黄庭。"在修仙成为时尚潮流的时代，一个文人必须崇道焚香，才能融入主流圈子。在香烟缭绕之中，他们的心灵得到了净化，他们摆脱了现实的羁绊，沉迷于对神化世界的幻想而不能自拔。正因此，他们所写诗文也是那么的浪漫不羁。

到了明代，巫术之中也普遍使用香料。明代河北滦州石佛口王森、王好贤父子，开创了闻香教。王森本姓石，名自然，后改名王森。传说王森年轻时曾经救过一个狐仙。为答谢王森，狐仙将自己的尾巴割断送给他，并告诉他："以此可以招人。"《说略》中记载："森因焚香倡教，凡染香气者，神魂俱醉，无不听其指挥。"

"终朝静坐无相过，慢火熏香到日斜。"明代用香之风大盛，生活条件较好的人家，餐厅、卧室、书房、客厅、厕所等处都要熏香。《金瓶梅》中，西门庆相亲时，孟玉楼身上的"兰麝馥郁"之气，让他顿时着迷。第四十一回中，吴月娘领着众女眷到乔大户家，只见"堂中画烛高擎，花灯灿烂，麝香叆叇"。第四十三回中，吴月娘设宴，席上"炉焚兽炭，香袅龙涎”。

静坐焚香是明代士人的生活时尚。当时比较流行的香料配方，是以降真香、沉香、龙脑为主料，和以香蜜。焚香是需要财力的，非下里巴人所能负担。

香有多种用途，可以熏被、烘砚瓦、除秽等。西门庆这种富裕人家，熏香炉昼夜不熄，他的妻妾们临睡时都要“兰汤沐浴”“浓熏绣被”，以营造被窝中的情趣。第二十一回中，潘金莲和孟玉楼到李瓶儿处商量摆酒席赏雪的事，李瓶儿还未起床，潘金莲把手伸进被窝里，摸到一个熏被子的银香球，就调侃道：“李大姐生了蛋了。”

银香球就是银制的“被中香炉”。这是一种用来熏被褥的球形小炉，因为被固定在环形支架之中，所以无论如何翻滚，都能保持炉口朝上，确保炭火不会滑出。卧褥香炉，早在西汉时就已经出现，原理与陀螺仪类似。

《西游记》中刻画了女儿国国王出宫时，国中众人焚香迎接的情景：

> 女王不知是计，便传旨摆驾，与三藏并倚香肩，同登凤辇，出西城而去。满城中都盏添净水，炉降真香，一则看女王銮驾，二来看御弟男身。没老没小，尽是粉容娇面、绿鬓云鬟之辈。

到了比丘国，唐僧告辞。

（国王）命摆銮驾，请唐僧端坐凤辇龙车，王与嫔后俱推轮转毂，方送出朝。六街三市百姓群黎，亦皆盏添净水，炉降真香，又送出城。

《西游记》中的“炉降真香”迎送，只是戏说。在明代，降真香既是上层社会进行宗教活动的必需品，也是皇帝赏赐亲信大臣、笼络塞外部落的重要工具。

按照道教的说法，北方的守护神是真武大帝。传真武大帝当初在武当山修炼，功成升天。永乐帝在帝位竞争中胜出后，决意在武当山大兴土木，奉祀真武大帝。在永乐帝主持之下，二十余万工匠，在武当山修建宫观三十六处，耗时十二年。永乐十二年（1414），武当山工程完成，永乐帝一次就赐下“祀神降真香一万一百二十三斤、宿香三千七百二十五斤、香油二万二千五百一十二斤、黄蜡九百二十四斤”。武当山各宫观中的道士，频频焚烧各类香料，上为皇帝祝寿，下为苍生祈福。在明代，武当山地位独尊，每逢重大斋醮活动，朝廷均有大量赏赐，其中就有降真香。武当山各道观所使用的降真香，数量可观，每年都在万斤以上。皇室不时赏赐，以满足其需要。

降真香也是朝廷笼络朝中大臣和地方势力的工具。隆庆帝、万历时期，边防经过整饬，军事力量有所加强，迫使俺答汗与明廷修好。万历九年（1581）十二月，已经归顺的俺答汗去世。其遗孀三娘子仍有一定权力，被封为“忠顺夫人”。万历十年（1582）三月，朝廷遣游击沈栋前去归化城祭拜，同时携带了降真香七炷。三娘子及儿子黄台吉，带了众多手下前来迎接，并望阙叩头谢恩。

至于朝中重臣，依照会典，在去世之后，应赐降真香备祭。一品官的标准是“猪一口、羊一羫、馒首一分、粉汤、五色案酒、五盘果子、五色凤鸡一只、煠骨一块、酥饼酥锭各四个、煠鱼一尾、鸡汤一分、鱼汤一分、降真香一炷、烛一对、焚祝表一百张，酒二瓶”。

降真香的普及与流行，也带动了造假工艺的发展。明英宗天顺年间，行皇太后丧礼，民间有进香者，然多是假降真香。锦衣卫闻讯之后出动，抓捕制假的奸商，各罚以真香二十炷。

到了清代，皇帝对道教的兴趣减弱，宫廷之中也就少见降真香了。不知为何，清室对降真香，似乎还有些排斥。康熙年间，安南国王进呈各类贡物，康熙就做出这样的批示：“嗣后免其进白绢、降真香、白水香、中黑线香等物。”清代的官方记载中，从此少了降真香的踪影。更何况，到了清代，降真香已不是南海特产了，就连内陆陕西，也有了降真香的出产，只是香气不够浓郁罢了。

降真香在古代中国具有特殊地位，因它带有浓厚的道教色彩，备受修仙者钟爱。降真香焚烧时的香气，被视为沟通仙凡的灵媒，从皇室到山林间的修道者，无不趋之若鹜。他们望着古鼎中的缥缈香烟，进入假寐状态，便可消除一切俗虑。

饕餮之欲：胡椒与辣椒

人们对美味的不懈追求，让一些产自殊方异域的香料，也进入了生活日常。而在胡椒、辣椒传入前，中国人对辣的感觉，是以“辛”字来表达的。《吕氏春秋》载：“调和之事，必以甘、酸、苦、辛、咸。”当时花椒、姜、食茱萸是民间最常用的辛辣味调料，合称“三香”。

花椒是“三香”之首，屈原《九歌》中就记载了花椒泡醋的饮食习惯，可见其食用史的悠久。三国时陆玑《毛诗草木鸟兽虫鱼疏》载，吴蜀之人作茶饮时，都要放花椒同煮。姜的食用史也很久远，《吕氏春秋》中就有“阳朴之姜”的记载。食茱萸中的小白点，被蜀人称为“艾子”。汉晋时期蜀人将艾子捣碎后取汁烹调菜肴，味道辛辣。宋代四川人喝酒时，常以“艾子”一粒投入，可使满盏生香。

花椒、姜、食茱萸味道虽“辛”，但与胡椒相比，刺激性仍嫌不足。

胡椒原产印度、东南亚，其传入中国的确切时间已不可考。

晋代《博物志》中载有胡椒酒的制作方法，可见其传入中国的时间不会晚于晋代。胡椒传入时，被视为良药，葛洪在《肘后备急方》中记载："孙真人治霍乱，以胡椒三四十粒，以饮吞之。"

胡椒分为黑胡椒、白胡椒，这一不同是制作方法造成的。将采下的胡椒鲜果堆在一起发酵，或用滚水浸泡数分钟，使其颜色变黑，晒干即成黑胡椒。将摘下的胡椒鲜果放在布袋中，置于凉水中浸泡几日，使外皮腐烂，再用清水冲去烂皮，晒干后即成白胡椒。干胡椒磨成粉，即胡椒粉。

胡椒输入中国后，以浓郁的香味、醇厚的辣劲，让中国人的味蕾立刻跳跃起来。

胡椒在古代中国属于奢侈品。唐代胡椒被视为珍稀药物，作为调味料，只有在"胡盘肉食"中才用得上。权臣元载失势，被抄没家产时，"得胡椒九百石"，是他生活奢侈的明证。

宋元时期，胡椒仍依赖于进口，价格昂贵，只有上层社会才能享用。南宋绍兴二十六年（1156），三佛齐国一次进贡胡椒万斤。元代时，马可·波罗记载杭州每日消耗胡椒四十四担，每担价值二百二十三镑。

正当中世纪的欧洲人用胡椒烹制大块的肉时，东方的清雅之士，借助这漂洋过海而来的辛香料，发展出许多充满格调的食用方法。他们在茶中加点胡椒，让茶香与胡椒香纠缠缭绕，勾起人的食欲。后世的茶叶蛋，约莫就是从这一食用方法中发展出来的。胡椒也能用来煮酒，甜酒辣香，别有风味。食用胡椒是身份与品位的象征，士人或土豪出门，身上都要沾些胡椒的香味，以显示他有日常食用胡椒的条件。今日阿拉伯的王子们，据说也喜欢往身上喷一种胡椒味的香水，其实一千多年前中国人已经这样做了。

在明代，通过朝贡贸易，中国获得了大量的各类物品，其中就包括胡椒等香料。由于明王朝“厚往薄来”的政策，朝贡国往往能获得极高回报，因此对朝贡十分积极。一百斤胡椒在苏门答腊不过值银一两，运到中国后竟能卖到二十两的高价。虽然大明王朝规定三年一贡或一年一贡，但由于被厚利吸引，各国十分频繁地派遣使团来华，以朝贡的名义进行贸易。贡品以香料为多，如洪武十一年（1378），彭亨国王贡物中有胡椒两千斤、苏木四千斤等。洪武十五年（1382），爪哇贡物有胡椒七万五千斤。来华使团还可以携带私人货物，这部分货物，或由朝廷作价收购，或被拿到市场上进行贸易。

郑和下西洋的目的之一就是采办香料。柯枝国“土无他产，只出胡椒，人多置园圃，种椒为业”，苏门答腊国“胡椒广产”，都是郑和途径之处。

在一些蛮荒之地，因为土著不知香料为何物，郑和便亲自带队，入山采集。靠近满剌加国（今马来西亚一带）的热带雨林中盛产沉香，但当地民众并不知道它们的价值。永乐七年（1409），郑和派人进山采到沉香六株，这些沉香香远益清，黑花细纹，实属罕见。

各国的频繁进贡，导致香料堆积如山，皇帝遂将香料赏赐给臣子，或充当官俸。

永乐十三年（1415），朝廷将胡椒折算为布匹，赏赐给驻京各卫军士：绢一匹折胡椒四两，布一匹折胡椒三两。永乐二十二年（1424），汉王、赵王、晋王各获得胡椒五千斤、苏木五千斤的赏赐。明仁宗洪熙元年（1425），确定了赏赐标准："旗军校尉将军力士等胡椒一斤、苏木二斤。"

明初，胡椒一度与人参等价，官商往来常以一斤胡椒为厚礼。胡椒甚至可以充当田赋，乃至与白银一样成为通货。胡椒因其保值功能，成为权贵之家大量囤积之物。太监钱宁被查抄时，家中搜出胡椒数千石。

《金瓶梅》中，西门庆盖房子时，李瓶儿将自己藏着的四十斤沉香、二十斤白蜡、两罐子水银、八十斤胡椒拿出来卖钱，替他筹措盖房子所需的款项。

香料贸易的巨大利润，吸引了民间冒险者们从事走私活动。成化十四年（1478），江西商人方敏三兄弟采购了一批瓷器到广州贩卖，遇到广东商人陈佑等，几人一拍即合，决定进行走私贸易。他们出海之后，换到大批胡椒、沉香、乌木，结果被朝廷截获。

一些走私者甚至冒充官方使臣，至东南亚各国进行贸易。明成化年间，福建商人邱弘敏带了一批手下出海，自称受朝廷派遣，竟真得到了一些小国国王的接见，获赐许多珍宝。官员们也不甘示弱，利用出使的机会，私下携带货物回国贩卖。

负责稽查走私的沿海诸军，更与驻地附近的子弟通同走私，“假名公差，阴实为盗”。在中国的走私者冒充朝廷使臣的同时，东南亚各国的走私者冒名来华的也不在少数。洪武七年（1374），就有暹罗商人冒充贡使团，以图将香料高价卖出，只因被明廷识破而未能得逞。

明代后期，朝廷对一些沿海城市放松了管制，使香料贸易合法化，同时征以重税，以弥补国库虚空。据推算，每年运送至中国的胡椒达五万袋，重两千吨，苏木每年的进口量达三百吨。福建漳州出现“香尘载道，玉屑盈衢”的景象。利玛窦在中国观察到，胡椒等物品是从他国进口的，随着进口数量的增加，价格不断下跌。

香料因大量涌入，而逐渐失去珍稀属性，进入了寻常百姓家。永乐年间，各国朝贡使团频繁来华，香料积压甚多。一些有头脑者把握机遇，将香料推广于平民阶层，靠着平民社会的庞大消费力致富。

此时胡椒被普遍食用，不但宫廷、官吏阶层，一般平民也很容易获取，“胡椒今遍中国食之，为日用之物也”。人们在烹调鱼、肉等食材时，大量使用胡椒以压制腥味。胡椒的用法，《遵生八笺》等明代书籍有详细介绍。如蟹生，是将生蟹剁碎，用麻油熬熟，冷却后，先加入胡椒、花椒末、茴香、砂仁等，再加葱、盐、醋，共十味，拌匀即食。酒发鱼，是将大鲫鱼去鳞、内脏，不用水洗涤，以布抹干，每斤鱼用神曲一两、红曲一两、盐二两，胡椒、茴香、川椒、干姜各一两，拌匀后装入鱼腹内，然后置于坛中用泥封好，数月后可食。

在明人看来，胡椒具有药用价值。《本草纲目》认为胡椒“味辛，大温，无毒”，可以治疗霍乱、牙痛、心腹痛等。

明人还发展了胡椒在军事上的用途，与现代催泪瓦斯类似。胡椒武器名目众多，如“贼点头”，是将胡椒等物装入竹筒中制成，在战场上百枚齐发，“贼着此药，眼即瞎，喷涕不已，何暇对敌？可不战而擒矣”。

中世纪欧洲的有钱人被称为“胡椒袋子”，穷人则被人轻蔑地形容为“没有胡椒”。胡椒高昂的价格，引诱得葡萄牙人去往东方探险。1499 年，达伽马探险队的剩余船只返回里斯本，传言船上装有大量胡椒，导致当日里斯本的胡椒价格跌落一半，经营胡椒的商人纷纷破产。欧洲其他地区，如威尼斯等，胡椒价格也应声暴跌。

哥伦布在南美发现辣椒时，一度将它视为“印度胡椒”。可辣椒终究非胡椒，它价格更便宜，味道更强烈，适种性更强，一举将胡椒从调味品之王的宝座上拉了下来。

明代后期，辣椒传入了中国。辣椒在中国文献中的最早记载见于《遵生八笺》：“番椒，丛生，白花，果俨似秃笔头，味辣，色红。”徐光启《农政全书》：“番椒，亦名秦椒。

白花，子如秃笔头，色红鲜可观，味甚辣。”

辣椒最早是被当作观赏植物栽种的，人们看重的是它的花而不是果。不久，中国第一个吃辣椒的人出现了，在一声惊呼中，一种新的、刺激性的食物登上了中国人的餐桌。

辣椒很快得到了广泛种植，它具有较佳的生态适应性，对气候、土壤、日照要求不高，抗旱能力较强，在中国绝大部分地区都能栽种。与辣椒相比，花椒、姜、食茱萸等传统香料辛辣程度都逊色许多。辣椒中含有辣椒素，能刺激唾液分泌，增进人的食欲，成为辣味之王。

辣椒可能是从墨西哥传入吕宋（今菲律宾一带），再传至中国的，最早的登陆地点应是浙江、福建等沿海地区。在大航海时代，吕宋是中西方贸易的重要中转站，有大批华人在那里聚集经商。在频繁的国际贸易中，南美作物被华人带入中国。正因辣椒是从海路传入的，迄今四川、贵州一带仍称辣椒为“海椒”。

辣椒的引入，使得中国传统中“甘、酸、苦、辛、咸”的五味观念发生改变，“辣”取代“辛”，成为新的五味之一。随着辣椒的普及，中国人的食谱中，花椒等传统调味料的重要性不断下降，食茱萸等更是被彻底边缘化了。

独有花椒红烂漫

明人马中锡诗云：“姜桂老愈辣，椒兰枯乃香。”在胡椒、辣椒传入中国之前，花椒、姜、食茱萸是民间最常使用的辛辣味调料，并称“三香”。花椒以四川一带所产的为最佳。在四川一些山多杂石的地方，民众普遍以种植花椒为业。古人在四川山道中行走，时常能看到漫山遍野的花椒。

在香料缺乏的年代，花椒因为具有独特的香气，常常被与红颜联系在一起。花椒味辛，绝代佳人自然不能用它来熏染身体，不过在古人眼中，它却另有妙用。《楚辞》中记载，湘君以香木修筑了一座华堂，等待湘夫人前来，华堂的墙壁就是用花椒粉刷的，是为“播芳椒兮成堂”。西施与郑旦被送到吴国后，夫差大喜，特意修建了“椒华之房”，供二人居住。所谓“椒华之房”，即以花椒和泥粉刷墙壁，而散发出与众不同香气的房子。用花椒涂饰华堂，既取其辛香，以驱除蚊虫，也是身份地位的象征。到了汉代，未央宫中，皇后所居住的宫殿也称“椒房”，取花椒“蕃衍盈升”，即多子的喻意。

《梦林玄解》云：“花椒大吉。占曰：椒气芬芳，女人梦此，贵在椒房。”入椒房，成为许多名门望族女子的梦想，只是梦到花椒者多，真能入椒房者寥寥。明代戏曲《怀香记》第六出“绣阁怀春”中，贴旦念道：“小姐是阆苑奇花、椒房贵戚，怕没佳配？”剧中女主角有两个姐姐，“大姐呵，已去作王妃；二姐呵，太子将婚媾”，而女主角的婚事，也是整个家族寄予厚望的所在。

花椒是“三香”之首，也是中国历史上较早使用的辛辣调料。屈原《九歌》中就记载了花椒泡醋饮用的习俗。《诗经》云：“有椒其馨，胡考之宁。”花椒气味芬芳，用它来制酒，献祭于宗庙，可以求得先人的庇佑，以保安宁长寿。

先秦两汉时期，用花椒酿成的酒称“椒酒”或“椒浆”。《楚辞·九歌》中云：“瑶席兮玉瑱，盍将把兮琼芳。蕙肴蒸兮兰藉，奠桂酒兮椒浆。”意谓在酒香、椒香的缭绕中，庄重的仪式开始了。

椒浆在祭祀活动中起着引神、降神、飨神的重要作用。在后世，椒浆酒仍然被用于祭祀的场合，而正月喝椒酒，也成为了历时绵长的民俗。正月中的一杯椒酒，寄托着除旧布新的美好祝愿。

古人喜欢将花椒的嫩叶混入茶叶之中煮沸饮用：“椒树似茱萸，有针刺，茎叶坚而滑泽，味亦辛香。蜀人作茶，吴人作茗，皆合煮其叶以为香。”加了花椒叶的茶辛香扑鼻，称为“椒茶”。尽管花椒在饮品中的地位，因为茶叶的普及而逐渐下降，但它并没有被彻底取代。

开门七件事，油、盐、酱、豉、姜、椒、茶，椒常被与擂茶联系在一起。宋代杭州茶肆，以名人字画装点店面，四时卖奇茶异汤，到了冬月，还添卖七宝擂茶、馓子葱茶、盐豉汤。七宝擂茶中，少不了要用到花椒。擂茶至今在贵州、湖南的一些地区流行，以茶芽夹杂花椒、鸡苏（龙脑薄荷）、芝麻等研碎，再加入核桃肉饮用。黄庭坚云：“鸡苏胡麻留渴羌，不应乱我官焙香。”即指此种擂茶。饮用擂茶既能解渴充饥，又能祛病健体。

青藏高原上的人们在煮酥油茶时，常放入花椒，以去除腥膻气。毗邻青藏高原的洮岷地方，以酥油、牛羊乳、湖茶、花椒、草果等一起煎饮，谓之“油茶”。此地之茶，由内地辗转运来，从事茶叶贸易的商人虽能获得暴利，但官方要抽取一半利润。茶叶主要产自四川、湖广一带，味重而色黑，用竹筒盛放。这种筒“长约三尺，谓之一篦”，每篦茶叶“本地价值七八钱”，但经过长途运送，就身价百倍，以至于“每茶十篦，可易一马”。

西南占据一方的土著首领归顺中央时，通常要献上各种礼物，花椒就是其中重要的一项。

《周颂》有“椒其馨”之句，《荀子》中有“椒兰芬苾，所以养鼻也”之说，古人很早就将花椒用作调味品。花椒的辛香之气可以祛除鱼、肉的腥味，让食物更为鲜美。

金秋十月，正是螃蟹最肥之时，今日苏州阳澄湖一带的大闸蟹，备受饕餮之徒追捧。可今日螃蟹的主流吃法，却极其简单，不外是将这大闸蟹牢牢地捆绑了，置于蒸笼之上蒸熟了事。而在明代，吃蟹之法，让人眼花缭乱。

如蒸蟹肉：先将熟蟹肉剔出，用花椒少许，一起拌匀；再将粉皮铺于蒸笼底，上铺干荷叶，再铺上一层蟹肉粉；之后用鸡蛋液加盐搅拌均匀，浇在蟹肉之上，鸡蛋之上再铺蟹膏。如此重重叠叠，粉皮、荷叶、蟹肉、鸡蛋、蟹膏的滋味融合在一起，其鲜美可想而知了。蒸时以蛋液完全凝固为度，冷却后切块。这道蒸蟹肉工序极为复杂，今日就算是极品老饕，想来也不会这样大费周章。

今日吴地还有一种美味——酒蟹。将活螃蟹丢入酒中，配以各种调料，放些日子，待酒味浸入，即可食用。古人也浸酒蟹吃，在十月螃蟹肥壮时，挑选十斤，洗干净后放在竹篮中，挂于风口吹上一日；准备五斤好酒，加盐矾，将螃蟹放入酒内浸泡些时日；再取出螃蟹在每只脐内放置一粒干花椒；最后将所有螃蟹放入瓷瓶中，用花椒铺于最上，封坛装好，放置些时日，即可食用。另外，取食酒蟹还有个对灯的禁忌。相传酒蟹一旦见灯，蟹黄、蟹油就会发“沙”，即不凝固，没那么好吃了，不知是真是假。

苏州人喜食酒蟹，可很多其他地方人却觉得难以下咽，原因是腥味太重。若像古人一样，掀开蟹壳，放入一枚干花椒，也许会更适口吧。

酒蟹的制作工序复杂，可用花椒烧猪头肉，却简单易行。在我的家乡江苏靖江，猪头肉曾经是春节必备的食品，节前腌制猪头肉时，少不得要撒上一把花椒。

古人煮猪头肉，极其隆重。元末明初美食家倪云林记载，猪头肉有两种烹饪方式，即切碎煮和整煮。第一种方式，将猪头肉切成大块，加水、酒、盐，葱白、花椒等，放入砂锅内炖一宿。第二种方式，先以柴火熏，除去猪毛，刮洗干净；再用白汤煮，连换五次汤，均不放盐；取出后冷却，切成柳叶状，放入长段葱丝、韭、笋丝等，用花椒、杏仁、芝麻、盐拌匀，洒上少许酒，用饼卷着吃。

花椒可用于炖肉，也可用于炒菜。炒菜在宋代还不是很流行，到了明代，已变得十分家常。《遵生八笺》中有很多花椒入炒菜的记载，如炒腰子：将猪腰子剖开，剔去白膜，在背面切花刀；滚水微焯，漉起，入油锅爆炒，加小料葱花、芫荽、蒜片、椒、姜、酱汁、酒、醋，一烹即起。再如炒羊肚：将羊肚洗净切条，同时准备好大滚汤锅和热熬油锅；先将羊肚入汤锅，笊篱一焯，急落油锅内炒；将熟时，加葱花、蒜片、花椒、茴香、酱油、酒、醋调匀，一烹即起，香脆可口。如出锅慢了，羊肚就会如硬皮条一般难吃。

“蒸豚揾蒜酱，炙鸭点椒盐”，花椒烘焙研末，与食盐同炒而成的椒盐，被用来烹调各种美食，如椒盐排骨、椒盐鸡翼、椒盐酥鸭等。

花椒的强烈辛香，使得一些厨艺不精的厨师，只知在食物中拼命添加花椒，以刺激食客味蕾。明人谢肇淛在《五杂组》中讽刺道：“庖之拙者则椒料多，匠之拙者则箍钉多。”

花椒在肉类的烹调中被广泛使用。水煠肉又名擘烧：将猪肉生切作二指大小长条，以香油、甜酱、花椒、茴香拌匀；在锅内下猪油熬熟，以一碗香油、一碗水、一大碗酒拌好猪肉，放入锅中焖煮。此种烹制猪肉的方式，今天在很多地方仍然可以见到。

在一些素食中也可嗅到花椒的辛香。无锡倪云林取莴苣心，每棵切作二段，放入碗内，以乳饼厚切片，盖满菜上，将花椒末揉碎撒上，再放入醇酒、盐，上笼蒸熟，即可食用。

此外，酿造美酒，也有使用花椒的。如建昌红酒，酿制前，需将花椒煮沸，放入红曲之中。当然，也可以直接将花椒浸泡在酒中饮用。花椒入酒，可起到祛除风寒、化瘀通络等功效。

明代中央设国子监，地方设府、州、县学，由国家供养。地方生员成绩优秀者，可以推荐到国子监读书。花椒也是国家配给品之一。明代应天府的监生，每日能分发到三钱花椒、三分盐、五分酱，此外，每三日有一次肉，每月有一细桶食用油，夜诵灯油另算。

花椒是中国本土所产香料，在烹调中被普遍使用。后世胡椒、辣椒相继传入，但未动摇花椒在香料家族中的地位。今日，胡椒、辣椒、花椒，并称为“川味三辣”，我们在各类川菜中，时时可以嗅到它的辛香。不过，在东南地区的菜式中，很少有使用花椒的，江浙一带更是难得一见。

历史上，花椒的功用颇多，可以用作装饰材料，用来泡酒泡茶，乃至熬制毒药“见血封喉”等。在中医领域，花椒也是常用药。有悠久种植历史的花椒，迄今仍在中国人的日常生活中扮演着重要角色。花椒的辛香，为人们的生活增添了几分刺激。

媚药第一龙涎香

龙涎香在中国历史上出现得较晚，至唐代方有关于它的正式记载。唐人所著《酉阳杂俎》载:“拨拔力国，在西南海中，不食五谷，食肉而已。唯有象牙及阿末香。”龙涎香此时被称为“阿末香”。“阿末”，在阿拉伯语中是鲸鱼的意思。

中国所用龙涎香，主要来自东南亚地区。锡兰山国（今斯里兰卡），自苏门答剌顺风十二昼夜可至，其国地广人稠，气候常热，民俗富饶，米谷丰足，地产宝石、珍珠、龙涎香、乳香。

溜山洋国，即今日马尔代夫群岛。溜山洋，意为激流中的小岛，其所处海洋被称为溜洋。郑和下西洋时，曾两次到达溜山洋国:“自锡兰山别罗里南去，顺风七昼夜可至。……网捕溜洋大鱼，作块晒干以代粮食。男子拳发，穿短衫，围梢布。风俗嚣强。地产龙涎香。”卜剌哇国，锡兰山往南，舟行二十一昼夜可至。此地无田，居民世代以耕种捕鱼为业。农作物有葱蒜，但无瓜茄，地产乳香、龙涎香、象牙、骆驼。从出产象牙、骆驼等特征看，此国应在今也门一带。

明代小说《三宝太监西洋记》写郑和下西洋，一路斩妖除魔，震服诸国。各国纷纷派遣使节来华纳贡，其礼品之中有很多名贵香料。如吉慈尼国元帅奏道:“吉慈尼国国小民愚，表章不具，止贡上龙涎香五十斤，伏乞圣恩鉴纳。”溜山国元帅奉上表章，进贡物品较为丰厚，其中有“降真香十石、龙涎香五石”。柯枝国元帅奉上降表，献上贡礼，其中有“胡椒一百石、龙涎香五百斤”。

小说中各国进贡的龙涎香，分别是五十斤、五石、五百斤，而在真实的历史中，龙涎香的进贡量不会有如此之大。清康熙年间，南洋有使团入贡，其贡品中有龙涎香，“每贡不过一斤”。

龙涎香与麝香、灵猫香、海狸香，并列为四大动物香料，因其极为稀少，故而价格高昂。宋人记载：“龙涎如胶，每两与金等，舟人得之则巨富矣。”古人将龙涎香分为三种：第一种是“泛水”，漂浮在水面之上，被随鲸鱼出没的渔民当场获得，被视为上品。第二种是“渗沙”，是被海浪冲到岸上，落在沙中的。在当时人看来，此种龙涎香，香气渗漏到了沙中，故是中品。第三种是“鱼食”。鱼食也分两种：一种是鱼吞食之后又吐出来的，晾干之后可以用。另一种是鱼吞食后排泄出来的，品质就很劣了。

当时人应该已经有所认识，龙涎香其实本身就是鲸的排泄物，只因它具有撩人的香气，人们很难将它与动物排泄物联系起来。中国古人把动物粪便当作药材、香料的记载屡屡可见。这些有着特殊功用的粪便往往被古人取了典雅的名字。

如鼯鼠的粪便被称为“五灵脂”，蝙蝠的粪便被称为“夜明砂”，野兔的粪便被称为“望月砂”，经过密闭煅烧炭化后的野猪粪被称为“黑冰片”，干牛粪被称为“百草灵”。

有明一代，厉行海禁，但禁止的主要是民间贸易，而官方的朝贡贸易照常进行。明王朝对东南亚各国的风土人情有较多记载，香料作为这些国家的特产也屡屡被提及。

洪武二十六年（1393）颁布了《禁用番香番货令》，禁止民间与海外进行香料贸易，同时规定，“民间祷祀，止用松柏枫桃诸香”，违者重罚。两广所产香料，当地人既不许自用，“亦不许越岭货卖。盖虑其杂市番香，故并及之”。朱元璋对香料不感兴趣，可他的子孙们却为之着迷，不惜以举国之力求取龙涎香。《儒林外史》中写道：“隐隐听见鸿胪寺唱‘排班’，净鞭响了三下，内官一队队捧出金炉，焚了龙涎香，宫女们持了宫扇，簇拥着天子升了宝座。”在小说家笔下，皇帝只是上朝时焚龙涎香，可在真实的历史中，皇帝对龙涎香的热衷，还有甚于此。嘉靖帝出于对龙涎香的特别需要，曾劳民伤财，惹出无数是非。

梁材，字大用，南京人，弘治十二年（1499）进士。梁材多年在地方上任职，曾被称为“天下布政使廉名最著者”。嘉靖六年（1527），梁材执掌户部，在任期间，经营有方，国用充足。但梁材屡与权贵对抗，在京不得志，一度被迫致仕。后因嘉靖帝念及梁材廉勤，又有大臣们举荐，梁材被再次起用。嘉靖十八年（1539），梁材再度执掌户部，嘉靖帝曾感叹："安得十二尚书，人皆如材。"

嘉靖帝崇信道教，频繁进行各类宗教活动。这些活动，既有为公的，如祈雨，祭告天地、社稷、山川之神；也有为私的，如祈福寿、求子嗣。嘉靖帝能继承皇位，就是因为正德帝无子，可他自己也很长时间没有子嗣，内心的焦虑无法言表，就想通过斋醮的方式求得神灵保佑。为了感动上苍，嘉靖不惜一切代价，"每一举醮，无论他费，即赤金亦至数千两"。

嘉靖帝命户部采购斋醮所需的龙涎香，梁材对此却不太上心，只下令各地官员寻访，若恰好遇到好货，即加以采购，而不必特别费心。梁材又称《大明会典》之中并无采用龙涎香的记录，其潜台词自然是使用龙涎香不合礼数。嘉靖帝知道后，破口大骂："梁材欺怠，不以朝廷之用为急，存无上心，岂人臣耶！"

嘉靖帝此时已被龙涎香深深迷住，恨不能一口气将天下所有龙涎香占为己有。他对于梁材的消极怠工，大为不满，遂以沽名误事的罪名将梁材革职。梁材去职之后，返回原籍，不久去世，年七十一岁。看到皇帝不开心，继任的户部尚书孙应奎不敢再怠慢，立刻下令各地官员在特定期限之内献上龙涎香，不得怠慢。

皇帝要龙涎香，折腾得官场鸡飞狗跳。借此机会，有些清廉的官员遭到清理。如王杲因刚直不阿而屡屡得罪权贵，在采购龙涎香时不肯卖力，被官场上的敌手以抗旨的罪名陷害，“逮下诏狱，谪戍雷州，卒于贬所”。

嘉靖二十九年（1550）秋，蒙古俺答汗进犯古北口、蓟镇，明军一战兵溃，京师戒严。在重金求和的次年，嘉靖帝“命户部进银五万为内供，购龙涎香”。这些龙涎香被用于太庙中的祭祀，一方面祈求祖宗保佑，早日消灭鞑虏，另一方面则祈求皇帝早登仙道。

就这样忙了十几年，所得的龙涎香还是不够皇帝使用。嘉靖帝想起当年梁材取笑他的话语“载籍不纪”，不由愤愤大骂，《永乐大典》所征引的诸多书籍中，明明有关于龙涎香的记载。其实梁材说的是《大明会典》，皇帝说的是汇编天下书籍的《永乐大典》，分明不是一回事。

嘉靖三十四年（1555）五月，嘉靖帝命户部派员往沿海各通番口岸访求龙涎香。一些江湖骗子闻风而动，麻城人吴尚尧诈称是陶仲文所派的专员，并伪造了文书，四处招摇撞骗。

陶仲文是皇帝最为崇信的道士，位极人臣。嘉靖十九年（1540）授少保、礼部尚书，后加少傅。嘉靖二十三年（1544）又加少师，仍兼少傅、少保。人称“一人兼领三孤，终明之世，唯仲文而已”。嘉靖帝追求长生不老，陶仲文投其所好，炼制“不死药”，称“万岁香饼”，龙涎香就是此药中的重要材料。龙涎香本身具有腥味，单独焚烧，气味并不佳，但若混在其他香料之中，则可以相得益彰，散发迷人魅力。

吴尚尧拿着伪造文书跑到云南定远县索要龙涎香，地方官员心中嘀咕："我这偏远小县，哪有什么龙涎香？"但不敢抗命，遂集结民夫，从吴尚尧指定的悬崖攀爬而上，果然从石缝中取到两件物品。吴尚尧称，此即龙涎香。一时间地方大员无不拜服，纷纷向吴尚尧馈赠厚礼，连坐镇一方的黔国公也不能免俗。但此事终因闹得太大而被揭露，吴尚尧被抓捕归案，处以斩刑。

嘉靖三十四年（1555），皇帝狮子大开口，令户部采购龙涎香百斤。户部行文广东，重金收购，结果却仅买到十一两，送入宫中鉴定，又都是假货。嘉靖帝脑子一转，又命户部派员到沿海各地与外番接触，以求获取真的龙涎香。他的措辞是"设法访进"，语气缓和，却不能掩盖心中的急迫。

特派员至广州后，探听得大牢里有一名葡萄牙囚犯，储有龙涎香一两三钱，就紧急征用了，并进一步与澳门的葡萄牙人取得了联系。葡萄牙人利用手中控制的龙涎香资源，在与大明官员的交涉中，获得了主动权。

16 世纪，马六甲（满剌加）已经成为重要的贸易城市，经营各种香料，吸引了大批中国、阿拉伯商人。华商的大宗货物是麝香、丝绸、樟脑、大黄，收购的目标则是胡椒、丁香等香料。

正德六年（1511），葡萄牙海军将领阿丰索·阿奎那率领 19 艘大船、1400 名士兵，攻下了马六甲。马六甲在葡萄牙人的眼中，是“所有香料的来源地”，控制了此地，就意味着掌握了香料贸易的主动权。葡萄牙占领马六甲一个多世纪，通过经营香料，获得了巨大利润。葡萄牙人控制马六甲后，不断派遣舰队前往中国，以期打开中国的大门。可是面对庞大的明帝国，区区几艘船只丝毫没有用武之地。葡萄牙派往中国的使者，一度被下令囚禁在广州。

现在葡萄牙人可以用龙涎香作赎，将被关押在广东的葡萄牙人解救出来，进而获得其他待遇。葡萄牙人记道：“我与几个葡萄牙人曾到布政使衙门，商讨释放几个被捕在狱的葡萄牙人，为此我们带去了二盎司多龙涎香”。“许久以来，他们（广东官员）向葡萄牙人求索此物，但他们不知道我们如何称呼龙涎香，直到前一年（1555）广东海道释放了一个葡萄牙人，得到少许（一两三钱）后，才知道龙涎香在我们语言中的称谓。”

不久又有原住民献出六两白褐色龙涎香，官员仔细询问后才明白，黑色的龙涎香采于海，白色的采于山，两者均是真品，稍后又采购到十七两二钱五分。这批龙涎香，经鉴定均为真品。皇帝急需，导致龙涎香价格暴涨，此后来华贸易的外国商船多带此物，一两价值百金。

嘉靖三十六年（1557）七月，福建官员进献龙涎香十六两，广东进献十九两有奇。此前嘉靖帝派遣主事王建至福建、广东采购龙涎香，却一无所得。王建到沿海跑了一趟，开了眼界，就建议，今后凡停靠沿海城市进行贸易的外国船只必须先缴纳龙涎香。此建议一上，户部深以为然，立刻推行。

经过二十多年的忙碌，到了嘉靖朝后期，宫内所积存的龙涎香已有了二十余斤，看着这些龙涎香，嘉靖帝心花怒放。可惜好景不长，嘉靖四十年（1561）的一把大火，将嘉靖帝多年苦心积攒的龙涎香烧了个干干净净。

嘉靖二十一年（1542），十几个宫女决定乘嘉靖睡熟之机将他勒死。至于她们为何要这样做，众说纷纭。一说宫女们暗杀嘉靖帝，是因为他采取她们的月经物制作春药红铅。如果她们月经没有按时到来，皇帝就强迫她们服用对人体有损害作用的催经汤药。宫女们长期被压迫，对嘉靖帝怀恨在心，决定复仇。可宫女们没有杀人经验，将套在嘉靖帝脖子上的绳子打成了死结，勒了半天，也没能把他勒死。此事称为“壬寅宫变”。宫变之后，嘉靖帝从乾清宫搬入永寿宫，一住二十年。至于他弄来的各种珍稀宝物，也被藏在了永寿宫。

嘉靖四十年（1561）十一月二十五日夜，永寿宫突然起火，宫内所有物品被焚烧一空。火灾是嘉靖帝与新宠的尚美人在貂帐中试放小烟火引起的，事后嘉靖帝宠幸尚美人如故，至于被烧掉的物品，除了龙涎香，嘉靖帝都不心痛，因为龙涎香毕竟是千金难买的。

龙涎香被烧光后，嘉靖帝又逼迫户部设法筹措。户部还是老法子，派人到福建、广东采购，同时严令商人不得囤积居奇，必须以平价交易。虽然这次采购龙涎香没有太大收获，但所得其他香料，如沉香、海香等，为数不少。到了八月，户部尚书高耀终于进上龙涎香八两。嘉靖帝看了大喜，赏银七百六十两，并夸奖他办事得力。高耀的龙涎香是怎么来的？这其中有不可告人的秘密。原来在失火时，有宫人乘机偷到了些龙涎香，此番嘉靖帝索要甚急，“耀阴使人以重价购之”。时人感叹“内外之相为欺蔽”，羊毛出在羊身上。

嘉靖四十四年（1565），眼看着嘉靖帝要过六十大寿了，需要大量龙涎香。可大火后的四年间，户部访到的龙涎香只有三四斤。此年二月七日，嘉靖帝教训内阁道：“龙涎香是常有之物，你们务必用心寻访，不要与梁材一般，只会推脱没有。”又对首辅徐阶道：“高耀前几年所进的分量不多，朕尚给他加恩，你可要多加努力啊！”

虽然嘉靖帝再三督促，可最终所得甚少，“仅数十两”。龙涎香是自然的馈赠，无穷无尽地索取有违自然之道，即使加以天子之威，诱以天价，也不可能取之不尽。

万历帝也是龙涎香的爱好者。万历二十九年（1601），王临亨在广东为官，广州官府库中备有龙涎香数两，结果被矿税使得知，搜刮一空。王临亨道：“余闻是香气腥，殊不可近，有言媚药中此为第一者。”这句话，道出了皇帝钟爱龙涎香的真实原因。

民间也追捧龙涎香。明人杨巍《焚龙涎香》云：“夜静香烟入杳冥，草堂犹似带龙腥。不知何处鸣孤鹤，飞下窗前听道经。”修道之人独坐草堂，焚烧起带有特殊甜腥气息的龙涎香，窗外孤鹤飞来听经。这一道家意境，被士人们深深欣赏。《初刻拍案惊奇》中，冯相读到陶渊明“审容膝之易安”一句，顿有心意相通之感，便叫侍妾们散去，亲手取了些龙涎香，焚在博山炉中，叠膝瞑目，顿觉神清气和、肢体舒畅。

“檀车煌煌”非关檀香

檀香种类繁多，在古人的记载中，主要有白檀、黄檀、紫檀之分：“皮实而色黄者为黄檀，皮洁而色白者为白檀，皮腐而色紫者为紫檀。”“皮在而色黄者谓之黄檀，皮腐而色紫者谓之紫檀，气味大率相类，而紫者差胜。”

《诗经》中就提到了檀：“坎坎伐檀兮，置之河之干兮。”还有“檀车煌煌”等语。然而《诗经》中的檀，并非紫檀，而是一种生在中国北方的榆科植物青檀。值得注意的是，中国古人喜欢将坚硬的树木统称为檀：“檀，强韧之木。”“檀，皮青滑泽，材强韧。”故有黄檀、白檀之说，但这些都不是我们现在意义上的檀。

《圣贤冢墓记》中载，孔子冢茔上有树数百，皆是珍异品种，当地无人能识。后人传言，孔子有弟子是异国人，持其国中苗木来种植，其中有“毚檀之树”。毚即檀木之别名，孔子墓地上的檀木乃白檀。

白檀是一种小乔木，广西、湖南称碎米子树、黑果子树，湖北称檀树，福建称乌子树。白檀在中国南方广泛种植，具有一定的药用价值。《本草纲目》载：“白檀辛温，气分之药也。紫檀咸寒，血分之药也。”《博物要览》载：“江淮河朔所生檀木，即其类，但不香耳。”

白檀非紫檀，已无争议，不过，当下学界对何处所产才是真正的紫檀，仍无一致看法。

檀香别称较多，有旃檀、真檀、震檀等，是梵文chandana的音译。竺法真《登罗山疏》曰：“旃檀，出外国。”

印度作为紫檀的原产地，对紫檀的使用较为普遍，《大唐西域记》云：“（印度之人）身涂诸香，所谓旃檀、郁金也。”《毗尼母经》云：“天竺土法，贵胜男女皆和种种好香，用涂其身，上着妙服。”

当代一些学者认为，紫檀皆来自于印度。官方对紫檀的认定标准中，也包括“产自印度南部”一项。

紫檀树的生长周期长达数百年，成材率极低，有“十檀九空”之说。这是因为紫檀树中含有紫檀素，昆虫喜欢吃，所以树体多被蛀空。紫檀质地坚硬，纹路细密，密度高，入水即沉，因为具有沉水的特点，也被称作“胜沉香”。

当代也有一些学者认为，紫檀不止一个品种，另外几种纹理、色泽稍有不同的木材，也可被归入紫檀。如此，紫檀可以分为海岛性和大陆性两种。海岛紫檀主要产于印度洋岛屿，大陆紫檀则产于中国南方及东南亚。

中国古代对于东南亚所产紫檀，有诸多记载，谷应泰《博物要览》云：“紫檀木出交趾、广西、湖广，性坚，新者色红，旧者色紫，有蟹爪纹。新者以水湿浸之，色能染物。”紫檀中含有紫红色的紫檀素，可以溶于酒精。以紫檀木在白纸上画线，会留下明显的画痕。

佛教与旃檀有着紧密联系，《阿含经》云：“诸树香以赤旃檀为第一。”《涅槃经》云：“如来于双林灭度，贮于金棺银椁，积旃檀香焚之。”此后有佛骨舍利流传于世。《西游记》中，唐僧取经成功之后被封为“旃檀功德佛”。“旃檀”是檀香木别称，佛经中有许多用檀木雕刻佛像的故事，《大般涅槃经》云：“我身如伊兰，如来受我供。如出栴檀香，是故我欢喜。”

释迦牟尼创立佛教之后，得到信众的景仰。优填王命三十二名匠人为佛祖塑造了一尊像，这是第一尊佛祖塑像，故而称为“众像之始”。此尊佛像，用印度特产牛首旃檀（红檀）雕成，散发香味，被尊称为“旃檀瑞像”。这尊佛像对中土佛教影响巨大，后世称“塔必阿育，像必旃檀”。

旃檀木除了被用来雕刻佛像外，在宫廷建筑中，也被大量使用。元代宫中，大明寝殿东西两侧，有文思殿、紫檀殿，皆以檀香木为建筑材料，间以白玉装饰。元代曾有西域人亦黑迷失，奉元世祖忽必烈之命，出使海外八国。在海外时，亦黑迷失曾以私财采购用于建造宫殿的紫檀木献给元世祖，由是得宠。元世祖洗澡时，也让他在浴室侍奉。紫檀大殿所用材料之中，必有亦黑迷失所献紫檀木料。至元三十一年

（1294）甲午正月十九日，元世祖忽必烈在紫檀殿驾崩，时年八十。

修建紫檀殿，耗费紫檀木料的数量自然惊人，宫廷日常生活之中，紫檀等名贵香木也是经常性消耗品。明代南京御史王万祚，曾列举过一份门殿陈设所用木料单子，其中列有“三百七十株丈余之花梨、二百二十株丈余之紫檀”。此类香木，皆产自海外，样式巨大，耗费惊人。在采购木料时，官员时常谋取私利，盘剥民间。

除做建筑材料和家具外，紫檀也可以研磨成粉末，作为香料焚烧。修道的高人身边少不了檀香：“寒岚依约认华阳，遥想高人卧草堂。半日始斋青𩚰饭，移时空印紫檀香。”

青𩚰饭是唐代修道之人中流行的一种美食，又称青精饭。此饭用草汁蒸煮，呈青色，据说食用了有益于修行。杜甫在《赠李白》中写道：“野人对膻腥，蔬食常不饱。岂无青精饭，使我颜色好。”

“空印紫檀香”说的是古时所流行的“印香”。古人将香料捣末和匀，用金属印格压出各种图案，称“印香”。唐代王建《香印》诗曰：“闲坐印香烧，满户松柏气。”还可以在香料粉末中加入蜜等黏合成香饼。香饼既可以燃烧，也可以佩戴。

紫檀木虽昂贵，但其香味醇厚馥郁，将其制成檀香，焚烧时可使人收敛心性。印度用紫檀树下脚料制成的紫檀香，至今犹是上品。万籁俱寂之际，林中清风吹过，远处泉流汩汩，端坐蒲团之上，燃起檀香，自能感受到一种禅悦。宋代陈起诗云:“城里秋犹热，山中寒已浓。紫檀时小炷，危坐听晨钟。”

檀香木又被视为制作琵琶的上好材料。唐代李直诗云:“尺八调悲银字管，琵琶声送紫檀槽”。宋代晏殊《木兰花》词云:“雪香浓透紫檀槽，胡语急随红玉腕。”元代《琵琶曲》云:“冰丝雪练紫檀槽，大槽急切小嘈嘈。帐下小番齐拍手，越姬马上醉葡萄。”

檀香还可以入药。宋代士衡所编《天台九祖传》，记录了天台宗第五祖章安大师，信仰《法华经》，以此经给人治病的事迹。有村民得病将死，其子奔驰入山，祈请施救。法师为其转《法华经》，焚旃檀香，病者虽远，闻檀香入鼻，应时痊愈。

书画用檀香木为轴，对画有益，开匣有香而无糨糊气，且能辟蠹。宋太宗精于书法，草书尤奇绝。宋真宗在位时，曾命人收集太宗书法，成书凡三十余卷，以于阗玉、水晶、檀香为轴，收藏在龙图阁中，“频召近臣观览”。后世有识货之人，看到某酒楼挂的画，轴用檀香木，判定它必是名品，当即出大价钱买下，后来果然没有失望。

宋徽宗被囚禁在五国城多年，日夜期盼着返回中土。在被囚禁之地，他用往昔书写瘦金体的手，亲自烹饪起食物来。一日，宋徽宗命仆从去集市上买调料，结果买来了一包茴香。

此包茴香，出自东南，以黄纸包裹。宋徽宗展阅黄纸，见“中兴赦书”四字，方知宋朝保住了半壁江山。茴香谐音“回乡”，宋徽宗以为这是一个吉兆，然而他最终还是客死他乡了。

檀香木也被用来制作扇骨。中国古代并无折扇，一向用团扇。明永乐年间，折扇作为贡品从日本传入中国，随即流行开来。明代各种折扇风行，苏州一带，凡紫檀、象牙、乌木做扇骨者，俱被视为俗物；用棕竹、毛竹制成者，则被称为“怀袖雅玩”。名师所制折扇，往每柄售价一两银子以上。蒋苏台尤称名师中的佼佼者，他所制折扇每柄能卖到三四两银子，被人们当作奢侈品收藏。

小说《豆棚闲话》中，苏州一帮白赏（无赖汉），每日聚集在山塘街、虎丘一带的茶馆、古董摊上，伺机骗点小钱花。这一日，“大山门外走了几个人来，前边乃是一位相公，头戴发片凌云方巾，身穿官绿硬纱道袍，脚穿酱色挽云缎鞋，手里拿着螺钿边檀香重金扇子，年可三十上下，面方耳大，沿鬓短胡”。此人手里拿了柄“俗物”檀香扇，入不了众白赏的法眼。众白赏们翻了个白眼道：“是个西北人。”不甚留意。他们虽是混吃混喝的无赖，可生在天堂苏州，毕竟品位不俗。西北土豪钱再多，也入不了江南无赖的法眼。

明代宫廷常以檀香为赏赐。明永乐十三年（1415），赐宁国长公主紫檀木数珠一串，计一百一十颗，上带金小杵一个。万历三十五年（1607）冬十一月，礼部尚书兼东阁大学士于慎行去世，万历帝得知后，大为悲伤，赐给各种祭品，其中就有檀香木主。

明崇祯刻本《魏忠贤小说斥奸书》中刑讯场景绣像

莫言小说《檀香刑》中，描写了以檀香木为工具施加酷刑的场面。在明清两代，官府之中使用的刑具夹棍、拶指，是用檀木，而非檀香木制成的。如前文所述，檀木中国自古就有，质地坚硬，适合制作刑具。而檀香木产自印度，是高品质生活中的必备，怎会被做成刑具呢？明清小说中对此多有描述，如《连城璧》中写道："皂隶就把夹棍一丢，将蒋瑜鞋袜解去，一双雪白的嫩腿，放在两块檀木之中，用力一收。蒋瑜喊得一声，晕死去了。"《说岳全传》中描写岳飞被抓捕后受拷打的情景："二贼又将岳爷拷问一番，用檀木拶指，命二人用杖敲打，打得岳爷头发散开，就地打滚，指骨尽碎。岳爷只是呼天捶胸，哪里肯招。”

香料在中国的历史上，何其重要。它被用入美食之中，让食物更加诱人；它被用来熏炙衣被，以改善人居环境；它被用来酿制美酒，让诗人们狂呼“莫忘茱萸酒，只待江南白”；它被用入各种医药，治疗千万人。

后　记

这本书从选题到写作，耗费了我极多心神。明人的生活，从弘治、正德时期开始，变得丰富多彩起来，时尚潮流，日新月异。回顾这一段精彩历史，于我个人而言，实是惬意。

明人生活精彩，而本书所采择的诸多生活内容，是其中最具代表性的。这里有饮食男女、文人日常，更有鱼龙江湖、神鬼世界。我相信，这种多色调的呈现，能更好地再现那个璀璨的时代。

本书的写作，侧重于对明人精神世界的探索：唐伯虎的备受艰辛与佯狂自放、屠隆的仕途坎坷与人格分裂、冯梦龙感情受挫后的人生阴影、董小宛一片痴情背后的苦楚、袁小修的逍遥游、王世贞在园林中寄托的超脱之梦等，都是本书重点关注的内容。明人的率性，不单单体现在他们的物质生活上，更体现在其内在精神气质上。

“明人生活”这个题目太庞大，涉及的内容太驳杂，因此我在选择材料上花费了大量时间。本书的写作，参考了众多明人笔记与小说，这些材料，生动地反映了明人的生活。本书也大量参考了今人的研究成果。明代社会史的研究，迄今已有大量成果，可惜的是常被束之高阁，不为外人知晓。

本书的写作，是建立在诸多前辈的研究基础之上的，在此对这些前辈表示真挚感谢。

本书虽不是学术著作，但大致遵守学术规范，在写作中，出于便于读者阅读的考虑，对某些引文稍做变动，希望读者理解。本书的写作过程中有诸多小插曲。为了让我的文笔更出彩，秦千里老师推荐了雪小禅的作品，认为可资借鉴。翻阅之后，我发现其文笔确有过人之处，构思也十分精巧，奈何她的风格，于我而言，实难借鉴。我只能尽可能地优化自己的文风，以期带给读者更愉快的阅读体验。

本书采用了一些插图，其中相当一部分选自明代的小说刻本。这些插图，生动逼真地反映出当日的社会生活。此外，我的好友董天昊、郁俊、赵冰等，也为本书的插图部分提供了大量帮助。

为了尽快完成本书初稿，我推迟了返乡探视祖父，不想几天后即天人永隔。2015 年 6 月，祖父袁文林去世。我带着无限的懊悔，返回乡间。修改这部书稿时，无限思绪，涌上心头。

本书初版问世五年之后，张小苹女士联系到我，表示有意重新出版。张小苹女士就此书的修改，提出了详细建议，并与我在杭州面谈，惠我实多，在此表示衷心感谢。遵照张小苹女士的建议，我对本书做了大幅度增删，使它成为原有基础上的再创作。但修改之后，因为各种变故，本书迟迟未能付梓，最终能够面世，得到浙江古籍出版社的陈小林先生的鼎力相助，在此一并致谢。

袁灿兴

2020 年 5 月 30 日于苏州

（作者系苏州大学红十字国际学院红十字运动教研中心执行主任、无锡城市技术学院大运河文化旅游研究所主任）

知 · 趣丛书

名士派：世说新语的世界　　徐大军　著

从“山贼”到“水寇”：水浒传的前世今生　　侯　会　著

梦断灵山：妙语读西游　　苗怀明　著

探骊：从写情回目解味红楼梦　　刘上生　著

所思不远：清代诗词家生平品述　　李让眉　著

梨园识小录　　陈义敏　著

志怪于常：山海经博物漫笔　　刘朝飞　著

儒林外史人物论　　陈美林　著

沈周六记　　汤志波　秦晓磊　主编

史记八讲　　史杰鹏　著

敦煌的民俗与文化　　谭蝉雪　著　李芬林　编

拾画记　　任淡如　著

神魔国探奇　　刘逸生　著

明人范：生活的艺术　　袁灿兴　著

寻幽殊未歇：从古典诗文到现代学人　　杨　君　著